Volker Häring

# 101 Nepal

## Geheimtipps und Top-Ziele

IWANOWSKI'S REISEBUCHVERLAG

Im Internet:

**www.iwanowski.de**

Hier finden Sie aktuelle Infos zu allen Titeln, interessante Links – und vieles mehr!

**Einfach anklicken!**

Schreiben Sie uns, wenn sich etwas verändert hat. Wir sind bei der Aktualisierung unserer Bücher auf Ihre Mithilfe angewiesen:
**info@iwanowski.de**

**101 Nepal**
**Geheimtipps und Top-Ziele**
**1. Auflage 2015**


Salm-Reifferscheidt-Allee 37 • 41540 Dormagen
Telefon 0 21 33/26 03 11 • Fax 0 21 33/26 03 33
info@iwanowski.de
www.iwanowski.de

Titelfoto: © huber-images.de / Gräfenhain
Alle anderen Farbabbildungen: siehe Bildnachweis Seite 247
Redaktionelles Copyright, Konzeption und deren ständige Überarbeitung:
Michael Iwanowski
Redaktion und Layout: Annette Pundsack, Köln
Kartografie: Klaus-Peter Lawall, Unterensingen
Titelgestaltung: Point of Media, www.pom-online.de



Gesamtherstellung: Grafisches Centrum Cuno, Calbe
Printed in Germany

**ISBN: 978-3-86197-122-1**

# Inhalt

## Projekte 178

## Nepal aktiv: Trekking, Rafting und Radtouren 188

## Anhang 228

# Einleitung

# Vorwort

Nepal ist zurück! Dabei hat das Land am Südrand des Himalayas schwierige Jahre hinter sich. Mehr als eine Dekade Bürgerkrieg und soziale Zerwürfnisse haben Nepal an den Rand des Ruins gebracht. Hunderttausende haben das Land verlassen, ebenso viele sind in das vermeintlich sichere Kathmandu gezogen, das nun aus allen Nähten platzt. Für den Tourismus hatte das verheerende Folgen: Selbst die eingefleischten Nepalfans blieben in den 2000er-Jahren weg, die Tourismusbranche hatte Einbrüche von bis zu 50 Prozent zu verbuchen. Die einstige Traumdestination hatte ein Image-, und viel schwerwiegender, ein Sicherheitsproblem.

Mit dem Ende des Bürgerkriegs und der Regierungsbeteiligung der aufständischen Maoisten kehrten dringend notwendige Stabilität und Ruhe ein.

Seit 2009 erholt sich auch der Tourismus in Nepal wieder. Und nicht wenige Beobachter erwarten einen neuen Boom in einem Land, das in seiner kulturellen, religiösen und landschaftlichen Vielfalt seinesgleichen sucht. Wo außer in Nepal hat man schneebedeckte Bergriesen und tropischen Urwald so dicht beieinander? Wo außer vielleicht in Indien vermischen sich so viele Religionen und Kulte zu einer einzigartigen Mischung? Und selbst kulinarisch offenbart Nepal eine besondere Vielfalt, die lokale, indische, chinesische und westliche Einflüsse verbindet.

Nepal ist ein Land, das weit mehr zu bieten hat als – zugegeben atemberaubende – Trekkingtouren. Allein im Kathmandu-Tal hat der kulturell interessierte Reisende Attraktionen genug, um einen Jahresurlaub zu füllen. Naturfreunde kommen sowohl in den Himalaya-Höhen als auch in den fantastischen Naturschutzgebieten des tropischen Terai auf ihre Kosten. Und selbst Radfahrer, die man hier eigentlich nicht vermutet, finden in Nepal einige der schönsten Radstrecken Asiens vor.

Für mich ist Nepal eine Herzensangelegenheit. Daher ist diese vorliegende Auswahl natürlich etwas Persönliches. Mir ist bewusst, dass der eine oder andere Leser andere Trekkingtouren bevorzugt. Dass Nepalenthusiastinnen eventuell noch originelle Hotels kennen, die in der Auswahl nicht vorkommen. Kulinarische Reisende werden ihre Lieblingsspeise oder ihr Lieblingsrestaurant vermissen. Und Mountainbiker werden zu Recht ihren bevorzugten Downhill anmahnen. Denn selbst ein kleines Land wie Nepal ist zu groß, um es auf 101 Tipps zu reduzieren.

Das vorliegende Buch soll so auch Anregung sein, dem Nepalneuling Orientierung und dem langjährigen Nepalreisenden Ergänzung. Kein klassischer Reiseführer, sondern ein Lesebuch zum Schmökern.

Ein Buch wie Nepal: Anregend, bunt und vielfältig.

In diesem Sinne,

viel Spaß beim Lesen und vor allem Reisen!

Volker Häring, im Januar 2015

# Städte und Regionen

# 1 Kathmandu – Nepals Hauptstadt

Es gibt Städte, denen eilt ein Ruf voraus. Kathmandu ist so eine Stadt. Hippiehochburg, Banana-Pancake-Paradies. Der ideale Ort für den gepflegten Joint. Projektionsfläche für Sinnsuchende. Ausgangspunkt für die letzten Abenteuer dieser Erde, seien diese real oder imaginär.

So hat der Besucher das Gefühl, die Stadt bereits zu kennen, noch bevor er den Fuß auf den Boden des Tribhuvan-Flughafens setzt. Und kann natürlich nur enttäuscht werden. Im Wortsinne. Denn die Kathmandu-Klischees sind nichts Weiteres als Täuschungen und diese verschwinden meist schon nach dem ersten Tag in der Stadt. Hinzu kommt, dass Kathmandu in den letzten 20 Jahren eine gewaltige Transformation durchgemacht hat. Während des Bürgerkriegs zwischen den maoistischen Aufständischen und der Armee flohen viele Nepalesen in die relativ sichere Hauptstadt. In Folge dessen hat sich die Einwohnerzahl des Kathmandu-Tals innerhalb eines Jahrzehnts mehr als verdoppelt, auf aktuell rund 1,6 Millionen (Stand 2013). Die Stadt platzt folglich aus allen Nähten und ist mit ihren Einwohnern und vor allem mit dem Bewegungsdrang derselben maßlos überfordert.

Seit Jahren ist Kathmandu folglich eine riesige Baustelle. Straßen werden verbreitert, Häuser abgetragen und Freiflächen bebaut. Alle paar Tage legt ein Streik Teile der Stadt lahm. Alle paar Monate sogar ganz Kathmandu. Dann scheinen alle Einwohner der Stadt auf den autofreien Straßen zu sein und kollektiv durchzuatmen. Endlich kein ohrenbetäubendes Hupen mehr und endlich smogfreie Luft zum Atmen!

Ehrlich gesagt: Eine Oase der Stille war Kathmandu nie, es sei denn, man verschanzte sich hinter THC-Wolke und Ohrenstöpseln in einer der Absteigen in der Freak Street. Einst unbedingtes Muss auf dem Banana-Pancake-Trail, verirrt sich heute kaum noch ein Tourist in die einst so legendäre Straße. Wer heute nach Kathmandu reist, wohnt im Stadtteil Thamel.

Ab und zu schlurft dort, zwischen Ethno-Boutiquen, CD-Läden und In-Cafés, noch ein graubärtiger Ex-Hippie mit verfilzten Haaren durch die Gassen und zieht andächtig an seinem Joint. Ein Relikt der alten Zeit. Denn Kathmandu ist wie Goa, Varanasi, wie Machu Picchu und Taizé ein ehemals legendärer Ort, der allein schon durch die schiere Anzahl der Besucher entmystifiziert wurde. Mythen gedeihen eben nur solange, wie ihnen kaum einer auf den Grund geht.

*Diese steile Treppe führt von Swayambunath ins Zentrum von Kathmandu*

*Blick über Kathmandu mit der Stupa von Bodnath*

Ist Kathmandu also eine Destination wie jede andere? Eine typische Hauptstadt eines Dritte-Welt-Landes? Definitiv nicht. So wie Nepal weder mit Indien noch mit Tibet oder China zu vergleichen ist, hat Kathmandu einen sehr eigenen Charme und ist in seiner Vielfalt einzigartig. Man merkt der Stadt an, dass sie seit Jahrhunderten Schmelztiegel verschiedenster Kulturen und Religionen ist. In kaum einer Stadt liegen Buddhismus, Hinduismus und Naturreligionen so eng beisammen, selten findet sich eine so exklusive Mischung aus indischen, chinesischen und westlichen Einflüssen wie in Kathmandu.

Ob beim Bummel durch Thamel oder über den zentralen Durbar Square (s. S. 40), beim Pilgern ins buddhistische Bodnath (s. S. 42) oder Staunen in den hinduistischen Ritualstätten Pashupatinath (s. S. 44) oder Dakshinkali (s. S. 48). Beim stilvollen Abendessen in traditionellen Restaurants wie dem Bhojan Griha (s. S. 136) oder dem Bhumi (s. S. 138), beim Flanieren durch den Garden of Dreams (s. S. 142) oder beim Essen der Tandoori-Pizza im Bergsteigertreff Rum Doodle (s. S. 140). Kathmandu erzählt weiterhin seine Geschichten, jenseits von Drogenexzessen oder *Banana Pancake*. Eine Stadt zum Verlieben. Allerdings mit einem zuweilen recht rauen Charme.

**INFO**

**Information:** Kathmandu hat offiziell 800.000 **Einwohner**, geschätzt sind es jedoch rund 1,6 Millionen.
**Anreise:** Kathmandu ist von Mitteleuropa nur per Umsteigeverbindung zu erreichen. Die arabischen Fluglinien Emirates, Etihad, Qatar Airlines bieten günstige Flüge von Frankfurt, München, Berlin, Hamburg, Wien und Zürich über die arabische Halbinsel nach Kathmandu an. Auch Turkish Airlines fliegt seit 2013 über Istanbul nach Kathmandu. Mit Umsteigen dauert die Reise zwischen 11 und 20 Stunden.

# 2 Bhaktapur – Königsstadt mit Charme

Von den drei Königsstädten des Kathmandu-Tals hat Bhaktapur unbestritten den meisten Charme. Während in Kathmandu und Patan der historische Stadtkern um den jeweiligen zentralen Durbar Square nahtlos in das Chaos einer modernen Großstadt übergeht, ist die Altstadt von Bhaktapur weitgehend autofrei und, im Vergleich zu Kathmandu oder Patan, sehr gut erhalten und restauriert.

Wie Kathmandu profitierte auch Bhaktapur von seiner Lage an der historischen Handelsroute zwischen Indien und Tibet. Als wichtiger Zwischenstopp der Handelskarawanen entwickelte sich die Stadt vor allem während des Malla-Reiches, das zwischen dem 14. und dem 18. Jahrhundert das gesamte Kathmandu-Tal umfasste und dessen Hauptstadt Bhaktapur war, zum wichtigsten wirtschaftlichen und kulturellen Zentrum des Tals. Vor allem die Töpfer- und Holzkunst und besonders die Musikszene der Stadt profitierten vom regen Austausch mit anderen Kulturen und vom Reichtum der Stadt. Noch heute wird Bhaktapur als Hauptstadt der darstellenden Künste Nepals bezeichnet.

Die meisten heute noch erhaltenen Tempel und viele der mit Holzreliefs verzierten Gebäude der Stadt stammen aus der Blütezeit des Malla-Reiches. Bereits während der Herrschaft der Malla-Könige kam es Ende des 15. Jahrhunderts zur Reichsteilung. Bhaktapur blieb aber unter den drei Teilreichen Kantipur (dem heutigen Kathmandu) und Patan (Lalitpur) die wichtigste Stadt des Tals. Mit der Eroberung des Kathmandu-Tals durch den Gorkha-König Prithvi (s. S. 100) im Jahr 1768 verlagerte sich das Zentrum des Tals nach Kathmandu. Während des Malla-Reiches profitierte vor allem Bhaktapur vom Reichtum der Region. Nach der Gründung der Shah-Dynastie Ende des 18. Jahrhunderts flossen die Erträge von Handel, Handwerk und Landwirtschaft nun größtenteils nach Kathmandu. Die Architektur der Stadt wurde in der Folgezeit in Ermanglung der entsprechenden Mittel vernachlässigt. Viele Newar flohen aus dem Kathmandu-Tal und ließen sich unter anderem in Bandipur nieder (s. S. 18). Mit dem Erliegen der Handelsströme Mitte des 20. Jahrhunderts verarmte Bhaktapur weiter und lebte vor allem von der Landwirtschaft, meist auf Subsistenzniveau.

*Impressionen aus Bhaktapur: Souvenirläden in der Altstadt …*

*… Händler in den Außenbezirken*

*Der zentrale Durbar Square ist ein Paradebeispiel für die exquisite Architektur der Newar*

1979 wurde das architektonische Erbe Bhaktapurs auf die Liste des UNESCO-Weltkulturerbes gesetzt. Es begann eine sukzessive Restaurierung der historischen Tempel und Gebäude, die seit 1993 an Fahrt gewann. Seit jenem Jahr erhebt die Stadt eine Eintrittsgebühr, die in Restaurierungsarbeiten und die Verbesserung der Infrastruktur investiert wird. Auch wenn, vor allem in den Außenbezirken, immer noch viele historische Häuser in keinem guten Zustand sind, erstrahlt Bhaktapur heute fast wieder in altem Glanz und nimmt den Flaneur mit auf eine Reise in die Blütezeit der Stadt.

INFO

**Information:** Bhaktapur liegt 15 km östlich von Kathmandu und ist mit dem Auto oder Bus in einer halben Stunde zu erreichen. Selbst eine Radtour über den inzwischen asphaltierten alten Araniko Highway ca. 500 m nördlich der neuen Straße ist eine Alternative.
**Eintritt:** Für den Besuch von Bhaktapur zahlen westliche Ausländer eine Gebühr von 15 US-$ (1.500 Rupien).
**Unterkunft:** Es empfiehlt sich auf jeden Fall, mindestens eine Nacht in Bhaktapur zu verbringen. Direkt im Zentrum am Durbar Square liegt das **Shiva Guesthouse 1** (www.bhaktapurhotel.com), ein paar Meter daneben das empfehlenswerte **Thagu Chhen** (www.thaguchhen.com).
**Essen und Trinken:** Das **Café Nyatapolo** (Tel. +977-1-6610346) auf dem Taumadhi Square bietet historisches Ambiente und einen fantastischen Blick auf den Nyatapolo-Tempel zum Kaffee, während das **New Watshala Garden Restaurant** (www.facebook.com/WatshalaGardenRestaurant) in einem Garten direkt am Durbar Square eine ruhige Oase inmitten der Stadt ist.

# 3 Patan – älteste Stadt des Kathmandu-Tals

Obwohl Patan, auch bekannt unter dem früheren Sankrit-Namen Lalitpur, die drittgrößte Stadt Nepals nach Kathmandu und Pokhara ist, wird sie von den Besuchern ein wenig stiefmütterlich behandelt. Während Kathmandu und Bhaktapur nicht aus dem Besuchsprogramm westlicher Touristen wegzudenken sind, endet Patan oft als fakultativer Ausflug. Völlig zu Unrecht, da auch die dritte der ehemaligen Königstädte im Kathmandu-Tal trotz ähnlicher Anlage wie seine Schwesterstädte durchaus noch etwas Neues zu bieten hat. Allem voran den Hiranya Varna Mahavihar, einen der schönsten und originellsten Tempel Nepals (s. S. 56). Aber auch eine gut erhaltene Altstadt, die weder Fußgängerzone ist wie in Bhaktapur noch in Auflösung begriffen wie in Kathmandu.

Ähnlich wie Kathmandu und Bhaktapur blickt auch Patan auf eine mehr als 2000-jährige Geschichte zurück und gilt mit seiner wahrscheinlichen Gründung im 3. Jahrhundert vor unserer Zeitrechnung als älteste Stadt des Kathmandu-Tals. Vom späten 15. bis ins 18. Jahrhundert war Patan eine von drei Königsstädten des Malla-Reiches, bevor es von den Truppen des Gorkha-Königs Prithvi Narayan Shah (s. S. 100) 1768 erobert wurde. Der Eroberung war eine lange Belagerung vorausgegangen. Die Gurkha-Truppen rieben sich immer wieder an der stark befestigten Stadt auf. Als Patan schließlich gefallen war, töteten die siegreichen Eroberer der Legende nach die meisten männlichen Mitglieder der herrschenden Familien und schnitten den Überlebenden Nasen und Lippen ab. Der Königspalast und viele Tempel wurden zerstört.

*Altstadtgasse in Patan*

*Elefanten als Tempelwächter*

Heute bildet Patan mit Kathmandu eine Doppelstadt. Die Grenze zwischen den ineinander übergehenden Städten ist der Bagmati-Fluss, an dessen Südufer Patan liegt. Auch wenn die Stadt 220.000 Einwohner hat, wirkt Patan deutlich weniger urban als Kathmandu und ist um einiges weniger touristisch.

Neben der Besichtigung der Highlights, dem zentralen Durbar Square, dem sehenswerten Patan-Museum an der Ostseite des Platzes und dem Goldenen Tempel Hiranya Varna Mahavihar empfiehlt es

*Auf dem Durbar Square in Patan*

sich daher, mit der entsprechenden Muße durch die Gassen der Stadt zu schlendern und sich ein wenig treiben lassen. Im Vergleich zur Hektik im Kathmanduer Stadtteil Thamel und zur museumshaften Atmosphäre Bhaktapurs eine ungleich entspannte und gleichzeitig interessante Erfahrung.

Wer etwas Zeit übrig hat, sollte eine oder zwei Nächte in Patan bleiben. Neben einigen stilvollen Hotels hat Patan durchaus auch ein interessantes Nachtleben zu bieten. Viele NGOs und diplomatische Missionen haben ihren Sitz in Patan, und so hat sich hier eine entsprechende Restaurant- und Barszene herausgebildet. Vor allem das Moksh Live (www.facebook.com/moksh.live) mit regelmäßiger origineller Live-Musik sucht im Kathmandu-Tal seinesgleichen.

INFO

**Information:** Patan kann man ohne Probleme als Halbtagesausflug von Kathmandu aus besuchen. Im Vergleich zu Kathmandu und Bhaktapur ist die touristische Infrastruktur eher unterentwickelt.
**Unterkunft:** Wer in Patan übernachten möchte, findet einige empfehlenswerte Hotels in traditionellen Gebäuden wie das **Traditional Homes Swotha** (www.traditionalhomes.com.np) und das **Newa Chén** (www.newachen.com).
**Essen und Trinken:** Ähnlich wie in den anderen beiden ehemaligen Königstädten gibt es entlang des Durbar Square im Zentrum der Stadt einige nette Cafés wie das **Si Taleju Restaurant** und das **Café du Temple,** von deren Dachterrassen man einen guten Blick auf Patan hat.

# 4 Pokhara – Stadt am Phewa-See

Neben Kathmandu und Bhaktapur ist das geografisch ziemlich genau in der Mitte des Landes gelegene Pokhara die meistbesuchte Stadt Nepals. Läuft man heute durch die Stadt am Ufer des Phewa-Sees, so kann man sich eigentlich nicht vorstellen, dass Pokhara noch bis Ende der 1950er-Jahre als geheimnisvolle Stadt unterhalb des Annapurna-Massivs galt, die nur zu Fuß zu erreichen war.

Heute ist kaum eine Stadt Nepals im gleichen Ausmaß touristisch entwickelt und mit der Außenwelt verbunden. Mit der Eröffnung des Flughafens im Jahr 1958, dem Bau des Prithvi Highways zwischen Kathmandu und Pokhara 1968 und des nach Indien führenden Siddharta Highways einige Jahre später, vor allem aber durch die touristische Bedeutung, die die Stadt als Ausgangsort für Trekkingtouren rund um die Annapurna und im Westen Nepals genießt, hat Pokhara eine rasante Entwicklung vollzogen. Vom eigentlichen historischen Stadtkern, dem Bagar im heutigen Norden der Stadt, dehnte sich Pokhara über die Jahre bis an den Phewa-See aus, dort wo heute das touristische Zentrum der Stadt ist. Hinzu kamen Tausende tibetische Flüchtlinge, die nun in der dritten Generation in Pokhara leben. Heute zählt Pokhara fast 300.000 Einwohner und ist die zweitgrößte Stadt des Landes.

Vor dem chinesischen Einmarsch in Tibet war Pokhara ein wichtiger Zwischenstopp auf der Handelsstraße zwischen Tibet und Indien. Aber auch für die entlegenen Landesteile Nepals wie Mustang war Pokhara ein wichtiger Umschlagsort. Auch im modernen Nepal kommt der Stadt eine große logistische Bedeutung zu. Aktuell ist Pokhara eine ziemlich verbaute, moderne Stadt, die vom Fuß des Anna-

*Blick auf Pokhara und den Phewa-See von der Friedenspagode*

Eine Bootsfahrt über den Phewa-See gehört zu einem Pokhara-Besuch dazu

purna-Massivs bis zum Flughafen im Süden des Tals gewuchert ist. Der Verkehr ist intensiv, wenn auch nicht ganz so chaotisch wie in Kathmandu, was vor allem daran liegt, dass die Straßen um einiges breiter sind. Abgesehen von der kleinen Altstadt im Norden der Stadt liegen die Sehenswürdigkeiten Pokharas eher außerhalb. Auf einem Bergrücken an der Südseite des Phewa-Sees steht die moderne, von Japan gestiftete Friedenspagode (s. S. 58), die bei klarer Sicht einen schönen Rundblick über See, Stadt und das Annapurna-Massiv bietet. Ebenfalls einen fantastischen Blick auf die Annapurna hat man vom 1.600 Meter hohen Sarangkot, dem „Hausberg" der Stadt.

Wer dies noch übertrumpfen möchte, kann wahlweise mit dem Gleitschirm oder Ultraleichtflugzeug in die Lüfte steigen und eine Runde über der Stadt drehen. Sehenswerte Tempel sind der Bindhyabasini Mandir und der Bhimsen Mandir im älteren Teil der Stadt sowie der auf einer kleinen Insel im Phewa-See gelegene Varahi Mandir. Am Ufer des Sees, an der Lakeside, finden Backpacker und Reisegruppen gleichermaßen eine (manchmal recht laute) Oase mit unzähligen Restaurants, Cafés, Souvenirgeschäften und der einen oder anderen Disko vor.

Manch ein Nostalgiker mag sich das ruhige, alte Pokhara zurückwünschen und die Grellheit und Lautstärke des touristischen Zentrums an den Ufern des Phewa-Sees verfluchen. Immerhin, am Südufer des Sees besteht ein Bauverbot, das leidlich eingehalten wird. Wer will es der Bevölkerung von Pokhara verdenken, dass sie sich gerne ein Stück des touristischen Kuchens abschneiden will!

Das ursprüngliche Nepal liegt nur einen Bergrücken entfernt. Nach Pokhara kommt man, um weiterzureisen, zur Annapurna, nach Mustang oder in den Terai. Oder um nach einer anstrengenden Trekkingtour, einer Bergbesteigung oder einer Rundreise die Füße baumeln zu lassen und bei ausgezeichnetem Essen im Kerzenschein über den Phewa-See zu blicken. Und das ist auch gut so!

INFO

**Information:** Pokhara liegt ca. 200 km westlich von Kathmandu und ist relativ einfach mit dem Bus oder Flugzeug zu erreichen. Während es in Kathmandu in den Wintermonaten recht kalt werden kann, ist Pokhara ganzjährig eine gute Destination mit einem milden Klima.

# 5 Bandipur – herausgeputzte Bergstadt

Wer Bandipur von früheren Besuchen kennt, wird sich verwundert die Augen reiben. Schick herausgeputzt ist die Bergstadt auf halbem Weg zwischen Kathmandu und Pokhara, ein Kleinod mit authentisch restaurierter Newar-Architektur. Läuft man durch den nun autofreien Stadtkern, fühlt man sich tatsächlich in die Blütezeit Bandipurs zurückversetzt. Die heute doch recht verschlafene Stadt war noch im 19. Jahrhundert ein wichtiger Warenumschlagplatz an der Handelsroute, die von Indien nach Kathmandu und von dort weiter nach Tibet führte. Die Waren – Seide, Tee, Gewürze und Edelsteine – waren kostbar und die Täler unsicher, folglich baute man die Handelsstädte oberhalb der Talsenken.

*Vor 30 Jahren eine Geisterstadt, geht es heute in Bandipur wieder lebendig zu*

600 Höhenmeter thront Bandipur über dem Tal. Wenn die Wolken sich ausnahmsweise einmal verziehen, kann man von hier die Phalanx der 8.000er sehen: Annapurna, Manaslu und Dhaulagiri. Zu Hochzeiten war Bandipur eine reiche Stadt, was sich an der großartigen Architektur des Ortes bis heute manifestiert. Durch Grenzschließungen, neue Verkehrsmittel und politische Wirren verloren die Handelswege durch Nepal im 20. Jahrhundert an Bedeutung. Mit der Fertigstellung des Prithvi Highways von Kathmandu nach Pokhara 1974 begann der endgültige Niedergang der einst so wohlhabenden Stadt. Gegen teils erbitterte Proteste der Bewohner wurde die neue Straße im Tal und nicht auf dem Bergrücken gebaut. Verständlich für jeden neutralen Beobachter, der die zerklüfteten Mittelgebirgskämme sieht, über die sich die Handelsstraßen zu historischen Zeiten quälten. Jedoch eine Katastrophe für Bandipur und seine Bewohner: Die Stadt, die ihr Auskommen vor allem aus dem Handel zog, war damit faktisch vom Verkehr abgeschnitten.

Viele Bewohner kehrten in den Folgejahren der Stadt den Rücken und zogen ins Tal. Viele historische Häuser standen in den Folgejahren leer und verfielen. Noch in den frühen 1990er-Jahren glich der Marktplatz von Bandipur einer Geisterstadt.

*Die filigranen Details der Häuser erinnern an die Hochzeit Bandipurs*

*Die Hauptstraße Bandipurs ist heute eine Fußgängerzone mit einladenden Cafés*

Bis 1998 zweigte lediglich eine unbefestigte Straße bei Dumre vom Prithvi Highway nach Bandipur ab, die allerdings zur Monsunzeit immer wieder unterbrochen war. Erst 1998 wurde die acht Kilometer lange Strecke asphaltiert und ist seither ganzjährig befahrbar. 2003 wurde schließlich das Bandipur Tourism Development Committee (BTDC) gegründet, um die Stadt zu einer Tourismusdestination auszubauen. Ehemalige Bewohner der Stadt kamen zurück oder spendeten für den Wiederaufbau Bandipurs.

Seit knapp zehn Jahren wird nun wieder gehämmert und geklopft in der Stadt. Die aus roten Ziegeln gebauten, halbhohen Häuser erstrahlen eines nach dem anderen im alten Glanz und beherbergen nun meist Hotels und Restaurants. Großartige Holzarbeiten verzieren Türe und Fenster. Und zwischendrin lehnt sich ein windschiefes, verfallenes Haus an den schicken Nachbarn und wartet auf einen Investor.

Das autofreie Bandipur ist heute eine Oase der Ruhe. Der Ort lädt durchaus dazu ein, bei einem Kaffee auf dem Marktplatz zu sitzen und das Dorfleben an einem vorbeiziehen zu lassen. Wem das nicht reicht, der kann in kurzen oder ganztägigen Trekkingtouren die Umgebung erkunden. Auch eine mehrtägige Wanderung auf den Spuren der alten Handelsrouten bis in den Terai ist ein lohnendes Erlebnis.

**INFO**

**Information:** Bandipur liegt 8 km oberhalb des Highways Kathmandu–Pokhara.
**Unterkunft:** Auch wenn ein Besuch Bandipurs als Stopover gestaltet werden kann, empfiehlt sich mindestens eine Übernachtung. Empfehlenswert sind das **Gaun Ghar** (s. S. 120, www.gaunghar.com) und das **Old Inn** (www.rural-heritage.com/theoldInn.php).

# 6 Gorkha – einst uneinnehmbare Festung

Darüber, ob sich der weite Weg hinauf nach Gorkha lohnt, scheiden sich die Geister. Dass Gorkha von vielen Nepalbesuchern zugunsten von Bandipur oder Nuwakot ausgelassen wird, liegt weniger an der mangelnden Anziehungskraft der ehemaligen Gorkha-Festung hoch über der Stadt, sondern am Ort selbst. Gorkha ist, offen gesagt, ein ziemliches „Drecksloch". Jedenfalls der moderne Teil der Stadt. Wenn der Besucher dann in den kleinen historischen Teil kommt oder sich auf den beschwerlichen Weg den Berg hinauf zur Festung macht, ist die Meinung bereits gebildet. Was eigentlich schade ist, da die Festung von Gorkha ziemlich einzigartig in Nepal ist. Nur in Nuwakot findet man eine vergleichbare Anlage (s. S. 24), dort jedoch deutlich kleiner und weniger gut erhalten.

Gute Kondition sollte man aber auf jeden Fall für einen Besuch in Gorkha mitbringen. Wer die Herausforderung sucht, kann die steile Straße, die vom Prithvi Highway hinauf nach Gorkha führt, auch mit dem Rad angehen. Aber auch im Bus braucht es eine gewisse Schwindelfreiheit, um die vielen Kurven der Anfahrt zu überstehen. Die moderne Stadt Gorkha ist an den Hang gebaut, sodass kaum eine Straße eben verläuft, sondern sich in Rampen von bis zu 20 Prozent den Berg hinaufquält. Zu allem Überfluss führen von der kleinen historischen Altstadt in den nördlichen Außenbezirken schier endlos erscheinende Treppen noch einmal gut 350 Höhenmeter den Berg hoch bis zur Festungsanlage. Genauer gesagt sind gut 1.500 Steintreppen zu bewältigen, um zum Gorkha Durbar zu gelangen. Hat man diese Herausforderung hinter sich gebracht, wundert man sich nicht mehr, dass diese Festung als uneinnehmbar galt und dass von hier Mitte des 18. Jahrhunderts der

*Hoch über dem Tal thront die ehemalige Festung Gorkha*

Eroberungsfeldzug der Gorkha-Könige startete, der die Gründung des Königreichs Nepal in den heutigen Grenzen zur Folge hatte. Hat man nach dem Aufstieg wieder genug Luft, kann man die Schönheit dieser gut erhaltenen Anlage – eine Mischung aus Festung, Tempel und Palast – in seiner ganzen Pracht genießen. Die massive, Ehrfurcht einflößende Architektur kontrastiert mit den kunstvoll geschnitzten Verzierungen, die Pfauen, Schlangen und Dämonen sowie Szenen aus dem Kamasutra zeigen. Bei gutem Wetter hat man zudem einen fantastischen Blick auf die Gipfel des Himalayas und die kunstvoll terrassierten Hänge rund um Gorkha.

*Zum zentralen Sanktum der Festung Gorkha führen viele Treppen*

*Ein Highlight der alten Festung sind die vielen filigranen Holzverzierungen*

Neben dem eigentlichen Palast im Osten der Anlage, dem Geburtsort des Reichseinigers Prithvi Narayan Shah (s. S. 100), befinden sich auch mehrere Tempel und kleine hinduistische Schreine in den Mauern des Durbar. Vor allem der Kali gewidmete Tempel Kalika Mandir im Westflügel ist Ziel vieler Pilger, die hier Ziegenböcke oder Hühner opfern. Der Eingang zum Kalika Mandir ist Priestern vorbehalten. Der Legende nach würde der Anblick der schrecklichen Kali für nicht Initiierte tödlich enden. Vor allem während des Chait-Dasain-Festivals Ende März/Anfang April nehmen Tausende von Pilgern den beschwerlichen Weg zum Gorkha Durbar auf sich.

INFO

**Information:** Gorkha liegt 24 km nördlich des Prithvi Highways, der Kathmandu mit Pokhara verbindet. Auch wenn Gorkha als Zwischenstopp auf dem Weg zwischen diesen beiden Städten besichtigt werden kann, empfiehlt sich dennoch eine Übernachtung in Gorkha, um genügend Zeit für die Besichtigung der Altstadt und des Gorkha Durbar zu haben.
**Unterkunft:** Einfache und etwas überteuerte Übernachtungsmöglichkeiten bieten das **Gurkha Inn** (Tel. +977-64-420206) und das **Hotel Gorkha Bisauni** (Tel. +977-64-420107, gh_bisauni@hotmail.com).

# 7 Panauti – wenig bekannte Stadt der Newar

Von allen historischen Städten im Kathmandu-Tal ist Panauti die am wenigsten bekannte. Als Besucher denkt man auf den ersten Blick auch, man hätte sich auf dem Weg nach Panauti verfahren. Vom Araniko Highway zweigt zwischen Bhaktapur und Dhulikhel, in Banepa, eine asphaltierte Nebenstraße ab, die durch die Felder in Richtung Süden führt. Nach gut sechs Kilometern steht man dann auf einem staubigen Marktplatz, umrahmt von heruntergekommenen modernen Gebäuden. Kühe räkeln sich auf dem Asphalt. Die eigentliche Attraktion der Stadt, die Altstadt von Panauti, liegt etwa 500 Meter in Richtung Osten verborgen. Einen Wegweiser dorthin sucht man allerdings vergebens.

Wie die großen Schwesterstädte Kathmandu, Bhaktapur und Patan war auch Panauti einst ein unabhängiger, wenn auch sehr kleiner Staat im Kathmandu-Tal. König Bhupatindra Malla gab die Stadt Ende des 17. Jahrhunderts seiner Schwester als Mitgift. Mit der Vereinigung der drei großen Königreiche des Tals 1768 durch die Gorkha (s. S. 20) wurde auch Panauti Teil des Königreichs Nepal. Die Geschichte der Stadt reicht jedoch viel weiter zurück. Der Legende nach wurde Panauti bereits im Jahr 1082 vor unserer Zeitrechnung gegründet.

*Chaturmukh, ein Lingam mit vier Gesichtern*

*Löwen bewachen den Indreshwar-Mahadev-Tempel*

Eine erste Blütezeit erlebte die Stadt im 13. Jahrhundert, als auch das eindrucksvollste Sakralgebäude der Stadt entstand, der **Indreshwar-Mahadev-Tempel**. Der ursprünglich 1294 gebaute, im 15. Jahrhundert umgestaltete Tempel ist einer der ältesten noch erhaltenen Gebäude im Kathmandu-Tal, auch wenn das Erdbeben von 1998 große Schäden verursacht hat, die bis heute nur zum Teil beseitigt wurden. Der Indreshwar-Mahadev-Tempel steht exponiert am Zusammenfluss zweier Flüsse und ist bis heute unbestrittenes geistiges Zentrum der Stadt. Zu großen Festivals wie dem Makarmela, das alle zwölf Jahre (das nächste Mal im Jahr 2022) zu Ehren des Sonnengottes Surya gefeiert wird, und der jährlichen Prozession zu Beginn der Monsunzeit Ende Mai pilgern Tausende von Gläubigen nach Panauti. Im Tempel, dessen Pagoden-Stil typisch für die Bauweise der Newar ist, befindet sich ein Chaturmukh, ein Lingam mit vier Gesich-

*Der Krishna-Narayan-Tempel in Panauti*

tern, der der Legende nach von Shiva selbst dorthin gebracht wurde. Entsprechend groß ist die Verehrung, die dem Lingam entgegengebracht wird.

Aber nicht nur für den Besuch des Indreshwar-Mahadev-Tempels lohnt sich ein Ausflug nach Panauti. Auch der **Durbar Square**, ungleich ruhiger und bescheidener als seine Pendants in den großen Städten des Tals, und der **Krishna-Narayan-Tempel**, ein dem Gott Vishnu geweihter Tempel in der Nähe des Zusammenflusses der beiden Flüsse Lilamati und Punyamati, sind interessante Beispiele für die filigrane Architektur des Kathmandu-Tals. Außergewöhnlich kunstvoll und verspielt sind zudem die Holzschnitzereien, die die Gebäude Panautis schmücken.

Und auch jenseits der eindrucksvollen Sakralbauten lohnt sich ein Spaziergang durch Panauti. Die **Altstadt**, ein Geflecht aus gewundenen Gassen und verschlungenen Innenhöfen, ist noch im Originalzustand erhalten und lädt zu einer Entdeckungsreise ein. Einige wenige Cafés warten auf den sicherlich bald einsetzenden Besucheransturm. Denn es ist nur eine Frage der Zeit, bis Panauti wiederentdeckt wird.

INFO

**Information:** Panauti liegt 36 km südwestlich von Kathmandu, 6,5 km südlich des Araniko Highways. Die Stadt kann von Kathmandu oder Bhaktapur aus als Tagesausflug besucht werden. Es empfiehlt sich jedoch, den Besuch Panautis mit einem Abstecher nach Balthali (s. S. 200) zu verbinden.

# 8 Nuwakot – Festungsstadt am Berghang

Das kleine Städtchen Nuwakot ist wohl die am wenigsten besuchte Top-Sehenswürdigkeit in Nepal. Selbst zur Hochsaison kommen in den Ort kaum mehr als ein Dutzend ausländische Besucher. Nur selten findet man Nuwakot auf dem Besichtigungsplan von Rund- und Studienreisen. Was angesichts der Tatsache, dass Nuwakot landschaftlich und kulturell eine Menge zu bieten hat, umso verwunderlicher ist. Nuwakot ist zusammen mit Gorkha die Wiege des heutigen Nepals. Von Gorkha kommend, eroberte der Gorkha-König Prithvi Narayan Shah im Jahr 1744 Nuwakot und nutzte die Stadt als Ausgangspunkt seiner Kampagne gegen das Kathmandu-Tal. In den Jahren zwischen der Eroberung Nuwakots und dem Angriff auf Kathmandu bauten die Gorkha die Stadt zu einer imposanten Festung aus und orientierten sich hierbei an der Architektur Gorkhas (s. S. 20). Ebenso wie das Vorbild thront die **Festungsanlage** hoch oben auf dem Bergrücken, eine Manifestation von Stärke in roten Ziegeln und Holz. Nur dass die Anlage, anders als in Gorkha, sich nicht ganz so hoch über dem Ort erhebt. Die Festung von Nuwakot und der eigentliche Ort gehen mehr oder weniger ineinander über. Die Armee hat sich in den Gebäuden häuslich eingerichtet und der Marktplatz von Nuwakot liegt gerade einmal 500 Meter von der Festung entfernt.

*Das Städtchen Nuwakot liegt an einem Berghang*

Nuwakot erstreckt sich heute über den gesamten Berghang, ein Städtchen von knapp 5.000 Einwohnern, das eine Mischung aus nepalesischer Architektur, Newar-Einflüssen und einigen modernen Gebäuden zeigt. Es liegt am Ende einer steilen Stichstraße, die gute sechs Kilometer in engen Serpentinen vom Trisuli-Tal den Berg hochführt. Neben der exquisiten Architektur des Palastes, die ein wenig darunter leidet, das sich zuweilen eine Wäscheleine der dort ansässigen Armeeangehörigen durch das Bild zieht, ist auch der zentrale Durbar Square von Interesse. Ungleich kleiner als seine Pendants in Kathmandu, Bhaktapur oder Patan, lässt sich hier das eine oder andere architektonische Kleinod entdecken. Vor allem der **Bhairavi-Tempel** im Zentrum des Platzes, der Göttin Bhairavi geweiht, zuständig für militärische Erfolge, und der **Taleju-Tempel** lohnen eine Besichtigung, auch wenn der Zugang nur für Hindus, und

*Blick von der Famous Farm auf die Festung von Nuwakot*

auch für diese nur eingeschränkt möglich ist. Der Taleju-Tempel im äußersten Nordosten des Platzes ist der Schutzgöttin Taleju gewidmet, deren Inkarnation, der Kumari, bis heute im Kathmandu-Tal große Verehrung zuteil wird. Im Idealfall besucht man Nuwakot während des 15-tägigen **Dashain-Festivals**, üblicherweise im Oktober/November, wenn der Durbar Square und vor allem der Taleju-Tempel Zentrum der Festivitäten sind.

Aber auch jenseits der Sehenswürdigkeiten ist Nuwakot eine Reise wert. Zwar ist der Blick auf den Himalaya nicht annähernd so spektakulär wie an anderen Orten. Die Mischung aus Bergmassiven und fein terrassierten Hängen, die sich bis ins Trisuli-Tal ziehen, ist dennoch äußerst reizvoll. Und mit der Famous Farm (s. S. 116), die etwas oberhalb des Ortes liegt, hat Nuwakot zudem eine Übernachtungsmöglichkeit, die in ganz Nepal ihresgleichen sucht.

INFO

**Information:** Nuwakot ist mit öffentlichen Verkehrsmitteln nur schwer zu erreichen. Reizvoll ist die Strecke von Kathmandu über Kakani und Trisuli Bazaar nach Nuwakot, hier muss man jedoch ein- bis zweimal umsteigen. Das gleiche gilt, wenn man über den Prithvi Highway anreist.
**Unterkunft:** Neben der **Famous Farm** (Tel. +977-1-4700426, www.rural-heritage.com/theFamousFarm.php, s. S. 116) gibt es noch einige einfache Pensionen in Nuwakot sowie die Möglichkeit eines **Homestays** (z. B. über Gorkha High Mountain Trek: www.gorkhahighmountaintrek.com.np/homestay-nuwakot-nepal.html).

# 9 Tansen – einstige Handelsmetropole

*Die ruhigen Sträßchen Tansens im Blick*

*„Supermarkt" in Tansen*

Zugegeben, Tansen macht es Besuchern nicht leicht. Wer quält sich schon gerne mehrere Stunden mit dem Bus – oder einen ganzen Tag mit dem Fahrrad! (s. S. 218) – über abenteuerliche Bergstraßen, um dann, irgendwo auf einem hohen Bergkamm eine Stadt zu sehen, die nur eins zu versprechen scheint: Weitere Anstrengungen, um sie zu erreichen. So ist man tatsächlich geneigt, Tansen dort oben auf dem Berg links oder rechts liegen zu lassen und weiter nach Pokhara oder Lumbini zu fahren.

Wäre dies Frankreich und nicht Nepal, würde der Schlussanstieg nach Tansen jedes Jahr ein Höhepunkt der Tour de France sein. Steil und eng schraubt sich die Straße den Hang hinauf, die letzten Kilometer durch enge Straßenschluchten. Dann ist der Besucher in Tansen angekommen. Und staunt. Wäre Tansen nicht in Nepal gelegen, man würde es in der Toskana oder Südfrankreich verorten. Noch vor einigen Jahren gab es hier schwere Kämpfe zwischen Maoisten und den Regierungstruppen, heute herrscht Frieden und Tansen besinnt sich auf sein kulturelles Erbe und sein touristisches Potential. Dies muss ja nicht von Nachteil sein, zumal die Stadt abgelegen genug ist, um nicht in nächster Zukunft Massen von Touristen anzulocken. Ein wunderschönes historisches Städtchen, hoch am Hang gelegen, mit steilen, engen Gassen, die von historischen Gebäuden gesäumt werden.

Irgendwo zwischen italienischem Bergdorf und indischer Metropole hat Tansen seinen ganz eigenen Charme. Noch ist sie intakt, die traditionelle Architektur einer Stadt, die immerhin fast 200 Jahre lang Hauptstadt des unabhängigen Magar-Königreichs Tanahun war. Damals führte die Handelsstraße direkt

*Die einst boomende Handelsmetropole Tansen ist heute eher beschaulich*

durch den Stadtkern, heute hält der Siddharta Highway einen vor allem durch die Topografie bedingten Abstand. Was den Status Tansens als Warenumschlagsplatz und Handelsmetropole stark beeinträchtigte, wirkt sich positiv auf die Atmosphäre der Stadt aus. Für nepalesische Verhältnisse ist es erstaunlich ruhig in der Innenstadt, mit Ausnahme von knatternden Motorrädern und den gelegentlichen lokalen Bussen hält sich der Stadtverkehr in Grenzen.

Der ehemalige **Gouverneurspalast** im Zentrum und der Vishnu gewidmete Tempel **Amar Narayan Mandir** (s. S. 60) am Ostrand sind die Hauptattraktionen des Ortes. Man kann sich aber auch einen ganzen Tag lang durch die Altstadt treiben lassen, die seit 2008 zum UNESCO-Weltkulturerbe zählt, ohne dass einem langweilig wird. Falls die Beine schwer werden und der Hunger kommt, sollte man das Nanglo West im Stadtzentrum ansteuern, ein ausgezeichnetes Restaurant, das Spezialitäten der Region anbietet.

**INFO**

**Information:** Tansen ist von Pokhora oder Butwal aus mit dem Bus zu erreichen und ein idealer Übernachtungsort bzw. Stopover auf dem Siddartha Highway von Pokhara nach Butwal.
**Unterkunft:** Mehrere einfache Pensionen bieten **Homestays** an. Das einzige westlich orientierte Hotel, das **Srinagar** (www.hotelsrinagar.com), liegt auf dem Bergrücken oberhalb der Stadt.
**Essen und Trinken:** Ein uneingeschränkt empfehlenswertes Restaurant ist das **Nanglo West** in der Tundikhel Road (Tel. +977-75-520184, www.facebook.com/nanglowest palpa).
Weitere Infos gibt es unter: www.visittansen.com/index.php

# 10 Terai – fruchtbare Tiefebene

Nepal gilt in der Regel als Land der Berge, als Reich inmitten des Himalayas. Der Terai passt da nicht so richtig ins Klischee. Dabei macht die 25 bis 100 Kilometer breite, wenige hundert Meter über dem Meeresspiegel liegende Tiefebene, die sich entlang der etwa 800 Kilometer langen Grenze Nepals zu Indien zieht, immerhin 17 Prozent der Landfläche Nepals aus. 47 Prozent der nepalesischen Bevölkerung lebt im Terai, der mit 53 Prozent der landschaftlich erschlossenen Fläche Nepals die Kornkammer des Landes bildet. Der Terai ist mit seinem tropisch- bis subtropischen Monsunklima der wärmste und niederschlagsreichste Landesteil und wird, mit Ausnahme des Chitwan-Nationalparks, von ausländischen Touristen eher selten besucht.

Bis ins späte 19. Jahrhundert war der Terai ein Ort, durch den man, wenn überhaupt, möglichst schnell reiste. Nur wenige Menschen ließen sich in dem von Malaria geplagten Landstrich nieder. Handelskarawanen versuchten, diesen Abschnitt der Reise möglichst schnell hinter sich zu bringen. Einzig die Volksgruppe der Tharu, die anscheinend über die Jahrhunderte eine gewisse Resistenz gegen Malaria entwickelt hatte, siedelte bis Mitte des 20. Jahrhunderts in dem damals noch dicht bewaldeten Terai. In den 1950er-Jahren begann die nepalesische Regierung mithilfe von DDT die Moskitos und damit die Malaria auszurotten.

Seit den 1960er-Jahren ist der Terai quasi malariafrei. In der Folge siedelten sich immer mehr Bauern aus den Bergen in der Region an, viele Wälder wurden abge-

*Bootsausflug in den Chitwan-Nationalpark auf der Suche nach Krokodilen*

*Auf wilde Wasserbüffelherden trifft man im Chitwan-Nationalpark recht häufig*

holzt und landwirtschaftliche Flächen geschaffen. Erst die Errichtung großflächiger Nationalparks seit den 1970er-Jahren, wie des Chitwan-Nationalparks und des Koshi Tappu Wildlife Reserve, verlangsamte die großflächige Zerstörung von Flora und Fauna im Terai.

Außerhalb der Nationalparks erinnert der Terai heute größtenteils an Nordindien. Die Städte sind übervölkert, laut und staubig, der Verkehr chaotisch. Kühe legen sich zur Rushhour gemächlich auf die Ausfallstraßen. Restaurants werben mit Tandoori und Curry-Gerichten. Städte wie **Hetauda** (s. S. 32) und vor allem **Janakpur** (s. S. 34) haben durchaus ihren Reiz und sind einen Besuch wert, Janakpur lohnt sogar einen zwei- bis dreitägigen Aufenthalt.

Die meisten Besucher kommen jedoch in den Terai, um den **Chitwan-Nationalpark** (s. S. 70) zu besichtigen. Hier zeigt sich der Terai von seiner schönsten, aber sehr touristischen Seite. Jenseits der Nationalparks ist die touristische Infrastruktur sehr dünn. Wer diesen Teil des Terai besucht, muss sich auf schlechte Straßen und einfache bis sehr einfache Unterkünfte einstellen.

INFO

**Information:** Die beste **Reisezeit** ist von November bis März, in den Sommermonaten ist es schwül-heiß und sehr regnerisch. Selbst im Winter sind Temperaturen über 30 °C keine Seltenheit. Den Terai erreicht man entweder mit dem Bus von Kathmandu über den **Narayanghat Mugling Highway** oder den **Flughafen Bharatpur**. Auch eine An- und Abreise über **Varanasi** ist denkbar. Der **East-West-Highway** von Mechi nach Mahakali führt auf 1024 km Länge durch den Terai und bietet Motorrad- und Radfahrern die einmalige Möglichkeit, das unbekannte Nepal zu erfahren.

# 11 Sauraha – ein Hauch von Strandfeeling

Man könnte sich einen Spaß machen und einen Urlaubsgruß aus Sauraha nach Hause senden. Auf der Postkarte, dem Tweet oder Facebook-Eintrag: tropische Vegetation, Sonnenuntergang, Cocktailbars. Kaum jemand wird die Szenerie in Nepal verorten. Wo sind denn die Berge, die Sherpas, die Gebetsfahnen? Ist das dort wirklich eine Strandbar?

Nein, ist es nicht. Aber fast! An den Ufern des Narayani in Sauraha kann man nicht nur mit Elefanten baden, sondern auch den ereignisreichen Tag im Chitwan-Nationalpark bei einem gepflegten Bier, einem Glas Wein oder einem Snack ausklingen lassen. Und so sitzen die Tierbeobachter, Elefantenreiter und Ornithologen bei Sonnenuntergang am Narayani – eine Szenerie, die etwas Surreales, Widersprüchliches hat. Denn die kleine Stadt Sauraha, eigentlich nicht viel mehr als ein Dorf mit ein paar Hotels und Restaurants, liegt am Nordrand des Nationalparks. Dorthin fährt man normalerweise, um unberührte Natur, seltene Tiere und Pflanzen zu entdecken, um wildlebende Krokodile, Elefanten, Tiger und Ameisenbären in ihrem natürlichen Lebensraum zu beobachten. Abgesehen von einigen exklusiven Lodges, die vor allem im Westen des Parks zu finden sind, ist Sauraha Ausgangspunkt und Logistikzentrum zum Besuch des Chitwan-Nationalparks. Eigentlich dürfte es hier, wo der Fluss die nördliche Grenze des Schutzgebiets bildet, weder ein Restaurant noch ein Café geben, eigentlich gar nichts, was die Tierwelt des Parks beeinflussen könnte.

Doch Sauraha ist wie der Chitwan-Nationalpark ein Kompromiss. Natur- und Tierschützer stießen 1973 bei der Gründung des Nationalparks auf wenig Ver-

*Abendstimmung in Sauhara*

*Am Nachmittag ist Elefantenbaden angesagt. Meist baden vor allem die Elefantenreiter*

ständnis bei der lokalen Bevölkerung. Diese lebte auf Subsistenzniveau und hatte verständlicherweise andere Sorgen als den Schutz von Flora und Fauna. Folglich mussten Möglichkeiten gefunden werden, den Menschen der Region den Nationalpark schmackhaft zu machen, indem sie zu Wildhütern ausgebildet wurden oder eben eine Chance bekamen, vom einsetzenden Tourismusboom ein wenig zu profitieren.

Und um ehrlich zu sein: Sauraha ist definitiv keine Khao San Road. Und kein Vang Vieng, Ko Phagnan oder wie die Partymekkas der Backpackerszene alle heißen. Es hat etwas Friedliches, wie Backpacker neben Pauschaltouristen, Trekkinggruppen neben Studienreisenden, die nepalesische Mittelschicht neben indischen Delegationen am Ufer des Narayani sitzen und den Sonnenuntergang über Chitwan genießen. Dann ist es andächtig still und der Nationalpark zeigt sich von seiner schönsten Seite.

### Tiere im Chitwan-Nationalpark

Besucher bekommen ihn selten zu sehen: den **Bengal-Tiger** (Königstiger, *Panthera tigris tigris*). Seit Gründung des Nationalparks ist die Population von geschätzten 25 auf heute etwa 100 Individuen angewachsen. Auch das bedrohte Panzernashorn ist mit etwa 500 Exemplaren in Chitwan zu finden. Weitere bedrohte Spezies sind Pangoline (Ameisenbären), Lippenbären und Gangesgaviale. Letzteres ist eine Krokodilart mit langer, dünner Schnauze, die sich vor allem von Fischen ernährt.

Leider ist **Wilderei** immer noch ein Thema im Chitwan-Nationalpark. So sind aufgrund der Wilderei die Populationen der Tiger und Nashörner in manchen Jahren rückläufig. Auch Vogelfreunde kommen im Nationalpark auf ihre Kosten. 543 Vogelarten, davon zwei Drittel bedroht, wurden 2006 gezählt, und damit ähnlich viele wie im Koshi Tappu Wildlife Reserve (s. S. 128). 160 Vogelarten, darunter Rotgänse und Störche überwintern in Chitwan.

# 12 Hetauda – Stadt mit „rauem Charme“

*Buddhafigur im Kreisverkehr von Hetauda*

„Drecksloch!“ Das ist mit ziemlicher Sicherheit der erste Gedanke, der einem Besucher bei der Einfahrt nach Hetauda kommt. Und sich beim zweiten Hinsehen nicht gerade verflüchtigt. Rauer Charme, sagt man in der Reiseführerlyrik dazu normalerweise. Sprich: Es ist laut, dreckig, chaotisch und etwas zu sehen, im engeren touristischen Sinne, gibt es eigentlich auch nicht. Warum also hinfahren? Und vor allem, warum hat es Hetauda in diese Auswahl geschafft?

Hetauda ist sicherlich kein Reiseziel an sich, das heißt, es würde sich nicht lohnen, extra nach Hetauda zu fahren, um die Stadt zu besichtigen. Als Ausgangs- oder Endpunkt einer Rad- oder Motorradtour auf dem Tribhuvan Highway, als Zwischenstopp auf dem Weg von Kathmandu in den Terai, nach Indien oder in den Ilam liegt Hetauda jedoch ideal. Oder besser gesagt: Ohne den Tribhuvan Highway und die günstige Lage zwischen den Regionen Nepals gäbe es die Stadt in der heutigen Form sicherlich nicht. Am Kreuzungspunkt von Tribhuvan und dem East-West-Highway gelegen, hat sich Hetauda in den letzten Jahrzehnten von einem kleinen Dorf in eine Stadt mit immerhin fast hunderttausend Einwohnern verwandelt. Ein Großteil der nepalesischen Industrie ist in der Region angesiedelt und der Handel über die nahe Grenze mit Indien boomt. Trotz alledem, und entgegen des ersten, oben beschriebenen Eindrucks, gilt Hetauda als die sauberste Stadt des Landes. Und Hetauda ist durch die angesiedelte Industrie auch einer der reichsten Orte Nepals.

Dies wären alles noch keine Argumente, warum man nach Hetauda fahren sollte, es sei denn, man ist im Import-Export-Geschäft. Auch der etwas außerhalb der Stadt gelegene Martyr Memorial Park, eine Gedenkstätte für die Opfer der jüngsten nepalesischen Ge-

*Bauen auf Nepalesisch: Baugerüst aus Bambus*

*Straßenszene in Hetauda*

schichte von den Kolonialkriegen bis hin zu den Widerständlern gegen die autokratische Monarchie, ist eher ein Ausflugsziel der lokalen Jugend, um dort Picknick zu machen. Was Hetauda dann jedoch sehenswert macht, ist die Tatsache, dass es eine völlig untouristische Stadt ist, die dennoch eine gewisse touristische Infrastruktur hat. In Nepal ist das eine Seltenheit.

Der interessierte Besucher – oder der gestrandete Tourist, der die lange Busfahrt vom Koshi Tappu Wildlife Reserve (s. S. 72) oder aus dem Ilam (s. S. 74) in Hetauda unterbricht – kann sich also im Motel Avocado (s. S. 124) im Norden der Stadt einquartieren und auf Entdeckungsreise in den nepalesischen Alltag gehen. Und wird über die vielen abwechslungsreichen Märkte staunen, die Geschäfte, die die Überproduktion der lokalen Industrie – und das ein oder andere vom Lastwagen gefallene Stück – verkaufen und sich schließlich mit der Kamera oder einer Flasche Gorkha-Bier an die zentrale Kreuzung setzen. Dort, wo der Tribhuvan Highway auf den East-West-Highway trifft und wo eine messingfarbene Buddhafigur inmitten eines Kreisverkehrs unter einer Energiesparlampe sitzt, kann man gerne einmal einen halben Tag verbringen, ohne dass es langweilig wird.

INFO

**Information:** Hetauda ist 132 km südlich von Kathmandu gelegen und in ca. sechs Stunden über den Tribhuvan Highway zu erreichen. Die Stadt ist ein idealer Zwischenstopp auf dem Weg von Kathmandu nach Chitwan, Koshi Tappu oder in den Ilam.
Hetauda liegt im Tiefland des Terai und hat daher ein warmes subtropisches Klima. Da es in den Sommermonaten viel regnet, ist die ideale Reisezeit Oktober bis April.
Weitere Infos über die Region auf Englisch unter www.hetaudaonline.com.np.
**Unterkunft:** Beste Übernachtungsmöglichkeit ist das **Motel Avocado** (www.orchidresort.com, s. S. 124).

# 13 Janakpur – hinduistische Pilgerstadt

Wie so viele Städte des Terai sieht auch Janakpur nur wenige westliche Besucher. Das merkt man der Stadt auch an. Erst in den letzten Jahren gibt es Ansätze einer Kanalisation, die touristische Infrastruktur ist so gut wie inexistent. Das ist umso verwunderlicher, als dass Janakpur eine der wichtigsten Pilgerstädte des Hinduismus ist und über das Jahr, vor allem während der vielen hinduistischen Festivals, einige Hunderttausend Pilger aus Nepal und Indien hierherkommen. Über 120 Tempel gibt es in Janakpur, das auch die „Stadt der Tempel" genannt wird. Die wichtigsten Tempel der Stadt, und damit auch Hauptziel der Pilger, sind der **Janaki Mandir** (s. S. 64) im Zentrum der Stadt und der **Ram Mandir**, der etwas westlich des Janaki Mandir liegt.

Warum zieht es so viele Pilger nach Janakpur? Die Stadt gilt als die antike Stadt Mithila, die in vielen hinduistischen Schriften erwähnt wird, unter anderem im Epos Ramayama. Danach wurde Sita, die Inkarnation der Göttin Lakshmi, in Janakpur geboren. Die Hochzeit mit Rama, der Inkarnation Vishnus, fand der Legende nach ebenfalls in Janakpur statt, das seit dem 16. Jahrhundert als wichtiger Pilgerort gilt, nachdem Einsiedler im dortigen Dschungel einige Figuren von Rama und Sita entdeckt haben sollen. Der exquisite Janaki Mandir ist der Beziehung zwischen Sita und Rama gewidmet. Vor allem während des Sita-Vivaha-Panchami-Festivals zu Ehren der Hochzeit Sitas und Ramas und des Dashain-Festivals, das den Sieg des Guten über das Böse feiert, platzt die Stadt aus allen Nähten. Unterkünfte, und seien sie noch so einfach, sind zu dieser Zeit kaum zu finden.

Doch auch jenseits ihrer religiösen Bedeutung hat die Stadt ihren Reiz. Der Einfluss des nahen Indien macht sich deutlich bemerkbar. Bunte Fahrradrikschas fahren

*Alles, was der Gläubige braucht: Devotionalienhändler in Janakpur*

durch die engen Straßen, heilige Kühe sonnen sich inmitten des dichten Verkehrs. Fliegende Händler und kleine Garküchen buhlen um die pilgernde Kundschaft, Sadhus haben sich zwischen den Tempeln häuslich niedergelassen. Janakpur gibt sich keine Mühe, hübsch zu sein, und dennoch finden sich immer wieder Ecken, die einen rauen, aber durchaus sichtbaren Charme haben. Nur eine touristische Infrastruktur darf man in der Stadt nicht erwarten, die wenigen Hotels sind einfach und eher auf Pilger als auf westliche Touristen ausgerichtet. Immerhin, mit dem Rooftop Restaurant in der Station Road gibt es ein äußerst empfehlenswertes Restaurant (s. S. 152).

*Auch die Pilgerkinder sind herausgeputzt*

*Ziel der Pilger ist der Janaki Mandir*

Bis Anfang 2014 gab es in Janakpur noch eine zusätzliche Attraktion: Eine von zwei Eisenbahnlinien Nepals hat in Janakpur ihre Endstation. Inzwischen auch im übertragenen Sinne, da die einzige Lokomotive im Januar 2014 kaputtging, es an Ersatzteilen fehlt und der Betrieb daher eingestellt wurde – Wiederaufnahme fraglich. Gewissermaßen sinnbildlich für Janakpur, das zwischen der glorreichen Vergangenheit und eher tristen Gegenwart noch seinen Weg sucht. Und gerade deshalb eine der interessantesten Städte Nepals ist.

**INFO**

**Information:** Janakpur liegt im Terai im Südosten Nepals, ca. 20 km nördlich der indischen Grenze und ca. 400 km südöstlich von Kathmandu. Es ist eine der heißesten Städte Nepals. Das Klima ist gekennzeichnet von einer hohen Luftfeuchtigkeit, subtropischen Sommern mit Temperaturen von bis über 40 °C und milden Wintern mit Temperaturen von nur selten unter 10 °C. Janakpur erreicht man von Kathmandu mit dem Bus in ca. zwölf Stunden, täglich gibt es zwei Flüge zwischen Kathmandu und Janakpur (20 Minuten).

**Unterkunft:** Eines der wenigen empfehlenswerten Hotels ist das **Hotel Rama** (Tel. +977-41-520059) an der Kreuzung von Parikrama Sadak und Shiva Path.

**Essen und Trinken:** Ein exzellentes Restaurant ist das **Rooftop Restaurant** in der Station Road (s. S. 152).

# 14 Kakani – mit Blick auf den Himalaya

Wer nach Kathmandu reist, nicht viel Zeit hat und einen Blick auf das atemberaubende Himalaya-Panorama werfen möchte, fährt in der Regel nach Nagarkot. Der kleine Ort, eigentlich inzwischen eher eine Ansammlung von Gasthäusern und Pensionen, verspricht den besten Blick auf den Himalaya aus dem Kathmandu-Tal. Beim Sonnenaufgang auf der Aussichtsterrasse kann es da schon einmal eng werden – was den Zauber des Ausblicks nicht mindert. Nur dass eventuell noch ein paar Mitreisende im Bild stehen, wenn die Morgensonne den Himalaya in ein goldgelbes Licht taucht.

Wem Nagarkot zu überlaufen ist, der macht sich am besten auf den etwas längeren Weg nach Kakani. Der Aufwand lohnt sich. Schon allein die Anfahrt zu dem kleinen Ort in 2.030 Metern Höhe ist spektakulär. Ein paar hundert Meter westlich des Busbahnhofs von Kathmandu zweigt eine kleine Straße von der Ringstraße ab und führt schon nach wenigen Metern nicht steil, aber stetig bergauf, manchmal in Serpentinen, meist in weiten Bögen durch terrassierte Felder. Kurz hinter Kathmandu werben noch ein paar Restaurants und Pensionen auf großen bunten Tafeln um Gäste, dann durchbricht nur noch selten ein Bauernhaus das Farbenspiel der Terrassenfelder. Schließlich ist auf fast 2.000 Metern Höhe der Bergrücken erreicht. Schon hier hat man bei gutem Wetter einen fantastischen Ausblick auf den Himalaya in Richtung Lantang und das Manaslu-Massiv. Kakani erreicht man jedoch erst über eine Stichstraße, die in Richtung Osten abzweigt und noch einmal fast 200 Höhenmeter nach oben führt. Der Ort Kakani ist nicht viel mehr als eine lose Ansammlung von Häusern, einigen Weiden und Gärten. Das, was man zuerst für eine Hotelanlage halten kann, entpuppt sich als Armeestützpunkt. Doch auch wenn Kakani, was die touristische Infrastruktur angeht, deutlich hinter Kathmandu und auch Nagarkot hinterherhinkt, gibt es dennoch einige Familienpensionen, die einfa-

*Blick auf das Kathmandu-Tal*

*Der Ganesh-Himalaya mit bis zu 7.400 Meter hohen Bergen*

che, aber (leidlich) saubere Zimmer mit und ohne Bad/WC anbieten und gleichzeitig für schmackhaftes Dal Bhat (Abendessen) und Pancakes (Frühstück) sorgen.

Aber es ist ja schließlich nicht der touristische Komfort, warum man den beschwerlichen Weg nach Kakani auf sich nimmt. Wer den Charme Kakanis erleben will, muss früh aufstehen, gegen 6 Uhr, und wird durch einen fantastischen Rundumblick belohnt. Im Südosten erwacht das Kathmandu-Tal, das in den Morgenstunden normalerweise noch nicht vollständig in Smog gehüllt ist. In Richtung Norden erhebt sich fast der gesamte nepalesische Himalaya. Vom Annapurna-Massiv bis zum Cho Oyu reicht bei gutem Wetter die Sicht. Für den Mount Everest, den man theoretisch ebenfalls ganz im Nordosten sehen kann, muss der Besucher schon extremes Wetterglück haben und den Hals strecken. Doch wer wird sich schon beklagen, wenn über 200 Kilometer Himalaya zu seinen Füßen liegen, oder besser gesagt, fast zum Anfassen nah vor einem stehen.

Um das Glück komplett zu machen, empfiehlt sich die Weiterfahrt nach Trisuli Bazaar im Westen. Die Strecke zwischen Kakani und dem Trisuli-Tal ist wohl die schönste asphaltierte Straße Nepals (s. S. 222).

INFO

**Information:** Kakani liegt 24 km nordwestlich von Kathmandu und ist mit dem Überlandbus mit Endstation Trisuli Bazaar zu erreichen. Auch mit dem Fahrrad oder Motorrad ist der Weg nach Kakani ein anspruchsvoller, aber sehr lohnender Ausflug. Auch wenn Kakani als Tagesausflug gestaltet werden kann, empfiehlt es sich, eine Übernachtung einzuplanen, um den Sonnenaufgang zu erleben. Ideale Reisezeit sind der Frühling und der Herbst.

**Unterkunft:** Eine einfache, aber gute Übernachtungsmöglichkeit ist das **Kakani Mountain View Hotel** (www.kakanimountainview.com, Mobil-Tel. +997-9802010210).

# Tempel, Klöster und Paläste

# 15 Durbar Square in Kathmandu

*In den Heiligtümern am Durbar Square werden verschiedene Gottheiten verehrt*

So richtig entscheiden kann er sich nicht. Ist er nun Stadtzentrum, Museum oder heiliger Ort? Dürfen die Kühe noch auf den Platz und die Tauben die Bausubstanz mit ihren Hinterlassenschaften zerstören? Ist er nun autofrei oder gibt es immer die Ausnahmen von der Regel? Wie auch immer: Der Durbar Square ist unbestrittenes Zentrum Kathmandus und ein Platz, auf dem man gut und gerne einen ganzen Tag verbringen kann. Nur noch selten rasten Kühe auf dem Pflaster, seit 2013 Kühe in Kathmandu amtlicherseits als Verkehrshindernis eingestuft wurden und ihre Besitzer für eventuelle Schäden aufkommen müssen. Und die Tauben, warum auch immer, flattern nicht mehr in Legionen über den Platz.

Die Entstehung des Durbar Square geht zurück auf die Epoche, als das Kathmandu-Tal in die drei Königreiche, Kathmandu, Bhaktapur und Patan aufgeteilt war. Jede dieser Königstädte verfügte über einen Königspalast, der wiederum Ausgangspunkt für eine Reihe von Sakralbauten in der Nähe war.

Heute stehen gut 50 Tempel und Pagoden auf dem Platz, der eigentlich eher eine Ansammlung von lose

*Historisches Zentrum Kathmandus: der Durbar Square mit rund 50 Tempeln und Pagoden*

*Beliebtes Fotomotiv: zwei Sadhus in Pose*

miteinander verbundenen Freiflächen ist als ein streng definierter Platz. Im Herzen des Durbar Square steht der imposante Palast **Hanuman Dhoka**, in dem bis 1886 die nepalesischen Königsfamilien ihre Residenz hatte. Entstanden ist der Palast bereits während der Malla-Dynastie im 16. Jahrhundert, in der Folgezeit wurde er immer wieder umgestaltet und renoviert. Heute beherbergen Teile des Palastes das **Tribhuvan Museum**. Sehenswert ist die namensgebende Hanuman-Statue am Eingang des Palastes. Hanuman, der listige und kampferprobte Affenkönig aus dem Epos Ramayana, galt als Schutzgottheit der Malla-Daynastie.

Der imposanteste religiöse Bau des Durbar Square ist der **Taleju-Tempel**. Er ist der Göttin Taleju, einer Erscheinungsform Durgas (s. S. 92), geweiht und steht im äußersten Nordosten des Platzes. Weitere sehenswerte Gebäude sind der **Jagannatha-Tempel**, der für seine erotischen Holzschnitzereien im Dachbereich berühmt ist, und der etwas nordöstlich des Palastes gelegene **Maju Deval**, ein Tempel zu Ehren Shivas. In nördliche Richtung schließt sich der **Shiva-Parvati-Tempel** an, ein kleines, reich verziertes Holzgebäude, aus dessen mittleren Fenster ein aus Holz geschnitztes, bunt bemaltes Paar (Shiva und Parvati) die Gläubigen grüßt.

Im nördlichen Bereich des Platzes gibt es einige Cafés mit gemütlichen Dachterrassen, die zwar nicht gerade günstig sind, aber einen fantastischen Blick auf den Platz bieten.

INFO

**Information:** Der **Durbar Square** liegt am südlichen Ende des Stadtteils Thamel und ist von den meisten Hotels gut zu Fuß erreichbar. Der Eintritt beträgt 200 Rupien. Wer plant, an Folgetagen noch einmal wiederzukommen, kann sich das Datum auf das Ticket schreiben lassen und muss beim nächsten Besuch nicht noch einmal bezahlen.

# 16 Bodnath in Kathmandu

Wer einmal im Morgengrauen oder in den Abendstunden in Bodnath war, wird von diesem Ort schwärmen! Und wer gar in Vollmondnächten das Meer von einigen Tausend Yakbutterlämpchen auf den Stufen der Stupa miterlebt hat, wird strahlende Augen bekommen, wenn er davon erzählt. Es gibt in Kathmandu wohl kaum einen Ort, der Religiosität und gleichzeitig meditative Ruhe so intensiv ausstrahlt, wie die 36 Meter hohe Stupa im Zentrum des Stadtviertels Bodnath.

Um die Ursprünge der Stupa kreisen mehrere Legenden. Glaubt man tibetischen Texten, so kam zu Urzeiten eine Tochter Indras zur Erde, lebte als einfache Frau und brachte es dennoch zu Reichtum. Als Dank wollte sie eine Stupa zu Ehren Buddhas bauen, erhielt vom König aber nur so viel Land, wie sie mit einem Büffelfell abdecken konnte. Die kluge Frau schnitt das Büffelfell in kleine Streifen, band diese zusammen und deckte so ein riesiges Gebiet ab, auf dem heute die Stupa von Bodnath steht.

Eine eher weltliche Erklärung liefern historische Aufzeichnungen der Newar. Demnach herrschte unter König Vrisadev der Lichhavi-Dynastie eine Dürreperiode, die das Kathmandu-Tal bedrohte. Der Hofastronom teilte dem König mit, dass nur das Opfer eines edlen Menschen die Dürre abwenden könnte. Der König befahl seinem Sohn Mandev, in einer mondlosen Nacht zum königlichen Brunnen zu gehen und den Mann zu enthaupten, den er dort finden würde. Der Sohn tat wie ihm geheißen und musste zu seinem Schrecken feststellen, dass der Mann, den er enthauptet

*Ziel der buddhistischen Pilger: die weiße Stupa von Bodnath*

*Jugendliche Pilgerin mit ihrer Schwester an der Stupa von Bodnath*

hatte, sein Vater, der König war. Um seine Tat zu sühnen, ließ er die Stupa von Bodnath errichten. Dies geschah im 5. Jahrhundert und diese Zeit gilt inzwischen als gesicherter Ursprung der Stupa. Der Legende nach befinden sich verschiedene Reliquien im Inneren der Stupa, unter anderem Knochen, Haare oder Zähne Buddhas sowie religiöse Schriften und Ritualgegenstände.

Noch bis in die 1980er-Jahre war Bodnath nicht viel mehr als ein Dorf, das den zentralen Platz um die Stupa umgab. Doch bereits seit den 1960er-Jahren, infolge der Flucht vieler Tibeter nach dem tibetischen Aufstand von 1959, entstand in Bodnath ein neues religiöses Zentrum für die Flüchtlinge aus Tibet. Neue tibetische Klöster wurden gebaut, Wohnquartiere entstanden. Gleichzeitig wuchs Kathmandu immer weiter in Richtung Bodnath und umschließt es heute vollständig. Umso mehr wirkt der Platz rund um die Stupa heute wie eine Oase der Ruhe inmitten der Hektik der Millionenstadt Kathmandu. Wer sich wundert, wie die Stupa über die Jahre ihrer strahlend weiße Farbe im Kathmanduer Smog erhalten hat: Einmal im Jahr, zum tibetischen Neujahrsfest Losar, wird der halbkugelförmige Bau neu geweißt und die safranfarbigen Bögen erneuert. Wer die Möglichkeit hat, sollte Bodnath unbedingt zu Losar besuchen, dann sind die Pilger deutlich in der Mehrheit und Bodnath zeigt seinen unvergleichlichen Charme. An normalen Tagen sind inzwischen zumeist mehr Touristen als Pilger in Bodnath unterwegs und die Souvenirläden und Straßenhändler bilden einen recht harschen Kontrast zur Spiritualität der Anlage. Der Tourismusboom hat jedoch auch bescheidenen Wohlstand in das lange Zeit bitterarme und vernachlässigte Viertel gebracht.

Wem der Trubel rund um die Stupa zu viel wird, dem sei eines der vielen Cafés rund um die Stupa empfohlen, von deren Dachterrassen man einen herrlichen Blick auf die Stupa und, falls das Wetter mitspielt, den Himalaya hat.

INFO

**Information:**
**Bodnath** liegt im Nordosten Kathmandus, etwa 1 km östlich der Ringstraße. Bodnath lässt sich zu Fuß von Pashupatinath oder mit dem Taxi oder Fahrrad erreichen.
Der **Eintritt** beträgt für westliche Touristen 150 Rupien.

# 17 Pashupatinath in Kathmandu

Pashupatinath, etwas außerhalb auf dem Weg zum Flughafen gelegen, gilt als ältester hinduistischer Tempel Kathmandus. Die großzügige Tempelanlage ist Shiva gewidmet, der hier als „Herr der Tiere" *(pashu pati)* verehrt wird. Der Legende nach verbarg sich Shiva vor seinen göttlichen Begleitern Vishnu und Brahma, indem er die Gestalt einer Gazelle annahm, und vergnügte sich mit seiner Gattin Parvati in Gestalt eines Gazellenweibchen. Vishnu und Brahma suchten Shiva und fanden ihn schließlich in Gazellengestalt. Als Shiva sich weigerte, seine ursprüngliche Gestalt anzunehmen, packten ihn Vishnu und Brahma bei den Hörnern, wobei eines abbrach. Dies ermöglichte Shiva die Flucht ans andere Ufer des Bagmati-Flusses, der Pashupatinath durchfließt. Shiva versprach daraufhin allen Menschen, die ihn hier sehen würden, dass ihnen eine Wiedergeburt als Tier erspart bliebe.

Soweit die Legende. Die Tempelanlage geht wahrscheinlich bis ins 5. Jahrhundert unserer Zeitrechnung zurück. Es wird aber vermutet, dass hier bereits deutlich früher eine heilige Stätte bestand. Wie wichtig den Hindus Pashupatinath ist, merkt man bereits auf dem Weg zur Anlage. Eine fast festliche Stimmung liegt über Pashupatinath. Sadhus sitzen am Eingang der Anlage und diskutieren. Von den Verbrennungsstätten im hinteren Teil der Anlage weht süßlicher Rauch herüber.

*Lingams säumen die Ghats von Pashupatinath*

*Vor allem an Festivals treffen sich viele Musiker in Pashupatinath*

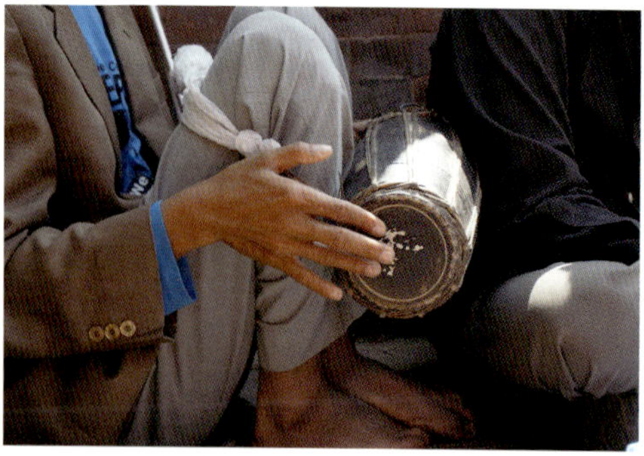

Der Shiva geweihte Haupttempel ist leider nur für Hindus zugänglich. Er besteht aus einer doppelstöckigen Pagode, die mit vergoldetem Kupfer bedeckt ist. Im Inneren des Tempels befindet sich eine Shiva-Statue, die 1,80 Meter hoch ist und einen Durchmesser von ca. 1,10 Meter hat. Für viele Hindus ist der Tempel eine der wichtigsten Verehrungsstätten Shivas auf dem indischen Subkontinent. Im Frühjahr, zu Shivaratri, dem größten Fest zu Ehren Shivas, pilgern einige Hunderttausende Gläubige nach Pashupatinath.

Mitten durch das Gelände fließt der Bagmati-Fluss und teilt die Anlage in zwei Teile. Auf der linken Flussseite liegen der große Pashupatinatha-Tempel und die Verbrennungsstätten, die Arya Ghats und die Surya Ghats. Die Arya Ghats sind die

*Die kleinen Tempel an der Ostseite der Anlage sind Treffpunkt der Sadhus*

Verbrennungsstätten der höheren Kasten, ein Teil der Anlage, der nur von Hindus betreten werden darf. Die Surya Ghats dienen hingegen der ärmeren Bevölkerung als Verbrennungsplatz. Hier finden täglich Verbrennungen statt und das Ufer ist häufig mit dicken Rauchschwaden überzogen.

In Pashupatinath verbrannt zu werden, ist der Wunsch vieler Hindus. Die Leiche wird auf einer Bahre zu den Verbrennungsstätten gebracht und ein Scheiterhaufen errichtet. Bevor der Leichnam auf den Scheiterhaufen gelegt wird, wird er zuerst noch in den Fluss getaucht und mit Wasser bespritzt. Dann wird der Leichnam auf den Scheiterhaufen gelegt und mit Holz und Stroh bedeckt. Bevor er angezündet wird, umschreiten die Verwandten den Leichnam fünfmal im Uhrzeigersinn, die fünf Elemente Wasser, Erde, Licht, Luft und Äther (Akasha) symbolisierend. Dem ältesten Sohn fällt anschließend die Aufgabe zu, den Scheiterhaufen anzuzünden. Nach drei bis vier Stunden, wenn die Leiche verbrannt ist, wird die Asche der Toten in den Fluss gegeben.

Auch rituelle Waschungen werden im Fluss durchgeführt. Wenn man sich den Verschmutzungsgrad des Flusses vor Augen führt, eine eher gewöhnungsbedürftige Angelegenheit!

INFO

**Information:**
Explizite Öffnungszeiten gibt es nicht, **Pashupatinath** ist ein öffentlicher Platz und, mit Ausnahme des zentralen Shiva-Tempels, der ohnehin für Nicht-Hindus nicht zugänglich ist, nicht eingezäunt.
Tagsüber kostet der Eintritt 1.000 Rupien.
**Tipp:** Von Pashupatinath aus erreicht man in einer etwa halbstündigen Wanderung über den nächsten Hügel Bodnath.

# 18 Swayambunath in Kathmandu

In früher Zeit, so erzählt man sich, war das Kathmandu-Tal ein großer See. Inmitten des Sees schwamm eine blau leuchtende Lotusblume. Aus aller Welt kamen die Pilger, um diesen geweihten Ort zu ehren. Eines Tages stieg eine leuchtende Flamme aus dem Lotoskelch, aus der Swayambunath entstand. Eines Tages kam Manjushri, der Bodhisattwa der Weisheit, aus Tibet, um hier zu meditieren. Mit seinem Schwert schlug er eine Bresche in die Hügel, die das Wasser am Abfließen hinderten und pflanzte die Lotusblume auf den Hügel von Swayambunath.

Soweit die Legende. Tatsächlich reicht die Geschichte der großartigen Tempelanlage im Nordosten Kathmandus mehr als zwei Jahrtausende zurück. Man vermutet, dass die zentralen Gebäude über 2.500 Jahre alt sind und damit zu den ältesten buddhistischen Tempeln der Welt gehören. Gesichert ist jedoch, dass 460 n. Chr. an dieser Stelle bereits eine Stupa stand. Und man merkt der Anlage das Alter an. Nicht, dass der Zahn der Zeit an ihr genagt hätte, da beugen beständige Renovierungsarbeiten vor.

Nein, man spürt, dass Swayambunath seit Jahrhunderten in den Herzen der Bewohner des Kathmandu-Tals verankert ist und ein Besuch der Anlage eine große spirituelle Angelegenheit darstellt. Swayambunath ist eines der wichtigsten Heiligtümer Nepals und wird von buddhistischen und hinduistischen Gläubigen gleichermaßen verehrt.

*Religiöse Zeremonie in Swayambunath*

Zwar ist es auch möglich, Swayambunath über die Ringstraße zu erreichen, idealerweise nähert man sich der Anlage jedoch über die steile Treppe im Osten. Am Fuß der Treppe befindet sich eine Steinplatte mit dem Fußabdruck Buddhas, von dort führen 365 Stufen hinauf direkt bis zur zentralen Stupa. Der steile Aufstieg sorgt dafür, dass man mit der entsprechenden Demut (und etwas außer Puste) die Gipfelstupa erreicht.

*Die Affen sind auf eine „Spende" aus*

Ein wenig von der inneren Einkehr lenken jedoch die Horden wilder Affen ab, die sich einen Spaß machen, an den Geländern herumturnen und ein gutes Auge für Essbares in den Taschen der Besucher haben. Auch Kameras werden gerne entwendet, also Vorsicht vor den Primaten!

Doch die kleine Anstrengung lohnt auf jeden Fall! Die zentrale Stupa ist ein Highlight der buddhistischen Baukunst, mit perfekten Proportionen. Der kugelförmige weiße Sockel symbolisiert die Erde, während die 13-stufige goldene Spitze für die 13 Stadien steht, die der Mensch durchlaufen muss, um das Nirwana zu erreichen. Zwischen Sockel und Spitze blicken die Augen Buddhas in alle vier Himmelsrichtungen.

Durch seine exponierte Lage ist Swayambunath auch ein idealer Aussichtspunkt. Bei gutem Wetter überblickt man das gesamte Kathmandu-Tal und mit etwas Glück auch einige schneebedeckte Berge des Himalayas.

*Brunnen des Weltfriedens*

**Information:**
**Swayambunath** erreicht man von der Innenstadt Kathmandus am besten mit dem Taxi (ca. 250 Rupien). Alternativ ist die Anlage auch zu Fuß (ca. eine Stunde) oder mit dem Rad (ca. 20 Minuten) zu erreichen. Eintritt 200 Rupien.

INFO

# 19 Dakshinkali bei Kathmandu

Faszination oder Scham? Beklemmung oder Bewunderung? Die Gefühlswelt des westlichen Beobachters gerät in Dakshinkali in der Regel kräftig durcheinander. Ein wenig ist es so, als wäre man als Gast in einem fremden Wohnzimmer und der Gastgeber würde plötzlich die Hosen herunterlassen. Dakshinkali ist einer der aktivsten Opfertempel des Kathmandu-Tals – bunt, roh und faszinierend. Dennoch sieht der Tempel kaum westliche Touristen.

Das ist eventuell auch der relativen Abgeschiedenheit Dakshinkalis geschuldet. Die der Göttin Kali, einer Erscheinungsform der weiblichen Göttin Durga (s. S. 92), geweihte Tempelanlage liegt 22 Kilometer südwestlich von Kathmandu, kurz bevor das Tal in das zentrale nepalesische Mittelgebirge übergeht. Dakshinkali zieht sich ein enges, durch zwei Bergbäche bestimmtes Tal hinauf und ist vor allem samstags und dienstags Ziel Tausender hinduistischer Pilger. Es empfiehlt sich auf jeden Fall, früh aufzustehen, da die meisten Rituale bereits in den Morgenstunden stattfinden und die Pilgerschar gegen Abend ein wenig ausdünnt.

Der Legende nach geht Dakshinkali bis ins 14. Jahrhundert zurück, als Kali dem damaligen König im Traum erschien und ihn anwies, einen ihr gewidmeten Tempel an einem abgeschiedenen Ort des Kathmandu-Tals zu errichten. Zur gleichen Zeit kam die Kunde, dass an eben jenem Ort eine Figur Kalis gefunden wurde.

*Opfernde Gläubige in Dakshinkali*

Daraufhin ließ der König einen Unterstand für die Kali-Statue errichten und legte damit den Grundstein für den heutigen Tempel.

*Kerzen werden angezündet und u. a. Blumenopfer dargebracht*

Bis heute ist Dakshinkali eine der wichtigsten Pilgerstätten des Kathmandu-Tals. Gläubige Hindus kommen hierher, um Kali um ihren Segen zu bitten, sei es für das Geschäft, die Liebe, die Familie, die Kranken oder die Toten. Um den Segen Kalis zu erlangen, werden lebende Tiere geopfert, vor allem Hähne und unkastrierte Ziegenböcke. Diese werden im Eingangsbereich des eigentlichen Tempels geschlachtet und das Blut der Tiere Kali dargebracht. An besonderen hinduistischen Feiertagen, wie dem mehr als eine Woche dauernden Dashain zu Ehren der Muttergottheit Durga, werden hier täglich mehrere Tausend Tiere geschlachtet und einige Zehntausend Pilger machen Kali ihre Aufwartung. Klaustrophobe Menschen sollten Dakshinkali an solchen Tagen auf jeden Fall meiden. Wer geruchsempfindlich ist oder wem beim Anblick von Blut schlecht wird, sollte ebenfalls einen großen Bogen um den Ort machen.

Aber auch jenseits der religiösen Bedeutung ist Dakshinkali ein beliebter Ausflugsort. Das mit üppigem Grün bewachsene Tal zieht Picknickgruppen ebenso an wie Liebespaare. Wer gerne den Wanderschuh schnürt, kann zudem auf einigen lohnenden Trekkingrouten rund um Dakshinkali unterwegs sein. Radfahrer auf dem Weg vom oder zum Tribhuvan Highway (s. S. 226) kommen in der Regel in Dakshinkali vorbei.

**INFO**

**Information:**
Mit öffentlichen Verkehrsmitteln ist **Dakshinkali** nur sehr schwer zu erreichen. Da es sich zudem empfiehlt, früh dort zu sein, da gegen Mittag der Strom der Gläubigen abebbt, ist ein gemietetes Taxi oder ein gebuchter Ausflug die bessere Variante, es sei denn, man ist mit dem Motorrad oder Fahrrad unterwegs.
Samstag und Dienstag sind die empfohlenen Besichtigungstage.

# 20 Changu Narayan in Bhaktapur

Eigentlich kaum zu glauben: Selten verirrt sich ein ausländischer Besucher zum Changu Narayan. Dabei ist der etwa sechs Kilometer nördlich von Bhaktapur gelegene Vishnu-Tempel nicht nur eine der schönsten Sakralanlagen der Region, er bietet zudem etwas, was man, vielleicht mit Ausnahme von Panauti, im Kathmandu-Tal inzwischen selten findet: historische Bausubstanz.

Zugegebenermaßen ist der Changu Narayan nicht allzu leicht zu erreichen. Er liegt auf einem Bergkamm im Norden des Kathmandu-Tals auf 1.541 Metern Höhe, am westlichen Rand der gleichnamigen Ortschaft. Am besten besucht man den Tempel als Ausflug von Bhaktapur aus mit dem Taxi. Steigungsresistente Menschen haben sicherlich auch Spaß daran, zum Changu Narayan zu wandern oder dorthin mit dem Rad zu fahren. Auf dem Weg zum Tempel lohnt es sich aber auf jeden Fall, noch ein wenig im Ort Changu Narayan zu verweilen. Da der Besucherverkehr am Ortseingang auf einen Parkplatz gelenkt wird, ist das kleine Städtchen nahezu autofrei und ein weiteres Beispiel für die grandiose Architektur der Newar. Nur dass hier kein Verkehrschaos herrscht wie in Kathmandu und der Besucher zudem nicht das Gefühl hat, durch ein Freiluftmuseum zu laufen wie in Bhaktapur. Ein paar Läden haben sich auf Touristen eingestellt, ansonsten herrscht hier geschäftiger Alltag, der sich von den wenigen Besuchern nicht wirklich stören lässt. Am Ende der Hauptstraße erreicht man schließlich die Tempelanlage.

*Garudastatuen in Changu Narayan*

Der Changu Narayan gilt als ältester, noch in ursprünglicher Form existierender hinduistischer Tempel des Kathmandu-Tals. Seine Geschichte geht bis ins Jahr 325 zurück, als er als einer von vier Vishnu-Tempeln durch den Herrscher Haridatta Varma erbaut wurde. Seine erste Blüte erreichte der Tempel während der Licchavi-Zeit, die bis ins 8. Jahrhundert unserer Zeitrechnung währte. Da der Vishnu-Kult an Popularität verlor, geriet auch der Changu Narayan in Vergessenheit und verfiel. Erst die in Bhaktapur residierenden Könige der Malla-Dynastie ließen den weitestgehend zerstörten Tempel im 16. Jahrhundert restaurieren. Seit dem frühen 18. Jahrhundert hatte der Tempel dann die heute noch sichtbare Gestalt.

*Der Changu Narayan ist einer der schönsten Tempel im Kathmandu-Tal*

Für die Hindus gilt der Changu Narayan als Wohnstätte Vishnus, für die Buddhisten ist er Wirkungsstätte des wohlwollenden Bodhisattva Avalokiteshvara. Mit seiner exponierten Lage, den gut erhaltenen reich verzierten Holzdächern und den filigranen Skulpturen hinduistischer Götter und mystischer Figuren zieht der Tempel aber auch Nichtgläubige in seinen Bann. Hinzu kommt, dass der Changu Narayan nicht allzu viele Besucher sieht und eine entsprechende meditative Ruhe über der Anlage liegt. Eine Seltenheit in dem ansonsten so geschäftigen Kathmandu-Tal! Idealerweise besucht man den Tempel mit einem einheimischen Führer, der die Geschichten und Mythen hinter den Skulpturen kennt. Das zentrale Heiligtum, das eine Figur Vishnus enthält, wird leider nur bei religiösen Zeremonien geöffnet und ist nur für Hindus zugänglich.

Bevor man nach Bhaktapur zurückkehrt, sollte man unbedingt einen Blick von der Westseite des Tempels auf Kathmandu werfen. Eine bessere Aussicht auf die Stadt ist im Tal kaum zu finden!

INFO

**Information:**
Der **Changu-Narayan-Tempel** liegt 6 km nördlich von Bhaktapur, 22 km nordöstlich von Kathmandu.
**Anfahrt** am besten mit dem Taxi, aber es ist auch eine Radtour und Wanderung ab Bhaktapur möglich.
Geöffnet von Sonnenauf- bis Sonnenuntergang.
Eintritt 100 Rupien.

# 21 Nyatapola-Tempel in Bhaktapur

Erinnerungsfoto vor Wächterfigur

Für einen Aussichtsturm ist der Nyatapola-Tempel eigentlich zu schade. Doch wer könnte schon der Versuchung widerstehen, die Altstadt von Bhaktapur aus der Vogelperspektive zu sehen? Immerhin ist er 30 Meter hoch und damit der höchste Tempel des Kathmandu-Tals. Bei guter Fernsicht sieht man von hier die schneebedeckten Berge des Himalayas. Aber auch der Blick auf den Taumadhi-Platz, an dessen Nordseite der Tempel steht, kann einen ein paar Minuten in den Bann ziehen. Für Nichtschwindelfreie ist der Tempel jedoch nichts. Vom Taumadhi-Platz führt eine steile Treppe über fünf Absätze bis zum Gipfelpavillon. Flankiert wird jeder Absatz von einem Wächterpaar, zuerst zwei berühmte Ringer von Bhaktapur, Jayemal und Phattu, dann ein Elefantenpaar, ein Löwenpaar, zwei Greifvögel und schließlich Baghini und Singhini, die Tiger- und die Löwengottheiten. Der Tempel selbst ist Siddhi Lakshmi geweiht, einer als besonders grausam geltenden Inkarnation der Göttin Durga (s. S. 92). Daher wird der Nyatapola-Tempel auch „Tempel der Schrecklichen" ge-

### Bedrohte Bausubstanz im Kathmandu-Tal

Die kunstvolle Holzarchitektur der Newar ist auf dem Rückzug. Vor allem in Kathmandu sind in den letzten Jahren viele traditionelle Holzhäuser abgerissen und durch moderne Betonbauten ersetzt worden. Während es in Kathmandu fast aussichtlos erscheint, große Teile der traditionellen Architektur zu erhalten, geht man seit 1972 in Bhaktapur andere Wege. Unterstützt von der deutschen Regierung wurde ein Entwicklungsplan ausgearbeitet, der nicht nur die historische Bausubstanz schützte, sondern gleichzeitig dafür sorgte, dass die städtische Infrastruktur und die Lebensbedingungen der Stadtbewohner sich verbesserten. Das sogenannte **Bhaktapur Development Projekt** (BDP) war maßgeblich dafür verantwortlich, dass der historische Charakter Bhaktapurs erhalten und gleichzeitig die Bedingungen für die Einwohner von Bhaktapur verbessert wurden. Seit 1993 geht ein zunehmender Teil der Eintrittsgelder in die Restaurierung der Stadt. Ein Ansatz, der leider bis heute keine Schule macht in Nepal, hoffnungsvollen Ansätzen zum Trotz.

Weitere Infos zum BDP gibt es unter: http://info.worldbank.org/etools/docs/library/110657/goa/assets/g-reichenbach-mod08.pdf

*Taumadhi-Platz mit Nyatapola-Tempel*

nannt. Der Legende nach terrorisierte der Gott Bhairap im ausgehenden 17. Jahrhundert Bhaktapur. Um Abhilfe zu schaffen, bat der König Shivas Frau, Parvati, um Hilfe. Diese erschien in Form von Siddhi Lakshmi, besiegte Bhairap und beendete die Leidenszeit der Stadt.

Der Tempel entstand während der Regierungszeit des Königs Bhupatindra Malla und wurde 1702 fertiggestellt. Aufgrund seiner soliden Bauweise überstand der Nyatapola-Tempel als einer der wenigen Bauwerke Bhaktapurs das große Erdbeben von 1934. Seit 1979 steht er auf der Welterbeliste der UNESCO.

*Siddhi Lakshmi ist eine Inkarnation der Göttin Durga*

**Information:**
Der **Nyatapola-Tempel** steht an der Nordseite des Taumadhi-Platzes im Zentrum von Bhaktapur.

Der Eintritt ist frei, der eigentliche Schrein ist jedoch nicht für Besucher geöffnet.

INFO

# 22 Königspalast mit dem Goldenen Tor in Bhaktapur

An Sehenswürdigkeiten ist Bhaktapur reich. Sei es der grandiose Durbar Square, der, im Gegensatz zu seinen Pendants in Kathmandu und Patan vollständig autofrei ist, oder der Taumadhi-Platz mit dem eindrucksvollen Nyatapola-Tempel, seien es die malerischen Altstadtgassen mit der kunstvollen Newar-Architektur oder die Töpferwerkstätten und Mandala-Workshops in der südlichen Altstadt.

Der Palast von Bhaktapur mit dem Goldenen Tor gilt nicht nur als der älteste Palast im Kathmandu-Tal, er wird auch als die Top-Sehenswürdigkeit in Bhaktapur bezeichnet und beworben. Eine schwere Hypothek, die den Besucher dann auch ein wenig ratlos zurücklässt. Denn der Palast wurde während des schweren Erdbebens 1934 fast vollständig zerstört und nur in Teilen wiederaufgebaut. Daher vermittelt die Anlage heute nur noch entfernt eine Vorstellung von der früheren Pracht. Die Hauptfront mit dem Goldenen Tor wurde zwar wiederhergestellt, aber im Inneren fehlen ganze Hofkomplexe, sodass die Besichtigung heute eher eine Antiklimax ist. Das Goldene Tor weckt Erwartungen, die dann in weiten Hofflächen enden. Da fehlt doch was, denkt der Besucher, und Recht hat er!

Nichtdestotrotz lohnt die Besichtigung des Königpalastes. Das Goldene Tor wurde in alter Pracht wiederhergestellt und ist ein Beweis der exquisiten Handwerkskunst Bhaktapurs. Das vergoldete Kupfertor zeigt unter anderem die zehnarmige und vierköpfige Taleju, die Schutzgöttin der Malla-Könige, die das Kathmandu-Tal über vier Jahrhunderte beherrschten. Das goldene Tor wurde kurz vor der Eroberung Bhaktapurs durch die Gorkha im Jahr 1753 in die Palastfront eingefügt. Der

*Die Hauptfassade des Königspalastes mit dem Goldenen Tor erstrahlt in altem Glanz*

Palast selbst geht bis ins 14. Jahrhundert zurück und wurde in der Folgezeit immer weiter aus- und umgebaut.

Das Haupttheiligtum des Palastes ist der Taleju-Tempel, der sich im sogenannten Mul Chowk im hinteren linken Teil des Palastes befindet. Als der Malla-König Harisimhadevas 1324 mit seinem Hofstaat vor den anrückenden muslimischen Truppen flüchtete, führte ihn Taleju nach Bhaktapur. Die Bewohner von Bhaktapur waren der Legende nach von Taleju dermaßen beeindruckt, dass sie Harisimhadeva den Palast samt der Herrschaft über die Stadt gaben. Daraufhin errichtete der König für Taleju den Mul Chowk. Dieser Tempelhof gilt als Herzstück des späteren Palastes. Leider ist der Zugang zu dem Schrein für Nichthindus verboten. Eindrucksvoll sind jedoch auch die kunstvollen Holzschnitzereien, die den Eingang zum Taleju-Tempel schmücken und Figuren aus der hinduistischen Mythologie zeigen. Fotografen empfiehlt sich ein Besuch in den Morgenstunden, da die exquisit gestalteten Figuren dann noch ein wenig Sonnenlicht abbekommen.

*Fabelwesen mit Steinbock im Maul*

*Figur des Ganesha am Goldenen Tor*

Einen Eindruck von der vergangenen Pracht des Palastes bekommt der Besucher schließlich am Naga-Pokhari-Brunnen, der den hinteren rechten Teil des Palastkomplexes ausfüllt. Der Naga Pokhari wurde für rituelle Waschungen genutzt und zeigt, ähnlich wie das Goldene Tor, die Imagination und Fertigkeit der Handwerker von Bhaktapur. Neben den kunstvollen Naga-Figuren, die den Brunnen bewachen, ist es vor allem der Wasserspeier, der fasziniert: ein krokodilähnliches Fabelwesen (Makara) hält einen Steinbock im Maul, durch dessen Mund das Wasser in den Brunnen fließt.

**Information:**
**Königspalast mit dem Goldenen Tor**, Durbar Square, Bhaktapur, im Winter 10.15–17, im Sommer 10.15–15.45 Uhr.

Der Eintritt ist im Bhaktapur-Ticket enthalten (s. S. 13).

INFO

# 23 Der Goldene Tempel Hiranya Varna Mahavihar in Patan

*Hauptgebäude des Goldenen Tempels*

Patans Hauptsehenswürdigkeit ist etwas schwer zu finden. Anders als in Kathmandu oder Bhaktapur, wo die wichtigsten Tempel und Paläste rund um den Durbar Square oder entlang der Hauptstraßenverbindungen zu finden sind, ist der Hiranya Varna Mahavihar gut in einer Nebengasse versteckt und es braucht schon einen Führer oder einen Stadtplan, um den Tempel auf Anhieb zu finden. Das liegt auch daran, dass man als Besucher die Bezeichnung „Goldener Tempel" im Kopf hat und dann etwas gleißend in der Sonne Glitzerndes sucht. Und dann erst einmal nicht findet. Der Eingang zu einem der schönsten und filigransten Tempel Nepals ist eher unscheinbar. Umso umwerfender ist dann der Eindruck, wenn man durch das kleine Eingangstor ins Tempelinnere tritt. Nur der Tempel Changu Narayan (s. S. 50) weist eine ähnlich Verspieltheit und Detailfülle auf. Etliche vergoldete Figuren und das vergoldete Kupferdach des Tempels erklären dann auch den Namen des Tempels. Im Goldenen Tempel kann man gut und gerne eine Stunde verbringen und hat sich immer noch nicht sattgesehen!

Der Tempel Hiranya Varna Mahavihar wurde der Legende nach Verma im 12. Jahrhundert von König Bhaskardev gegründet, einem hinduistischen Herrscher, der sich zu einem glühenden Buddhisten wandelte. Historisch verbürgt ist die Existenz eines Tempels an heutiger Stelle seit

*Vergoldete Figuren aus der buddhistischen Mythologie schmücken den Innenhof*

*Filigran verziertes Eingangstor zum Tempel*

1409. Als einer der wenigen Tempel im Kathmandu-Tal ist der Hiranya Varna Mahavihar explizit dem Buddhismus gewidmet, genauer gesagt der tibetischen Spielart, dem Diamantfahrzeug (Vajrayana). Entsprechend befindet sich im Obergeschoss des Tempels auch ein tibetischer Gebetsraum, in dem die wichtigsten Zeremonien abgehalten werden.

Zentrale Figur des dreistöckigen Haupttempels ist ein goldenes Bildnis des historischen Buddhas Shakyamuni (s. S. 84). Weitere Darstellungen zeigen Inkarnationen des gütigen Boddhisatvas Avalokiteshvara. Aber auch hinduistische Einflüsse lassen sich im Goldenen Tempel finden. Der Eingang wird von den beiden wichtigsten hinduistischen Götter, Shiva und Vishnu, bewacht. Auch in den figürlichen Darstellungen und den geschnitzten Dachverzierungen finden sich Themen, die eher dem Hinduismus zuzuordnen sind.

Als eine Besonderheit wird der Tempel nicht von einem Mönchsorden geleitet, sondern monatlich wechselnde Familien sorgen für den Unterhalt. Wichtigster Priester des Tempels – auch das eine Besonderheit – ist ein Junge, der nicht älter als 12 Jahre alt sein darf und unter Anleitung älterer Mönche die wichtigsten Zeremonien durchführt.

**INFO**

**Information:**
**Goldener Tempel**,
Kwalakhu Road, Patan,
geöffnet von Sonnenaufgang bis Sonnenuntergang.
Eintritt 50 Rupien.

# 24 Die Friedenspagode in Pokhara

Wer ein Fan organisch gewachsener Tempelstrukturen ist, sollte die Friedenspagode in Pokhara weitläufig umfahren. Tatsächlich braucht es ein wenig Hintergrundinformation, um in der modernen, weiß getünchten Stupa mehr zu sehen als einen formidablen Aussichtspunkt auf Pokhara und das Annapurna-Massiv.

Die Friedenspagode (eigentlich Shanti Stupa) ist eine von über 80 Pagoden weltweit, die der japanische Mönch Nichidatsu Fujii (1885–1985), Gründer des *Nippon-zan-My h ji*-Ordens seit 1947 zu seinem Lebenswerk machte. Die Friedenpagoden symbolisieren den Weltfrieden und sollen ihn bewahren. Die ersten beiden Pagoden wurden in Hiroshima und Nagasaki erbaut, weitere Bauwerke, unter anderem in München, Wien, San Francisco und London folgten. Dem Bau der Friedenspagode auf dem 1.100 Meter hohen Ananda Hill im Südwesten Pokharas ging eine fast 20-jährige Auseinandersetzung mit den lokalen Behörden und den wechselnden nepalesischen Regierungen voraus. Nachdem der Grundstein bereits 1973 von Nichidatsu Fujii gelegt worden war, dauerte es bis 1993, bis eine offizielle Baugenehmigung für die Pagode vorlag und der Bau nach weiteren sechs Jahren abgeschlossen werden konnte.

*Vor allem für japanische Touristen ist die Pagode ein beliebter Fotospot*

Heute ist die Friedenspagode von Pokhara weniger Pilgerziel als vielmehr ein äußerst lohnender Spaziergang von Pokhara aus. Mehrere Routen führen von Pokhara auf den Ananda Hill. Es empfiehlt sich, einen Rundweg zu planen, und je nach Lage der Unterkunft über die Lakeside mit dem Boot zum Südufer des Sees überzusetzen, von dort den kürzeren Weg hinauf zur Pagode und dann auf der gegenüberliegenden Seite des Hügels wieder hinunterzuwandern, bis man etwas südlich des Phewa-Damms wieder Pokhara erreicht hat. Oder, sollte man in der Fishtail Lodge oder im Shangri-la Village Resort (s. S. 112) wohnen, in umgekehrter Reihenfolge. Letztere Variante hat den Vorteil, dass man die kleine Wanderung mit einem erholsamen Drink in einem der Cafés der Lakeside beschließen kann. Wer müde Füße hat, kann sich auch ein Stück den Siddharta Highway hochfahren lassen, bis auf Höhe der Ortschaft Kalamati ein Feldweg in Richtung Pagode abzweigt.

Wie auch immer man sich entscheidet: Bei gutem Wetter hat man eine fantastische Sicht auf das Annapurna-Massiv und Pokhara mit dem Phewa-See. Einige kleine Lä-

Die Pagode ist mit Buddhafiguren verziert

den bieten Wasser und Proviant an, das Raniban Retreat hat einfache, aber saubere Zimmer mit atemberaubender Aussicht und das angeschlossene Restaurant gutes Essen, falls man etwas auf dem Ananda Hill verweilen möchte.

Die Pagode ist eine eklektische Mischung aus verschiedenen buddhistischen Baustilen und wirkt eher durch ihre Symbolik und Lage als durch ihr Äußeres. In den Nischen der Pagode sind verschiedene Buddhafiguren vor japanischer Kalligraphie zu sehen. Für Pilger und Touristen ist die lange weiße Treppe, die zur Pagode hinaufführt, ein beliebtes Motiv für Gruppenfotos.

Die Friedenspagode von Pokhara, erbaut zur Bewahrung des Weltfriedens

**Information:**
**World Peace Pagoda**, Ananda Hill, Pokhara, 3 km auf dem Siddharta Highway von Pokhara entfernt. Keine festen Öffnungszeiten, Eintritt frei

**Unterkunft:** Eine Übernachtungsmöglichkeit in der Nähe ist das **Raniban Retreat** (www.raniban.com).

INFO

## 25 Amar Narayan Mandir in Tansen

*Dachstrebe mit Ganesha-Figur*

Etwas außerhalb im Osten von Tansen gelegen, gilt der dem hinduistischen Gott Vishnu gewidmete Amar Narayan Mandir als einer der schönsten Tempel Nepals. Vor allem an Festtagen kommen Hunderte von Pilgern zu dem Tempel, den nur wenige ausländische Besucher kennen.

Der aus Holz und gebrannten Ziegeln gebaute, dreistöckige Pagodentempel wurde 1807 von Amar Singh Thapa errichtet, dem ersten Gouverneur von Tansen nach der Eingliederung der Stadt in das Königreich Nepal. Der Legende nach entstand der Tempel am Ort einer heiligen Quelle. Berühmt ist er vor allem durch seine exquisiten Holzschnitzereien, allen voran die filigranen erotischen Darstellungen an den Dachverstrebungen und Stützpfeilern. Leider sind einige der Schnitzereien renovierungsbedürftig, was ihre Lebendigkeit und Kunstfertigkeit jedoch nicht mindert.

Betritt man das Tempelgelände, so fällt linker Hand erst einmal ein kleiner, zweistufiger, aus Ziegeln und Holz gebauter Tempel auf. Der Mahadev Mandir ist dem Gott Shiva geweiht und bildet mit seiner dunkelroten Farbe und seiner geringen Größe einen interessanten Kontrapunkt zur massiven Struktur des Amar Narayan Mandir. Da viele Hindus sowohl Shiva als auch Vishnu verehren, machen die meisten Gläubigen zuerst Station

### Hinduistische Gottheiten

Der Hinduismus, neben dem Buddhismus die Hauptreligion Nepals, kennt unzählige Gottheiten. Die wichtigsten sind jedoch Shiva und Vishnu. Letzterer gilt als Bewahrer, während Shiva für die Zerstörung der Welt und die damit verbundene Erneuerung in dem darauffolgenden kosmischen Zyklus zuständig ist. Brahma, ursprünglich der Schöpfergott und Teil der hinduistischen Dreiheit (Trimurti), spielt heute kaum eine Rolle mehr. Die Verehrung von Shiva und Vishnu, jeweils in unzähligen verschiedenen Formen und unter vielen Namen, die sich wiederum auf die verschiedenen Reinkarnationen der Götter beziehen, ist weit verbreitet. Die Anhänger des jeweiligen Gottes verehren diesen meist nicht ausschließlich, sodass andere Götter und die entsprechenden andere Manifestationen der Göttlichkeit Teil des religiösen Lebens sind, wie etwa der elefantenköpfigen Ganesha, Sohn Shivas und seiner Gemahlin Parvati, der Affenkönig Hanuman und eine Vielzahl weiblicher Götter, teils autark wie Durga, oft jedoch Gemahlinnen der jeweiligen Inkarnation Shivas oder Vishnus wie Parvati und Lakshmi. Den hinduistischen Pantheon bevölkern zudem unzählige lokale Gottheiten und Dämonen.

*Amar Narayan Mandir*

beim Mahadev Mandir, bevor sie dann zum Haupttempel weitergehen. Dieser ist mit einer einen Meter hohen Ziegelmauer umfasst, die im Volksmund die „Große Mauer von Palpa" genannt wird. Palpa ist der alte Name von Tansen.

*Kunstvoll geschnitzt sind die erotischen Darstellungen an den Dachpfeilern*

Ein Besuch des Tempels empfiehlt sich vor allem am Morgen und in den Abendstunden, wenn die Gläubigen religiöse Volkslieder, die sogenannten Bhajan, rezitieren. In den Bhajan besingen Gläubige ihre Liebe zu Gott in einfachen Worten, die beständig wiederholt werden – eine Form der Meditation, die ansteckend ist. Auch Fotografen kommen zu dieser Tageszeit auf ihre Kosten, da die Holzschnitzereien des Tempels durch die tiefer stehende Sonne und das wärmere Licht besser zur Geltung kommen als in der prallen Mittagssonne.

**INFO**

**Information:**
Der **Amar Narayan Mandir** liegt ca. 300 m östlich des ehemaligen Gouverneurspalastes, einige Meter bergauf von der Tundikhel Road, wo diese in Richtung Süden abbiegt.

# 26 Lumbini – der Geburtsort Buddhas

Das Nirwana in Lumbini ist recht komfortabel. Schicke Hotels, gut ausgebaute Straßen, pompöse Tempel. „Buddha-Disneyland" könnte man denken, wären da nicht die genuin gläubigen Pilger, die sich unter dem Meer von Gebetsfahnen unweit der Ruinen des ersten Tempels zu Ehren von Buddhas Geburtsort treffen.

Dennoch: Wer Altötting mag, wird auch Lumbini mögen. Und wer in seinem Vorgarten Gartenzwerge beheimatet, wird den deutschen Tempel, gestiftet von der deutschen Tara Foundation, für ein Highlight buddhistischer Baukunst halten. Wer keine dieser bärtigen Heinzelmännchen auf dem Grünstreifen vor seinem Haus sein Eigen nennt, dem bleibt da nur noch Kopfschütteln. Immerhin, die Corporate Identity stimmt: Dieser Tempel ist unmissverständlich deutsch.

Seit einigen Jahren erlebt die einst eher unscheinbare Gedenkstädte an der angeblichen Geburtsstätte des historischen Buddha (s. S. 84) einen Bauboom. Jedes Land, das etwas auf sich hält und Affinität zum Buddhismus zeigt, verewigt sich mit einem Tempel. Da gibt es seltsame Auswüchse wie den deutschen Beitrag, aber auch einige architektonische Highlights. Den burmesischen Tempel zum Beispiel, mit einer wunderbar schlichten (insofern eine goldene Stupa als schlicht durchgeht) Kopie der Shwedagon-Pagode in Rangon. Oder der vietnamesische Tempel, ein Meer von verspielten Verzierungen im typischen nordvietnamesischen Stil.

Alteingesessene sehen den Trubel und den Bauboom eher skeptisch. Vor 20 Jahren gab es hier nicht mehr als eine ewige Flamme, und die Ruinen des ursprünglichen, angeblich über 2.000 Jahre alten Tempels gedachten der Geburt Buddhas, zusammen mit einigen Gläubigen, die in einem heiligen Hain aus Gebetsfahnen hinter dem

*Gartenbuddhas für Nepal: der deutsche Tempel in Lumbini, von einer deutschen Stiftung gespendet*

historischen Tempel meditierten. Den heiligen Hain und die meditierenden Gläubigen gibt es immer noch, ansonsten ist Lumbini bereits im beträchtlichen Ausmaß der Tourismusindustrie zum Opfer gefallen. Das hat den Vorteil, dass die touristische Infrastruktur ausgezeichnet ist, aber auch den Nachteil, dass von der einst meditativen Stimmung des Ortes nicht mehr viel übrig geblieben ist. Die meisten Bewohner Lumbinis, eigentlich weniger ein Ort als eine Ansammlung versprengter Siedlungen, freut es dennoch, da der Tourismusboom auch Geld in die ansonsten eher arme Region bringt. Kaum zu glauben, dass der historische Buddha vor mehr als 2.400 Jahren hier als Sohn einer Fürstenfamilie auf die Welt gekommen sein soll und die ersten Jahre seines Lebens in Luxus lebte. Aber, wie ein immer wiederkehrendes Schild den Besucher mahnt: „Buddha was born in Nepal!“

*Eine ewige Flamme markiert den Geburtsort Buddhas*

*Generationen von Pilgern haben Gebetsfahnen in Lumbini hinterlassen*

Aber da, nach Buddhas Lehre, alles Irdische sowieso nur Schall und Rauch, eine Illusion ist, kann man sich über die kommerziellen Auswüchse und die architektonischen Geschmacksverirrungen gar nicht richtig aufregen. Ein gehauchtes „Om“ und schon kann der Besucher auch mit Lumbini seinen Frieden schließen.

**INFO**

**Information: Lumbini** liegt im Zentral-Terai, ca. 40 km südwestlich von Butwal, ca. 280 km südwestlich von Kathmandu und ca. 300 km nördlich von Varanasi und ist von Kathmandu mit dem Bus in ca. neun Stunden erreichbar. Der nahegelegene Flughafen Gautam Buddha soll für internationale Flüge ausgebaut werden.

**Unterkunft:** Unterkünfte gibt es reichlich, sind jedoch in der Hauptsaison oft Wochen im Voraus ausgebucht. Eine empfehlenswerte Unterkunft ist das **Lumbini Buddha Garden Resort** (Lumbini, Rupandehi, Tel. +977-985-1100566, www.lumbinibuddhagarden.com).

# 27 Janaki Mandir in Janakpur

Sieht man Bilder vom Janaki Mandir, so kann man nicht glauben, dass es sich hierbei um einen nepalesischen Tempel handeln soll. In Arabien würde man das Bauwerk verorten oder in Nordindien vermuten. Und damit liegt man dann gar nicht so falsch. Die Bauweise des Janaki Mandir lehnt sich an die Moghul-Architektur an, die im Indien des 17. Jahrhunderts sehr beliebt war und ihren Ursprung in den Vorlieben der muslimischen Eroberer hatte, die Nordindien zu dieser Zeit regierten. In Nepal ist der Janaki Mandir einzigartig und das einzige Beispiel dieses Architekturstils, der unter anderem auch das Taj Mahal hervorgebracht hat.

Der Janaki Mandir liegt im Herzen Janakpurs und wurde 1911 nach zwölf Jahren Bauzeit fertiggestellt. Das Bauwerk ist ein Geschenk der Königin Brikha Bhanu Kuwari von Tikamagarh, die aus ihrer Heimat im indischen Bundesstaat Madhya Pradesh nach Janakpur gepilgert war, um für männlichen Nachwuchs zu beten. Als ihr Wunsch nach einem Sohn in Erfüllung ging, stiftete sie 900.000 Rupien für den Bau des Janaki Mandir, der daher auch Naulakha Mandir, der „900.000-Rupien-Tempel" genannt wird. Gewidmet ist der Tempel Sita, der Reinkarnation Lakshmis, der Gattin Vishnus, welcher wiederum als Rama Sita heiratete. Der Legende nach wurde der Tempel an dem Ort errichtet, wo im Jahr 1657 eine goldene Statue von Sita gefunden wurde. Anderen Überlieferungen zufolge fand König Janak das Baby Sita in einer Ackerfurche genau an dem Ort, an dem heute der Janaki Mandir steht.

Das Gebäude wirkt vor allem durch seine schiere Größe und die gleichzeitige unheimliche Feingliedrigkeit. Und durch die Atmosphäre auf dem Vorplatz und im Inneren des Gebäudes. Musiker haben sich neben dem Eingangstor niedergelassen und wiederholen stundenlang den gleichen Song, bis sie in Ekstase fallen. Sadhus

*Pilger im schattigen Tempelinneren*

*Eingangstor des Janaki Mandir*

sitzen zur Meditation unter den schattigen Torbögen. Pilger, vor allem Frauen, bringen am zentralen, Sita gewidmeten Schrein ihre Wünsche vor.

Nicht ganz so lohnend ist der Besuch des an den Tempel angeschlossenen Museums. Die figürlichen, mechanisch-beweglichen Darstellungen aus dem Leben Sitas wirken auf den westlichen Betrachter eher kitschig. Interessant sind jedoch die im lokalen Mithila-Stil gehaltenen Wandmosaiken, die den hinteren Teil der Anlage oberhalb des Museums schmücken. Zudem ist es in den hinteren Gebäudeteilen selbst während religiöser Feste relativ ruhig und man hat einen wunderbaren Blick aus der Vogelperspektive über den Janaki Mandir.

Besonders viele Pilger kommen im Dezember zum Janaki Mandir, wenn das Sita Vivaha Panchami gefeiert wird. Das Fest erinnert an die Hochzeit von Sita und Rama, der Helden des hinduistischen Opus Ramayana. Wer Janakpur zu dieser Zeit besucht, sollte auf jeden Fall eine Hotelreservierung haben!

*Die Gebäude im Hinterhof sind mit Mosaiken im lokalen Mithila-Stil geschmückt*

**Information:**
**Janaki Mandir**,
der Tempel ist mitten im Zentrum von Janakpur gelegen.
Das zentrale Sanktum ist 5–7 und 18–20 Uhr geöffnet.
Der Eintritt beträgt 95 Rupien.

INFO

# Landschaften und Berge

# 28 Kathmandu-Tal – kultureller Schmelztiegel

Bereits der Anflug auf das Kathmandu-Tal ist atemberaubend. Das Flugzeug dreht in der Regel eine Runde vorbei an der Phalanx der 8.000er, dann gleitet es beim Landeanflug beunruhigend nahe über endlos erscheinende Terrassenfelder, bis schließlich die typischen mehrstöckigen Ziegel- und Betonhäuser auftauchen. Dicht besiedelt ist das Tal, dazwischen liegen immer wieder große Flecken dörflicher Struktur, mit weiten Feldern und viel Grün.

Siedlungen sind im Kathmandu-Tal bereits seit etwa 2.300 Jahren nachzuweisen. Obwohl geografisch relativ isoliert – bis Mitte des 20. Jahrhunderts gab es keine befestigte Verbindung zwischen Indien und Kathmandu –, war das Tal im letzten Jahrtausend auch immer wichtiger Zwischenstopp der Karawanen, die China, Tibet und Indien verbanden. Kulturell wurde das Tal vor allem von den ursprünglichen Bewohnern, den Newar geprägt, einer indigenen Volksgruppe, die bis heute großen gesellschaftlichen und politischen Einfluss auch weit über das Kathmandu-Tal hinaus hat. Die einzigartige Mischung aus Buddhismus, Hinduismus und Naturglauben sowie die herausragende Architektur der Newar haben das Leben im Kathmandu-Tal maßgeblich geprägt.

Lange Zeit war Bhaktapur (s. S. 12) die Hauptstadt des Tals, bis Prithvi Narayan Shah (s. S. 100) im 18. Jahrhundert von Gorkha aus das Tal eroberte und 1768 Kathmandu zur Hauptstadt seines Reiches machte. Bhaktapur und auch die dritte Königstadt Patan verloren seither an Bedeutung. Von Kathmandu aus eroberte Prithvi Narayan Shah in den Folgejahren die angrenzenden Fürstentümer und definierte so weitestgehend die Grenzen des heutigen Nepal.

*Die südlichen Ausläufer des Tals*

Durch seine Fruchtbarkeit und seine Lage an den Handelsrouten nach Tibet war das Tal immer mit einem gewissen Reichtum ausgestattet. In Bhaktapur, Patan und Kathmandu, aber auch in den kleineren Städten wie Dhulikel und Panauti entwickelte sich eine künstlerische und kulturelle Vielfalt, die einzigartig ist. Vor allem Architektur, Töpferkunst und die Musik florierten, Einflüsse anderer Kulturen, vor allem der indischen und der tibetischen, wurden aufgenommen und integriert.

Seine isolierte Lage auf durchschnittlich 1.400 Metern Höhe rettete das Kathmandu-Tal vor der Kolonialisierung. Mit der kommerziellen Erschließung der Seerou-

*Terrassenfelder prägen einen Großteil der Hänge des Tals*

ten im 20. Jahrhundert und der chinesischen Besetzung Tibets verloren Nepal und damit das Kathmandu-Tal allerdings zunehmend an wirtschaftlicher Bedeutung. Heute ist das Tal zwar immer noch unbestrittenes wirtschaftliches und politisches Zentrum des Landes und die am weitesten entwickelte Region Nepals. In einem Land, das zu den ärmsten der Welt gehört, heißt das jedoch nicht viel. Das Kathmandu-Tal kämpft heute mit einem rasanten Bevölkerungswachstum, einer maroden Infrastruktur und einer teilweise katastrophalen Umweltverschmutzung.

Sieben Stätten des Kathmandu-Tals gehören zum UNESCO-Weltkulturerbe, darunter das Tal als Gesamtheit. Doch gerade die Listung des Kathmandu-Tals ist aufgrund der großen gesellschaftlichen und politischen Umwälzungen der letzten Jahre und der teilweise katastrophalen Umweltsituation akut gefährdet.

Auch wenn die meisten Nepalbesucher maximal drei Tage im Kathmandu-Tal verbringen, lohnt es sich durchaus, eine Woche oder mehr hier zu verweilen. Jenseits der historischen Städte gibt es im Kathmandu-Tal noch viel zu entdecken, beispielsweise auch im Rahmen einer Fahrradtour (s. S. 210).

INFO

**Information:**
Beste Reisezeit März bis Mai und September bis November.

Anreise nach Kathmandu etwa mit Qatar Airways, Emirates, Oman Air oder Etihad Airways.

# 29 Chitwan-Nationalpark – Naturschutz in Nepal

Der Naturschutz hat es immer noch schwer in Nepal. Wie soll man auch einem armen Bauern im Terai (s. S. 28) erklären, dass sein Feld nun zum Naturschutzgebiet gehört und er daher nichts mehr anbauen darf? Und dem Jäger, dass ein Nashorn keine gute Einnahmequelle, sondern schützenswert ist. Zumal Chitwan seit Mitte des 19. Jahrhunderts bis in die 1950er-Jahre beliebtes Revier der nepalesischen Oberschicht war, um Großwild zu jagen. Die einst so reiche Fauna in Chitwan wurde über die Jahrzehnte vor allem durch das unkontrollierte Jagdvergnügen der lokalen Aristokratie gefährlich dezimiert.

1950 umfasste der Urwald von Chitwan noch über 2.600 Quadratkilometer und beheimatete mehr als 800 Nashörner. Bis Ende der 1960er-Jahre wurde 70 Prozent dieser Fläche unter Einsatz von DDT gerodet. Malaria war nun kein Thema mehr und der massive Zustrom von Zuwanderern setzte ein, die die Region intensiv landwirtschaftlich nutzten.

Dennoch gab es schon seit den 1960er-Jahren Bestrebungen, die Flora und Fauna Chitwans zu schützen. 1973 wurde schließlich der **Royal Chitwan National Park** gegründet und über die Jahre auf eine Fläche von 932 Quadratkilometern erweitert. Im Süden grenzt er an Indien, im Westen und Norden wird er von den Flüssen Kali Gandaki und Rapti eingeschlossen. Im Osten schließt sich das Parsa Wildlife Reserve an. 1984 wurde der Chitwan-Nationalpark zudem zum UNESCO-

*Fototermin mit Elefant im Chitwan-Nationalpark*

Welterbe erklärt. Zusammen mit dem Parsa Wildlife Reserve und dem in Indien gelegenen Valimiki National Park bildet das Areal ein über 2.000 Quadratkilometer großes Tigerschutzgebiet.

*Reisfelder dehnen sich an den Ausläufern des Chitwan-Nationalparks aus*

Lebten bei Gründung des Nationalparks gerade einmal 25 Bengal-Tiger in dem Gebiet, sind es heute zwischen 80 und 110 erwachsene Exemplare, die jedoch weiterhin von Wilderei bedroht sind. Immerhin ist die Population der Panzernashörner stabil und pendelte sich über die letzten Jahre auf rund 500 Tiere ein. Auch hier kommt es leider weiterhin zu Übergriffen von Wilderern. Eine weitere bedrohte Tierart sind die Gangesgaviale, eine Krokodilart mit spitzer Schnauze, die sich vor allem von Fischen ernährt. Zu Beginn der 1950er-Jahre lebten in Chitwan noch 235 Gaviale. Die Population wurde jedoch infolge von Überfischung, Wasserverschmutzung und Wilderei bedrohlich dezimiert. 2003 wurden nur noch 38 wilde Gaviale gezählt. Der Versuch, Gaviale zu züchten und sie im Alter von 6 bis 9 Jahren auszuwildern, hat leider wechselnden Erfolg. Ganges-Delfine, die ebenfalls in Chitwan heimisch waren, sind seit 1990 nicht mehr gesichtet worden.

Eines der größten Probleme, mit denen der Chitwan-Nationalpark seit seiner Gründung zu kämpfen hatte, war die mangelnde Akzeptanz der lokalen Bevölkerung, die für die Errichtung teils ihre Dörfer und Felder räumen musste. Um die Menschen in Chitwan für den Naturschutz zu gewinnen, hat man hier versucht, diese zu Fremdenführern auszubilden und zu schulen – ein Konzept, das gut funktioniert und in den anderen Nationalparks des Landes übernommen wurde.

Heute kommen die meisten der Führer im Nationalpark aus der Region und sind stolz, den Besuchern die vielfältige Flora und Fauna des Parks zu zeigen. Der Chitwan-Nationalpark hat sich über die Jahre zu einer der größten touristischen Attraktionen Nepals entwickelt.

**INFO**

**Information:** Der **Royal Chitwan National Park** liegt 150 km südwestlich von Kathmandu und ist mit dem Bus in ca. vier Stunden zu erreichen. Offizielle Website des Parks: www.chitwannationalpark.gov.np.

Beste Reisezeit sind die Wintermonate von Oktober bis März. Viele Hotels in Kathmandu bieten Mehrtagesausflüge nach Chitwan an. In **Sauraha** (s. S. 30) gibt es zudem einige einfache und günstige Unterkünfte.

# 30 Koshi-Tappu-Wildschutzpark – ein Vogelparadies

**Natur- und Umweltschutz in Nepal**

Nepal tut sich nicht leicht mit dem Natur- und Umweltschutz. Auch wenn es viele Ansätze gibt, auf Trecks den Abfall zu sammeln, Hotels CO2-neutral und plastikfrei zu gestalten, sieht die Realität oft ziemlich bitter aus. Abfallberge türmen sich an den Straßen, eine Kanalisation ist selbst in größeren Städten oft nicht vorhanden oder überfordert. Zwar hat das Land, was Naturschutz angeht, seit der Einrichtung des ersten Nationalparks (Chitwan) 1973 große Fortschritte gemacht, Wilderei und illegale Rodungen sind jedoch weiterhin ein Problem.

Wer zuvor im Chitwan-Nationalpark war, wird beim Besuch des Koshi-Tappu-Wildschutzparks erst einmal enttäuscht sein. Dafür kann der Koshi Tappu aber reichlich wenig. Hier gibt es nun einmal auf den ersten Blick nicht die gleiche spektakuläre Fauna wie im Chitwan-Nationalpark. Kaum Krokodile, keine Tiger, keine Nashörner oder Ameisenbären. Keine Party zum Sonnenuntergang wie in Sauraha. Kein Badespaß mit Elefanten. Und keine Luxusresorts, wie sie inzwischen im Chitwan-Nationalpark zu finden sind. Das kann man aber auch als Vorteil sehen. Bis heute gibt es nur wenige Resorts an der Randzone des Parks und einige einfache Gasthäuser und Familienpensionen in den umgebenden Orten. Am nahesten kommt man dem Park im Koshi Tappu Wildlife Camp (s. S. 128), das am Ostrand der Schutzzone liegt.

Der 1976 gegründete, 175 Quadratkilometer umfassende Koshi-Tappu-Wildschutzpark ist vor allem ein Vogelparadies. 479 teils seltene Vogelarten sind hier zu fin-

*Landwirtschaft wie vor 100 Jahren: Bauern in den Ausläufern des Parks*

den. Für viele Zugvögel, vor allem aus Sibirien, dient der Koshi Tappu als Winterquartier. Ornithologen kommen folglich auf ihre Kosten. Aber auch wilde Büffel, Wildschweine, Hirsche, Stiere und Goldschakale leben im Park. Die Vegetation besteht hauptsächlich aus Grasebenen mit Gestrüpp und Laubwäldern. Der Fluss Sapta Koshi teilt den Park in einen Ost- und einen Westteil. Während der Westteil schwer zugänglich ist, werden im Osten des Koshi Tappu geführte Touren als Mischung aus Bootsfahrt und Trekking angeboten. Geduld, gute Augen und ein Fernglas sowie eine sachkundige Führung sind jedoch vonnöten, um einen Ausflug durch den Wildpark genießen zu können. Es ist eben nicht das Spektakel, das den Park so reizvoll macht, sondern die Entschleunigung und die Ruhe, die allenfalls durch das Flügelschlagen eines Vogelschwarms unterbrochen wird. Für Social-Media-Junkies ist der Park auf jeden Fall nichts – der nächste Internetanschluss und meist auch die nächste Steckdose sind ein paar Dutzend Kilometer entfernt.

*Paradies für Ornithologen: der Koshi-Tappu-Wildschutzpark*

Neben einem Bootsausflug sind auch eine längere Wanderung oder Radtour durch die umliegenden Dörfer zu empfehlen. Auf den Märkten von Prakashpur und Madhuwan findet sich ein Querschnitt von allem, was im Terai wächst, gedeiht und hergestellt wird.

**INFO**

**Information:** Der **Koshi-Tappu-Wildschutzpark** ist relativ schwer zu erreichen. Von Kathmandu ist es eine mindestens zehnstündige Anreise über teils sehr schlechte Straßen. Von Biratnagar, dem nächsten Flughafen, sind es 40 km bzw. eine Stunde Fahrzeit. Es empfiehlt sich, den Park in Kombination mit Janakpur und Ilam zu besuchen. Ideale Reisezeit sind die Monate November bis März. Dann sind auch die meisten Zugvögel zu beobachten.
**Unterkunft:** Übernachtungsmöglichkeiten gibt es im **Koshi Tappu Wildlife Camp** (s. S. 128), **Kosi Camp** (www.kosicamp.com) und im **Aqua Bird Unlimited Camp** (www.aquabirds.com).

# 31 Ilam – das Teeanbaugebiet Nepals

Der Ilam führt ein wenig eine Schattenexistenz unter den Reisezielen Nepals. Selbst erfahrene Nepalbesucher haben es, trotz wiederholter Absichtserklärungen, noch nie bis in Nepals Südosten geschafft. Das hat auch Gründe. Zum einen ist der Weg nach Ilam eine halbe Weltreise. Um die 24 Stunden braucht der Überlandbus von Kathmandu. Dabei fährt er über Passstraßen, die selbst dem geübtesten Reisemagen einiges abverlangt. Selbst ein Flug nach Biratnaga verkürzt die Reisezeit nur um knapp die Hälfte. Und richtig Spaß machen nepalesische Inlandsflüge auf dieser Strecke auch nicht! Folglich bleibt der Ilam oft nur ein Traum, den man immer wieder verschiebt, weil es in Nepal ja auch noch andere Dinge zu sehen gibt, die einfacher zu erreichen sind.

Als Folge davon ist der Ilam erstaunlich untouristisch. Idealerweise verbindet man einen Besuch im Distrikt Ilam mit einer ausgedehnten Tour durch Südostnepal. Logische erste Etappe wäre dabei Janakpur (s. S. 34), die hinduistische Pilgerstadt an der indischen Grenze. Von hier wäre die nächste Zwischenstation der Koshi Tappu Wildlife Park, der ungefähr auf halbem Weg zwischen Janakpur und dem Ilam liegt. Von Koshi Tappu erreicht man schließlich den Ilam in etwa acht Stunden. Das ist zwar immer noch eine lange Reise, aber die teils spektakuläre Landschaft, vor allem zwischen Birtamort und Ilam, entschädigt für die Reisestrapazen. Die Reise geht über gewagt in den Hang geschlagene Passstraßen durch Teeplantagen, die von der Talsohle bis zu den Bergspitzen zu reichen scheinen. Denn der Ilam ist nicht nur eine der interessantesten Gegenden Nepals, sondern auch das Zentrum der nepalesischen Teeproduktion. Wenn man die terrassierten, teebestandenen Hänge heute sieht, kann man kaum glauben, dass hier erst seit 150 Jahren Tee angebaut wird, und erst seit den 1980er-Jahren im großen Stil. Dadurch ist der Ilam zu bescheidenen Wohlstand gekommen, was man der Gegend auch ansieht.

*Wohnen inmitten von Teeplantagen: Ilam*

Touristisch interessant sind vor allem die Bergstädte **Phikkal** und **Ilam Bazaar**. Nicht, dass es hier spektakuläre Sehenswürdigkeiten gäbe. Es ist viel-

*Die Häuser in den Teeplantagen haben blumengeschmückte Vorgärten*

*Blick über die Teefelder auf Ilam*

mehr die geschäftige Atmosphäre dieser Städte, es sind die Märkte, die Menschen und natürlich die Lage inmitten der Teeplantagen, die Phikkal und Ilam Bazaar so reizvoll machen. Wer sich fit genug fühlt, entdeckt die Region idealerweise mit dem Fahrrad (s. S. 224) oder zu Fuß. Im Gegensatz zu den üblichen Trekkingtouren in Nepal bewegen sich die Trecks im Ilam auf Mittelgebirgshöhe und verlaufen selten höher als 3.000 Meter. Reizvoll ist eine Wanderung zum Mai-Pokhari-See und zum Kanchanjunga Basecamp. Von besonderem Reiz ist auch die Strecke von Phikkal nach Ilam, die man sinnvollerweise eher im Rahmen einer Radtour erkundet.

Auch Naturliebhaber kommen im Ilam auf ihre Kosten. Neben einigen seltenen Vogelarten ist vor allem der sogenannte Kleine Panda im Ilam zu finden.

INFO

**Information:** Der Bezirk **Ilam** erstreckt sich ca. 500 km südöstlich von Kathmandu und ist mit dem Bus in ca. 24 Stunden zu erreichen. Alternativ ist ein Flug von Kathmandu nach Janakpur oder Biratnaga mit anschließender Busfahrt nach Ilam möglich. Aufgrund der langen Anreise verbindet man den Besuch des Ilam idealerweise mit einem Aufenthalt in Janakpur und im Koshi Tappu Wildlife Park. Alternativ ist eine Anreise über Westbengalen in Indien möglich. Der nächste Flughafen auf indischer Seite ist Siliguru, von hier sind es ca. sechs Stunden bis nach Ilam.

**Unterkunft:** In **Phikkal** gibt es einige einfache Pensionen, eine empfehlenswerte Unterkunft in **Ilam** ist das **Chiyabari Cottage** (www.ilamchiyabaricottage.com, s. S. 130).

# 32 Annapurna – gefürchteter Achttausender

Neben dem Mount Everest und dem K2 ist die Annapurna wohl jener Achttausender, den die meisten kennen. Als Kontrast dazu haben bis heute gerade einmal knapp 200 Menschen den Berg bestiegen, mehr als 60 Bergsteiger fanden hier den Tod. Vor allem die häufigen Lawinen sind eine große Gefahr am Annapurna-Massiv, sogar Reinhold Messner zollt diesem Berg höchsten Respekt und beschreibt ihn als einen der schwierigsten seiner Achttausender. Statistisch ist die Ratio zwischen erfolgreicher Besteigung und Tod eins zu drei, die höchste von allen Achttausendern. Erstmals bestiegen wurde der 8.091 Meter hohe Berg im Norden von Pokhara am 3. Juni 1950 von den Franzosen Maurice Herzog und Louis Lachenal. Angeblich hatten die beiden eigentlich versucht, den gegenüberliegenden Dhaulagiri zu besteigen und dann die besseren Wetterbedingungen am Annapurna für den Aufstieg genutzt. Dies war die erste Besteigung eines Achttausenders überhaupt.

Betrachtet man das Annapurna-Massiv von Pokhara aus, so macht es den Eindruck, als ob der Machhapuchhare der höchste Berg wäre. Dies und seine außergewöhnliche Form, die einer Fischflosse gleicht, führen dazu, dass der 6.997 Meter hohe Berg oft das Bild prägt, das der Betrachter von der Annapurna hat. Zumindest, was die Mythologie angeht, ist der mit einem Aufstiegsverbot belegte Berg ähnlich wichtig wie die Annapurna. Der Machhapuchhare gilt als Sitz des Buddhas des grenzenlosen Lichts, Amitava, während der Name Anna Purna für die „nahrungsspendende Göttin", die „Göttin der Ernte" steht, die oft mit Lakshmi gleichgesetzt wird. Lakshmi wird als Göttin des Wohlstands und des Glücks angesehen und ist

*Stupa mit Blick auf Annapurna III und Gangapurna*

die Gemahlin Vishnus. Andere Legenden bringen Anna Purna auch mit Shiva in Verbindung. Einst trafen sich Shiva und Anna Purna, die als bettelnde Asketen durchs Land zogen. Shiva hatte im Gegensatz zu Anna Purna keine Almosen erbetteln können und war über ihren Erfolg derartig erfreut, dass er sie in seine Arme nahm und fest an die Brust drückte. Die beiden Körper vereinigten sich und es entstand die androgyne Form Ardhanari.

*Eines der schönsten 8.000er-Massive der Welt: die Annapurna*

*Blick vom Shangri-La Village Resort auf die Annapurna*

Anders als beim Mount Everest, der abgesehen von seiner Höhe als eher leichter Berg gilt, besteht an der Annapurna kaum die Gefahr, dass es je einen Massenansturm auf den Gipfel geben wird. Umso stärker hat sich der Tourismus rund um die Annapurna entwickelt. Pokhara (s. S. 16), mehr als 7.000 Meter tiefer als die Annapurna gelegen, ist der ideale Ausgangpunkt für Trekkingtouren zum und rund um das Annapurna-Massiv. Vor allem die Route zum Annapurna Basecamp und die Umrundung auf dem Annapurna Circuit (s. S. 190) gehören zu den schönsten Trekkingtouren der Welt. Aber auch eine kombinierte Rafting- und Trekkingtour durch die Kali-Gandaki-Schlucht, die, flankiert von Annapurna und dem 8.167 Meter hohen Dhaulagiri, als tiefste Schlucht der Welt gilt, ist mehr als reizvoll.

INFO

**Information:**
**Höhe**: 8.091 m
**Erstbesteigung**: 3. Juni 1950 durch Maurice Herzog und Louis Lachenal
**Normalweg**: Nordwand

**Koordinaten**:
28° 35′ 45″ N, 83° 49′ 12″ O
**Unterkunft**: Empfehlenswert ist das Shangri-La Village Resort in Pokhara, s. S. 112.

## 33 Kanchanjunga – die fünf Schatzkammern des großen Schnees

Der Kanchanjunga ist etwas Besonderes. Anders als die anderen Achttausender im Himalaya, die relativ nahe beieinander stehen, erhebt sich der Kanchanjunga relativ einsam über der nordostnepalesischen Bergwelt. Mit 8.586 Metern Höhe ist er immerhin dritthöchster Berg der Welt und galt bis zum Jahr 1852 sogar als höchster Berg der Erde. Der Name *Kangchendzönga* geht auf das Tibetische zurück und bedeutet sinngemäß „Die fünf Schatzkammern des großen Schnees". Damit sind die fünf Hauptgipfel des Kanchanjungas gemeint, von denen vier, auch eine Besonderheit, höher als 8.000 Meter sind. Wie auch bei den anderen Achttausendern ranken sich einige Mythen und Geschichten um den Kanchanjunga. Er gilt als Sitz des Kanchanjunga-Dämons, einer Yeti-artigen Figur. An seinen Hängen existiert zudem der Legende nach ein Tal der Unsterblichkeit, das Beyul Demoshong. Es handelt sich um kein real existierendes Tal, sondern um einen Ort, der sich dem Bedürftigen und Initiierten beizeiten zeigt, so er danach sucht.

Nachdem vor allem in den 1920er- und 1930er-Jahren mehrere deutsche Expeditionen (und als kleine Randnotiz der Geschichte der später in anderem Kontext berühmt gewordene Aleister Crowley im Rahmen einer britischen Expedition 1905) versucht hatten, den Gipfel zu erreichen, gelang am 25. Mai 1955 George Band und Joe Brown, Mitgliedern einer britischen Expedition, auf einer Route durch die Südwestflanke die Erstbesteigung des Hauptgipfels. 1979 bewältigten Doug Scott, Peter Boardman und Joe Tasker die erste Besteigung des Hauptgipfels ohne zusätzlichen Sauerstoff. Es sollte bis 1998 dauern, bis mit Ginette Harrison die erste Frau

*Blick von Sikkim auf das Kanchanjunga-Massiv*

*Der Kanchanjunga, dritthöchster Berg der Welt*

auf dem Gipfel stand. Ähnlich wie die Annapurna gilt auch der Kanchanjunga als äußerst gefährlicher Achttausender und wird nur selten bestiegen. Statistisch gesehen stirbt jeder fünfte Bergsteiger, der versucht, den Kanchanjunga zu besteigen. Von der Erstbesteigung bis heute standen weniger als 300 Menschen auf dem Gipfel, über 60 starben bei dem Versuch, ihn zu erreichen.

Nach dem Anschluss Sikkims an Indien 1975 gilt der Kanchanjunga auch als höchster Berg Indiens. Da Sikkim als politisch höchst sensibles Gebiet gilt, erfolgten die meisten Besteigungen von der nepalesischen Seite her. Doch auch hier gilt allein schon der Weg bis zum Basecamp als äußerst beschwerlich. Da es auf beiden Seiten der Grenze kaum Trekkingtouren gab, fehlte es bis vor wenigen Jahren komplett an der entsprechenden Infrastruktur. Erst in den letzten Jahren werden auch an den Hängen des Kanchanjungas mehrtägige Wanderungen angeboten, auf der nepalesischen Seite von Ilam aus (s. S. 74) und von Sikkim aus mit dem Goecha La Trek, der die beste Aussicht auf die Gipfel des Kanchanjungas bietet. Aufgrund der relativ abgeschiedenen Lage wird es wohl auch in der Zukunft keinen Massenansturm auf den Kanchanjunga geben. Wer die ursprüngliche Bergwelt des Himalayas kennenlernen will, ist an den Hängen des Kanchanjungas auf jeden Fall richtig.

**INFO**

**Information:**
**Höhe**: 8.586 m
**Erstbesteigung**: 25. Mai 1955 durch George Band und Joe Brown
**Normalweg**: Hochtour (vergletschert)

**Koordinaten**:
27° 42′ 11″ N, 88° 8′ 51″ O

# 34 Mount Everest – höchster Berg der Welt

„Weil er da ist!" Besser kann man die Motivation nicht beschreiben, warum man den höchsten Berg der Welt sehen, besteigen, verehren muss. Das Schöne daran ist, dass man den Satz auch in beide Richtungen interpretieren kann: sowohl als logischen Grund für die Sehnsucht nach dem Mount Everest als auch als Sinnbild der Idiotie, die den Berg umgibt, seit er ins Bewusstsein des Westens vorgedrungen ist. Der englische Bergsteiger George Mallory hat den Satz geprägt, als Antwort auf die Frage, warum man den Mount Everest denn besteigen müsse: „Weil er da ist!" also.

Die lokale Bevölkerung, für die der Berg schon viel länger Teil ihres Lebens ist, sah das zumindest bis zur Ankunft der westlichen Gipfelstürmer ganz anders. Weil er, der **Sagarmatha**, wie ihn die Nepalesen nennen, der **Qomolangma**, wie er in Tibet heißt, da ist, weil er etwas Übernatürliches, Göttliches darstellt, sollte man ihn nicht besteigen! Für die Menschen der Region ist der Berg der Sitz von *Chomo Miyolang Sangma*, einer der fünf „Schwestern des langen Lebens", die auf den fünf höchsten Gipfeln des Himalayas wohnen. Sie wird als Göttin der unendlichen Großzügigkeit gesehen, die den Menschen Nahrungsmittel gibt. Stören sollte man die zum Buddhismus bekehrte Dämonin jedoch nicht, da sie Besucher nur eingeschränkt toleriert.

*Gipfel von der Südseite, mit der typischen Wolkenfahne*

Seit die Engländer den Berg im 19. Jahrhundert „entdeckt" und nach dem ehemaligen britischen Generalinspektor in Indien, George Everest, benannt haben, befeuerte der Mount Everest die Fantasie der Bergsteiger und Entdecker. Nachdem sich die britische Armee-Expedition unter Francis Younghusband 1904 gewaltsam den Weg nach Tibet gebahnt hatte und das Land für westliche Besucher bedingt offen war, erfolgten in den 1920er-Jahren mehrere Besteigungsversuche, die alle scheiterten. George Mallory, die treibende Kraft der damaligen Expeditionen, und Andrew Irwine kehrten von der letzten Expedition 1924, die sie bis nahe an den Gipfel führte, nicht mehr zurück. Lange Zeit wurde gerätselt, ob die beiden den Gipfel erreicht hatten. Nachdem 1999 schließlich die Leiche Mallorys auf 8.150 Metern gefunden wurde, scheint erwiesen, dass die Erstbesteigung erst am 29. Mai 1953 stattfand.

*Der Mount Everest von der tibetischen Seite*

Durch die unsichere politische Lage in der Region und den Zweiten Weltkrieg dauerte es bis in die frühen 1950er-Jahre, bis nach Mallorys Tod wieder ernsthafte Besteigungsversuche unternommen wurden. 1953 standen schließlich der Neuseeländer Edmund Hillary und der Sherpa Tenzing Norgay als erste auf dem Gipfel. Bis heute haben rund 6.000 Menschen den Gipfel erreicht, fast die Hälfte davon Sherpas, ohne die der Aufstieg nur für wenige möglich ist. 1975 gelangte die Japanerin Junk Tabei als erste Frau zum Gipfel. Reinhold Messner und Peter Habeler bestiegen den Berg 1978 als erste ohne zusätzlichen Sauerstoff. Bis heute waren Kinder, 80-Jährige und Blinde auf dem Mount Everest, jedes Jahr kommen rund 700 Besteigungen hinzu. Allein am 23. Mai 2010 standen 169 Menschen auf dem mit 8.848 Metern höchsten Berg der Erde. Über die Jahre erreichte etwa jeder fünfte Besteigungsversuch den Gipfel. Mehr als 300 Menschen starben seit Ende des 19. Jahrhunderts am Mount Everest.

Der Mount Everest ist zu einer In-Destination geworden. Das kann man zu Recht kritisieren. Und dann steht man in Tibet, blickt vom Rombuk-Kloster auf die Nordwand oder starrt gebannt vom nepalesischen Basecamp auf den unheimlich in der Sonne glitzernden Kongbu-Gletscher und kann sie verstehen, die Faszination, die der höchste Berg der Erde auf die Menschen ausübt.

**Information:**
**Höhe**: 8.848 m
**Erstbesteigung**: 29. Mai 1953 durch Edmund Hillary und Tenzing Norgay
**Normalweg**: Südroute

**Koordinaten**:
27° 59′ 17″ N, 86° 55′ 31″ O

INFO

Von Göttern,
Heiligen und
Politikern

# 35 Siddhartha – der historische Buddha

Buddhafigur im deutschen Tempel von Lumbini

Zwei Seiten über Buddha. Das ist in etwa so einfach wie sich das Nirwana vorzustellen. Das Unvorstellbare. Und der Unbeschreibbare, über den dennoch ganze Bibliotheken geschrieben werden.

Dabei gibt es ihn gar nicht, DEN Buddha. Es gibt, abhängig von der jeweiligen Glaubensrichtung, viele Buddhas. Den Buddha der Vergangenheit, den Buddha der Zukunft, einige sogenannte transzendente Buddhas und viele Unter- und Überkategorien. Dazu im Mahayana-Buddhismus (dem sogenannten „Großen Fahrzeug") und seinen Spielarten auch noch Bodhisattvas, Wesen, die die Erleuchtung erfahren haben und sich dennoch für eine Wiedergeburt entscheiden, um anderen zu helfen.

Hier geht es nun um Siddhartha, den gegenwärtigen Buddha des augenblicklichen Weltenzyklus. Oder, wie er oft auch genannt wird, den historischen Buddha. Tatsächlich ist das Leben des Siddhartha Gautama belegt, nur um die genauen Lebensdaten streitet sich die Forschung noch. Während meist 544 v. Chr. als das Todesjahr Siddharthas (623–544 v. Chr.) galt – ein Datum, das die Zeitrechnung in Südostasien bis heute bestimmt, wo wir im Jahr der Drucklegung dieses Buches (2015) das Jahr 2558 schreiben –, gehen neuere Forschungen davon aus, dass er einige Jahrzehnte später auf die Welt kam.

Szene aus Siddarthas Leben in Lumbini

Siddharta wurde in Lumbini im heutigen Südnepal als Sohn des Herrschergeschlechts des kleinen Fürstentums Shakya geboren. Daher kommt auch sein häufig gebrauchter Beiname Shakyamuni, „der Weise aus dem Staat Shakya". Die ersten 29 Jahre seines Lebens wuchs er abgeschirmt von der Welt in Reichtum und Prunk auf. Mit 29 Jahren traf er der Legende nach einen Alten, einen Kranken, einen Toten und einen Mönch – Begegnungen, die ihn erstmals mit den Realitäten der menschlichen Existenz konfrontierten. Er ließ sein bisheriges Leben hinter sich und begab sich auf Wanderschaft. Doch die Weisen und Priester, die er traf, konnten ihm auf der Suche nach dem Sinn des Lebens nicht helfen.

Mit 35 Jahren erlangte er schließlich nach langer Meditation unter einem Boddhibaum *(Ficus religiosus)* in der Nähe des heutigen Varanasi in Nordindien die Erleuchtung. Leben ist Leiden, lautet die Erkenntnis. Leiden entsteht durch die Begierde. Mit der Überwindung der Begierden und Lüste kann auch das Leiden überwunden werden. Dies wiederum gelingt durch den edlen achtgliedrigen Pfad. Die rechte Erkenntnis, die rechte Gesinnung, die rechte Rede, das rechte Handeln, der rechte Lebenswandel, das rechte Streben, die rechte Achtsamkeit und die rechte Konzentration.

Eigentlich ganz einfach und verständlich. So einfach und verständlich, dass der Buddhismus seinen Siegeszug rund um die Welt antrat, der immer noch andauert. Leider aber auch so einfach und verständlich, dass sich mit ihm im wahrsten Sinne des Wortes keinen Staat machen lässt. In der Folgezeit wurde der Buddhismus weiterentwickelt, mit allerlei Theologie, Liturgie und anderem Beiwerk verkompliziert, sodass der Kern der Lehre oft verloren gegangen ist. (Aber das ist ja nicht nur beim Buddhismus so.)

Den Spuren des historischen Buddhas kann man heutzutage in Lumbini, seinem Geburtsort folgen (mehr dazu s. S. 62–63).

Wer von Nepal weiter nach Indien reist, kann in Bodhgaya den Ort seiner Erleuchtung und in Kushinagar den Ort besuchen, an dem Siddartha im Jahr 544 v. Chr. ins Nirwana eingegangen ist.

*Mönch in Lumbini*

## 36 Vishnu – der Bewahrer

Von den drei Hauptgöttern des Hinduismus scheint dem christlich geprägten westlichen Besucher Vishnu meist am sympathischsten – ein bewahrender, gütiger Gott, das kommt einem bekannt vor. Vishnu ist zudem der hinduistische Gott, von dem die meisten Geschichten auch im Westen geläufig sind. Das Ramayana, das wohl bekannteste hinduistische Epos, zeigt ihn als weisen (wenn auch ein wenig rachsüchtigen) Herrscher. Und auch um seine nachfolgende Reinkarnation, Krishna, ranken sich einige Geschichten, die ebenfalls den Weg in das Abendland schafften. Nach hinduistischem Glauben ist sogar der historische Buddha (Siddhartha Gautama, s. S. 84) eine Reinkarnation Vishnus. So schafft man Schnittstellen zwischen Weltreligionen.

Auch von seiner Gefährtin, Lakshmi, erzählen viele Epen, sie ist die hinduistische Göttin des Glücks, der Liebe, der Fruchtbarkeit, des Wohlstands, der Gesundheit und der Schönheit und die Geliebte Ramas im bereits erwähnten Ramayana, die von dem bösen Dämonenkönig Ravana entführt und nach einer epischen Suche von Vishnu in Gestalt Ramas gerettet wird. Darstellungen aus dem Ramayana schmücken bis heute viele Vishnu geweihte Tempel.

Während in der Dreiheit des Hinduismus (Trimurti) Brahma für die Schöpfung und Shiva für die abschließende Zerstörung (und Erneuerung der Welt, s. S. 88) zuständig ist, steht Vishnu für die Erhaltung des Kosmos in der augenblicklichen Form. In den verschiedenen aufeinanderfolgenden Reinkarnationen bekämpft er das Böse in Form von Dämonen und sorgt dafür, dass die gerechte menschliche und kosmologische Ordnung aufrechterhalten wird. In Nepal trägt er in der Regel den Beinamen Narayan, der meist Teil des Namens eines Vishnu geweihten Tempels ist.

*Vishnu ist einer der Hauptgötter im Hinduismus*

Darstellung von Vishnu mit seiner Gemahlin Lakshmi an einem Hauseingang

Vishnu erkennt man in der Regel an der blauen Gesichtsfarbe, den meist gutmütigen Gesichtszügen und den vier Armen. Seine Attribute sind die Wurfscheibe, das Schneckenhorn, der Lotos und die Keule. Vishnus Reittier ist Garuda, der als eine Mischung aus Mensch und Adler dargestellt wird. Häufig ist auch die Darstellung Vishnus, wie er in tiefem Schlaf auf einer aufgerollten Schlange ruht, die im unendlichen kosmischen Ozean treibt. Ihm zu Füßen sitzt Lakshmi, seine Gemahlin. In seinem Schlaf erträumt Vishnu die Welt und die Dinge. Aus seinem Nabel wächst eine Lotosblume. Wenn sich die Lotosblume öffnet, sitzt Brahma auf der Blüte und verbringt dort hundert Brahmajahre. Nach diesem Zeitraum hört Vishnu auf zu träumen und der Lotos zieht sich wieder zurück, um beim folgenden Traum erneut zu entstehen. Ein Sinnbild für die Schöpfung und die Vergänglichkeit des Kosmos.

Vishnu begegnet man in Nepal in unzähligen Tempeln und Darstellungen. Die beiden wohl schönsten Vishnu-Tempel des Landes sind der Tempel Changu Narayan (s. S. 50) etwas nördlich von Bhaktapur und der Amar Narayan Mandir in Tansen (s. S. 60) in Südnepal.

Vishnu-Kachel an einem Dorfbrunnen

# 37 Shiva – Zerstörer, Schöpfer und Erhalter

Richtig warm wird der westliche Betrachter mit diesem Gott nicht. „Gott der Zerstörung“ klingt einfach nicht wirklich freundlich, da sind dem christlich geprägten Besucher der Schöpfungsgott Brahma und der Erhalter Vishnu (s. S. 86) deutlich näher. Dabei ist die Zerstörung der gegenwärtigen Welt nur ein Aspekt Shivas. Von vielen seiner Verehrer wird er nicht nur als Weltenzerstörer, sondern auch als Schöpfer und Erhalter gesehen. Er ist der Inbegriff und die Repräsentation des zyklischen Zeitverständnisses gläubiger Hindus. Ohne Zerstörung kein Neuanfang, ohne Shiva keine reinigende Erneuerung in einem folgenden kosmischen Zyklus. Oft wird er so auch als Nataraja, „König des Tanzes“, dargestellt, tanzend auf dem „Dämon der Unwissenheit“, Apasmara. Im Tanz zerstört Shiva die Unwissenheit und das Universum und erschafft es wieder neu. Ein neuer Weltenzyklus kann beginnen, bis Shiva wieder zu Tanzen beginnt. Und das bis in alle Ewigkeit.

In Nepal hat Shiva vor allem als Gott der Asketen und Sadhus seine Bedeutung. Zu Maha Shivaratri (Shivas Nacht) Ende Februar/Anfang März jeden Jahres strömen mehr als eine Million Pilger aus In- und Ausland zur Tempelanlage Pashupatinat (s. S. 44) in Kathmandu. Pashupatinat ist auch die wichtigste Shiva geweihte Tempelanlage in Nepal und wird auch von vielen indischen Gläubigen als eines der wichtigsten Pilgerziele verehrt.

Wie erkennt man einen Shiva geweihten Tempel? Zuerst einmal an den Sadhus, die meist vor oder im Tempel sitzen, Hasch rauchen und diskutieren (wahlweise auch Touristen für eine kleine Spende als Fotomodell dienen). Sieht man in einem Tempel die Figur oder Darstellung eines Stiers, dann handelt es sich mit ziemlicher Sicherheit um einen Shiva-Tempel. Nandi, besagter Stier und Reittier Shivas, hat oft

*Sadhu mit dem dritten Auge Shivas auf dem Durbar Square in Kathmandu*

*Shiva und seine Gemahlin Parvati grüßen am Shiva-Parvati-Tempel in Kathmandu*

eine Wächterfunktion und befindet sich im Tempeleingang oder vor dem Lingam. Letzterer, ein meist aus Stein geformter Phallus, ist ein weiterer Hinweis auf einen Shiva-Tempel. Und natürlich Shiva selbst in figürlicher Form. Die hinduistische Ikonografie stellt Shiva meist mit weißer oder aschegrauer Haut dar, zuweilen auch mit einem blauen Hals. Auf seiner Stirn befinden sich das dritte Auge und drei waagerechte Aschestriche. Meist schlingt sich eine Schlange um seinen Hals, aus dem langen und offenen Haar ragt eine Mondsichel. Oft wird Shiva auch zusammen mit seiner Gemahlin, Parvati, dargestellt, die in vielfältiger Gestalt, vor allem als Kali oder Durga, ihren exponierten Platz in der hinduistischen Mythologie hat.

In Nepal begegnet man Shiva auf Schritt und Tritt. Vor allem zu Shivas Nacht im Frühjahr steht er im Zentrum der religiösen Verehrung. In Kathmandu ist das Zentrum der Shiva-Verehrung in Pashupatinath. Zusammen mit Parvati kann man ihn auf dem Durbar Square im Shiva-Parvati-Tempel bewundern, eines der beliebtesten Fotomotive in Kathmandu. Wie ein Gott der Zerstörung sieht er dort wahrhaftig nicht aus. Vielleicht hat er ja doch noch eine Chance auf das Wohlwollen westlicher Besucher!

*Shiva, der Gott der Zerstörung*

# 38 Ganesha – der Götterbote

Ihn wird man in Nepal am häufigsten sehen! Den immer ein wenig drollig aussehenden Menschen mit dem Elefantenkopf, den übergroßen Ohren und den Knopfaugen. Wäre er kein Gott, so könnte man ihn sich sehr gut als Stofftier vorstellen. Aber das wäre Gotteslästerung und mit Ganesha legt man sich besser nicht an. Er gilt als Götterbote, als Vermittler zwischen der Erde und dem Himmel, als Gott, der Hindernisse aus dem Weg räumt. Kein Wunder, dass er auch als Gott der Kaufleute gilt. Und als Gott der Künstler. Eine Art Hermes mit Elefantenrüssel, wobei Letzterer wohl eher Ganesha als Vorbild hatte als umgekehrt. Ein naschhafter, gnädiger, gütiger, freundlicher, humorvoller, jovialer, kluger und schelmischer Gott, mit dessen Beliebtheit es kaum ein anderer aufnehmen kann. Kein Wunder, dass es kaum einen Hindu gibt, der ihn nicht verehrt und er aus dem Straßenbild des indischen Subkontinents und der hinduistischen Diaspora kaum wegzudenken ist. An fast jeder Ecke steht ein Ganesha-Schrein. Und unzählige Opfergaben zeugen von einer lebhaften Verehrung.

*Ein Gott, viele Darstellungen: Ganesha*

Warum aber ein Mensch mit Elefantenkopf, der zu allem Überfluss auch noch eine Ratte als Reittier hat?

Das Shiva Purana, eine der ältesten Schriften des Hinduismus, berichtet davon, dass Parvati, Shivas Ehefrau, Ganesha in Abwesenheit ihres Mannes geschaffen hätte. Sie formte aus Lehm einen kleinen Jungen, übergoss ihn mit Gangeswasser und erweckte ihn damit zum Leben. Sie nannte ihn Ganesha und setzte ihn als Wache vor ihr Haus. Als Shiva kam, versperrte Ganesha ihm den Weg. Shiva schlug ihm aus Zorn darüber den Kopf ab. Als Shiva bemerkte, dass er Parvatis Sohn getötet hatte, war er entsetzt und schickte seine Dienerschaft in die Welt, um einen neuen Kopf für Ganesha zu besorgen. Der erste Diener, der zurückkam, brachte einen Elefantenkopf mit, den Shiva auf Ganeshas Rumpf setzte, um ihn ins Leben zurückzubringen.

Wie so oft in der Mythologie gibt es noch ein Dutzend weitere Geschichten über den Ursprung Ganeshas und seines Elefantenkopfs. Sein Reittier schließlich, die für den Job von der Statur her anscheinend kaum geeignete Ratte, symbolisiert, dass auch ein kleines Lebewesen über Kraft und Intelligenz verfügen kann und mit dem rechten Glauben Bäume, oder, wie in diesem Fall, Elefanten versetzen kann.

Die Verehrung Ganeshas ist heute allgegenwärtig in Nepal. Im September wird auch hier das Ganesh Chaturthi gefeiert, allerdings nicht so intensiv wie in Indien, insbesondere in Mumbai. Das Ganesh Chaturthi ist Auftakt einer ganzen Reihe von hinduistischen Festivals im Herbst, deren Höhepunkt das Durga Puja (s. S. 93) ist.

*Opfergaben an Ganesha, der besonders zum Fest Ganesh Chaturthi verehrt wird*

# 39 Durga – die Göttin der Vollkommenheit

Ihr begegnet man in Nepal fast überall: Eine der populärsten Göttinnen des Landes ist Durga, die Göttin der Vollkommenheit, die in den unterschiedlichsten Formen erscheinen kann, unter anderem als Kumari (s. S. 94), Kali und Parvati. Sie verkörpert Kraft, Wissen, Handeln und Weisheit. Im Tantrismus ist sie Shakti, die weibliche Urkraft des Universums. Nur in ihrer Reinkarnation als Kali bzw. Parvati ist sie einem männlichen Gott (Shiva) zugeordnet, während sie ansonsten alleinstehend und ohne männlichen Gefährten auskommt, ein Alleinstellungsmerkmal im Hinduismus.

Abgesehen von der Tatsache, dass Durga die weibliche Seite des Universums und deren Stärke symbolisiert, resultiert die große und weitverbreitete Verehrung der Durga vor allem aus ihrem Kampf mit dem „Büffeldämonen" Mahishasura und dessen Armee, die als Symbol alles Bösen in diesem Kosmos gilt. Entsprechend wird Durga in der Regel auch in ihrer Rolle als Töterin des Büffeldämons dargestellt. Erkennen kann man sie auch an den vielen Armen, je nach Tempel und Art der Darstellung zwischen vier und zwanzig, große Stärke symbolisierend. Meist wird sie auf einem Tiger reitend dargestellt, auf ihrer Stirn findet sich das dritte Auge.

In ihrer zornvollen Manifestation als Kali wird sie in der Regel mit Muschel, Diskus, Dreizack, Pfeil und Bogen, Schwert, Schild, Gebetskette, Glocke und Keule dargestellt. Im Shaktismus, der vor allem in Indien, weniger aber in Nepal heimisch ist, ist Durga die höchste Göttin, die alle anderen Götter überragt und eins mit dem Absoluten ist. Im Kathmandu-Tal wird Durga vor allem als Kumari verehrt, die als Reinkarnation der Göttin und als Schutzheilige des Kathmandu-Tals gilt.

*Die vielarmige Durga, die höchste Göttin, auf einem Tempelrelief in Kathmandu*

Den Gipfel der Verehrung erfährt Durga in Nepal jedes Jahr während des Dashain-Festivals (auch Durga Puja genannt), das im Herbst, in der Regel im Oktober, an 15 aufeinanderfolgenden Tagen gefeiert wird. Das Fest erinnert an die anfangs erwähnte Legende, nach der Durga den Büffeldämon Mahishasura und damit alles Böse der Welt besiegt hat, ein Kampf, der in rituellen Tänzen nachgestellt wird. Büffelköpfe und Ziegenböcke werden geopfert, für gut zwei Wochen herrscht Ausnahmezustand in Kathmandu. Wer geschäftlich in Nepal zu tun hat, reist zu dieser Zeit am besten nicht ins Land: Sämtliche Behörden und Ämter bleiben für die Zeit des Festivals geschlossen.

In Nepal begegnet man Durga als Figur in vielen Tempeln, vor allem aber im Tempel Vatsala Durga in Bhaktapur und in Dakshinkali, hier in ihrer Manifestation als Kali.

*Die Durga in typischer Pose auf einem Tiger reitend*

*Gläubige bringen am Opfertempel Dakshinkali ihre Opfergaben dar*

# 40 Die Kumari – kindliche Göttin

Wer sich schwer tut, die Rolle Shivas in der hinduistischen Mythologie nachzuvollziehen (s. S. 92), wird bei der Kumari nur noch den Kopf schütteln. Und tatsächlich ist die Kumari die wohl umstrittenste und gleichzeitig zuweilen inbrünstig verehrte Göttin im nepalesischen Himmelskosmos.

Die Kumari (wörtlich: „Mädchen") gilt in Nepal seit dem 16. Jahrhundert als eine Inkarnation der hinduistischen Göttin Taleju. Nach einigen Quellen geht die Tradition sogar bis ins 13. Jahrhundert zurück. Die Taleju, eine ursprünglich aus Indien kommende weibliche Göttin, wurde in Nepal zu einer sowohl auf hinduistische als auch auf buddhistische Einflüsse zurückgehende Schutzgöttin der jeweiligen Königsdynastie und damit des ganzen Landes. Je nach Ort wird sie auch als Inkarnation Durgas (s. S. 92) gesehen. An der Taleju, und damit an ihrer Reinkarnation, der Kumari, hängt das Geschick der Königsdynastie. Einmal im Jahr, während des Dashain-Festivals im Herbst, besuchte der König die Kumari, küsste ihr die Füße und ließ sich von ihr ein Segenszeichen, das Tika, auf die Stirn tupfen. Die Kumari galt zudem als Orakel des Königs, ihr Verhalten dem jeweiligen König gegenüber war ein Omen für die weiteren Geschicke der Monarchie.

Im Alter von vier Jahren werden die jeweiligen Kumaris aus der Newar-Kaste der Gold- und Silberschmiede anhand von 32 Schönheitsmerkmalen und ihres Horoskops von einem vierköpfigen Priesterkomitee ausgewählt. Um ihre göttliche Bestimmung zu beweisen, müssen sie zahlreiche religiöse Prüfungen bestehen und Gegenstände aus dem Besitz ihrer Vorgängerin erkennen. Die Auserwählte bezieht sodann ihren Palast, in Kathmandu ist das der Kumari Bahal. Hier zeigt sie sich in der Regel täglich einmal den Touristen und Gläubigen gleichermaßen. Fotografieren ist strengstens verboten!

Nur sechsmal im Jahr verlässt die Kumari den Palast und nimmt an religiösen Zeremonien teil. Das wichtigste dieser Feste ist das Indra Jatra, währenddessen die Kumari in einem Tempelwagen durch die Straßen von Kathmandu gefahren wird. Früher segnet sie dabei den König, heute den Präsidenten. Bis zum Einsetzen der ersten Monatsblutung bleibt die Kumari im Palast. Mit der ersten Regel, so der Glaube, verlässt die Göttin Taleju den Körper und die Kumari ist wieder ein ganz normaler Mensch.

Kumaris gibt es heute in Kathmandu, Bhaktapur und Patan, aber auch in kleineren Orten wie im 13 Kilometer südlich von Kathmandu gelegenen Bungamati. Kritische Stimmen fordern in Nepal inzwischen die Abschaffung des Brauches, da er mit dem Ende der Monarchie seinen Nutzen verloren hat und außer-

*Straßenhändlerin mit Kumari-Postkarten*

dem als Grausamkeit gegenüber den Mädchen gilt. Nach einem etwa zehnjährigen Leben als Göttin in fast vollständiger Abgeschiedenheit fällt es den Kumaris schwer, sich in die Gesellschaft einzugliedern. Einen Mann findet eine Kumari in der Regel nicht, da sich hartnäckig der Glaube hält, dass die Ehemänner der Kumari ein früher Tod ereilt und die Kumaris zudem (mit einem gewissen Recht) als verwöhnt gelten. Die monatliche Rente von 30 Euro entspricht zwar einem einfachen Einkommen in Nepal, ist jedoch bei Weitem nicht genug, um den durch die Zeit als Göttin geprägten hohen Ansprüchen gerecht zu werden. Einige der Kumaris endeten so nach ihrer Amtszeit auch als Prostituierte.

Immerhin: Während früher die Kumaris keinerlei Schulbildung erhielten – als Göttinnen galten sie ja als allwissend – werden die Kumaris heutzutage von Privatlehrern unterrichtet. Da einer Göttin jedoch nicht widersprochen werden darf, gestaltet sich der Unterricht in der Regel denkbar schwierig.

Die Tradition der Kumari wird wohl trotz der Abschaffung der Monarchie weitergeführt werden. Zu groß ist die Verehrung der Taleju im Kathmandu-Tal und die Angst, dass eine Abschaffung des Brauches die Rache der Göttin nach sich ziehen würde. 2008 besuchte sie auch der damalige maoistische Premierminister Prachanda.

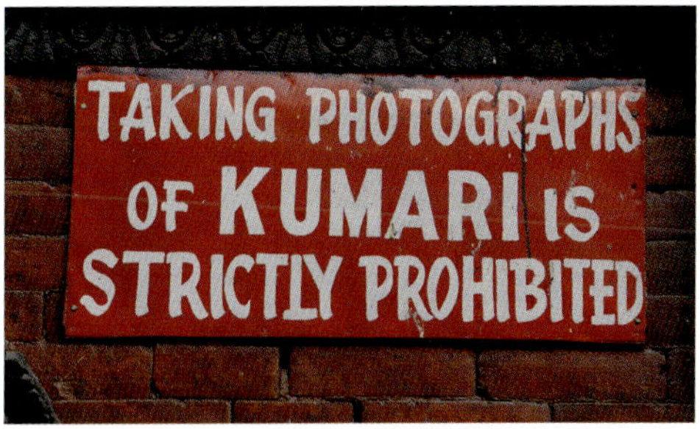


*Es gibt nur offizielle Fotos der Kumari*

**Information:**
Die Kumari kann man in der Regel um die Mittagszeit in den jeweiligen Palästen in Kathmandu, Bhandipur und Patan sehen. Zu weiterführenden Lektüre empfiehlt sich das Buch „Göttin auf Zeit: Amitas Kindheit als Kumari in Kathmandu" von Gerhard Haase-Hindenberg.

INFO

## 41 Sadhus – ein Leben in Askese und Meditation

Sie sind Anhänger des Gottes Shiva, leben asketisch und sind ein Leben lang auf Wanderschaft: die Sadhus. In Kathmandu sind sie aus dem Straßenbild nicht wegzudenken. In Rot oder Orange gekleidet, mit langen, verfilzten Haaren, die zu gewagten Turmfrisuren drapiert sind, stechen sie aus der Menge heraus und man sieht sie schon von Weitem.

Das Wort *Sadhu* kommt aus dem Sanskrit und bedeutet „zum Ziel gelangen". Dieses Ziel ist die Befreiung vom Kreislauf der Wiedergeburten. Durch ständige Buße, Selbstkasteiung sowie ein Leben in Askese und Meditation versuchen die Sadhus, die Erleuchtung zu erlangen. Weltliche Dinge wie Besitztümer, Reichtum und menschliche Bindungen werden abgelehnt. Die Askese, und damit die Befreiung von weltlichen Gelüsten, schafft Freiraum für die göttliche Wirklichkeit. Obwohl die Sadhus als Bettler leben, werden sie in Nepal und Indien hoch geschätzt und unterstützt. Die meisten Hindus sehen sie als Heilige an und fühlen sich verpflichtet, ihnen Nahrung und Almosen zu geben. In der Regel führen die Sadhus einen Essensnapf zum Erbetteln der täglichen Nahrung und einen langen Stock mit sich. Oft sitzen sie vor Shiva geweihten Tempeln, wo man sie oft auch diskutierend erlebt.

Je nach ihrer Sektenzugehörigkeit bemalen sich Sadhus unterschiedlich. Da die meisten Sadhus Gefolgsleute Shivas sind, imitieren sie dessen Leben. Drei Aschestreifen auf der Stirn symbolisieren das Auslöschen der drei Unreinheiten (die Illusion des begrenzten Ichs, eigennütziches Handeln und Selbstsucht). Viele Sadhus tragen auch zudem den Dreizack Shivas und die zweifellige Trommel. Sie beschmieren sich mit Asche und behängen sich mit den sogenannten Rudraksh (Ketten aus Nüssen).

Einige Sadhus nehmen auf ihrem Weg zur Erleuchtung enorme Qualen auf sich, sitzen stundenlang auf glühenden Kohlen, hängen sich kopfüber ein paar Stunden von einem Baum oder leben tagelang ohne Nahrung und Wasser. Einige verzichten ganz auf Kleidung. Auch wenn die ständige Wanderschaft essentieller Teil des Sadhu-Lebens ist, haben sich einige auch in der Nähe von Tempeln oder auf städtischen Plätzen nie-

*Ein Bild, 50 Rupien: Sadhu auf dem Durbar Square in Kathmandu*

Sadhus stehen gegen einen Obulus als Fotomodell zur Verfügung

dergelassen und verbringen dort längere Zeit.

In Kathmandu wird man selten einen auf glühenden Kohlen sitzenden oder kopfüber vom Baum hängenden Sadhu treffen. Die „ortsansässigen" Sadhus halten sich meist in Pashupatinath und rund um den Durbar Square auf und verdienen ihren Lebensunterhalt vor allem als Fotomodell. Das kann man nun als Ausverkauf der Religion sehen oder einfach als pragmatisch. Bettelmönche sind die Sadhus ohnehin, warum sollten sie nicht die Gelegenheit beim Schopf packen und für ein kurzes Posen vor einer deutschen, amerikanischen oder französischen Kamera ein Vielfaches verdienen als das, was gemeinhin von der lokalen Bevölkerung in die Bettelschale geworfen wird?

Als Affenkönig Hanuman verkleideter Sadhu in Pashupatinath

### Religiöse Notwendigkeit

Wer einmal aus zweiter Hand so richtig high werden möchte, muss sich nur neben einen Sadhu setzen und tief einatmen. Auch wenn in Indien und Nepal das Rauchen von Cannabisprodukten inzwischen verboten ist, wird der starke Drogenkonsum der Sadhus als religiöse Notwendigkeit angesehen und demnach toleriert.

# 42 Die heilige Kuh als Lebensspenderin

Nicht nur in den hinduistisch geprägten Ländern wurde und wird die Kuh verehrt. Eine gehobene Stellung unter den Tieren und eine religiöse Überhöhung der Wiederkäuer lassen sich in vielen ehemals nomadisch geprägten Kulturen finden. Im Nahen Osten und im Mittelmeerraum waren in alten Zeiten die Kühe Teil religiöser Rituale und bis in die heutige Zeit haben sich archaische Bräuche rund um die Kuh bei uns gehalten. Man denke nur an den Almauftrieb und den festlich geschmückten Pfingstochsen.

In keiner anderen Kultur ist der Kult um die Heilige Kuh jedoch so lebendig wie auf dem vom Hinduismus geprägten indischen Subkontinent. Die Wurzel dieser Verehrung geht auf die Zeit der Einwanderung der Indoarier zurück, die als Hirtennomaden ins Land kamen. In den alten Schriften des Hinduismus wird sie als „Erfüllerin aller Wünsche" (Kamadhenu) gepriesen. Der Mythologie nach erhält die Kuh ihre Sonderstellung durch Krishna, eine Reinkarnation des Gottes Vishnu (s. S. 86). Nach seiner Geburt wurde Krishna zum Schutz vor einer drohenden Ermordung in die Obhut einer Hirtenfamilie gegeben und so verbrachte er als Hirtenjunge viel Zeit mit den Tieren. Die Hirtenfamilie und die Kühe ernährten Krishna, wodurch die Kuh den Status einer Mutter erreicht, die es zu verehren gilt.

Die Kuh gilt zu Recht als Lebensspenderin, da sie den Menschen fünf heilige Produkte gibt: Das Ghee, ein Butterschmalz, das nicht nur zur Zubereitung der Speisen dient, sondern auch eine religiöse Bedeutung bei sakralen Zeremonien hat. So werden z. B. Tote zur Verbrennung mit Ghee übergossen oder die Lampen in den unzähligen indischen Tempeln brennen mit Ghee. Zum zweiten der Mist, der für die Landbevölkerung als Brennmaterial, als Bindemittel zwischen Lehm und Stroh zum Hausbau dient und mit dem die Felder gedüngt werden. Des Weiteren der

*Heilige Kuh als Verzierung auf einem LKW*

*Tauben und Kühe: Auf dem Durbar Square in Kathmandu ist tierisch was los!*

Urin, dem eine antiseptische und heilende Wirkung zugeschrieben wird. Und natürlich die Milch und das daraus hergestellte Lassi, die beide nicht aus der indischen und nepalesischen Küche wegzudenken sind.

Bis heute darf kein Mensch die Kuh in ihrem Weg aufhalten. Sie gilt als heilig und darf nicht geschlachtet werden. Wer einer Kuh das Leben nimmt, hat nach hinduistischem Glauben einen Mord begangen. Andererseits vegetieren die Kühe oft unter erbärmlichen Umständen, leben von Abfällen, inmitten von dichtem Verkehr und sterben nicht selten an Krankheiten und Unterernährung. Die vielen Kühe, die man auf den Straßen Kathmandus oder in den Städten im Süden des Landes sieht, sind übrigens keinesfalls herrenlos, sondern gehören Stadtbewohnern, die sich jedoch das Futter für die Tiere nicht leisten können. In jüngster Zeit gab es im Zuge der großangelegten Verbesserung der Verkehrsinfrastruktur in Kathmandu Bestrebungen, die Kühe aus dem Straßenverkehr zu verbannen und deren Besitzer für eventuelle Behinderungen zur Rechenschaft zu ziehen. Wer heute in einem der vielen Verkehrsstaus in Kathmandu steckt, wird feststellen, dass diese Anstrengungen nicht wirklich von Erfolg gekrönt sind. Kühe gehören immer noch zum Stadtbild von Kathmandu. Vor allem auf dem Durbar Square lassen sie sich gerne nieder und schauen widerkäuend und scheinbar ungerührt dem kreativen Chaos zu, das sie umgibt.

*Heilige Kuh mit religiösem Haarschnitt*

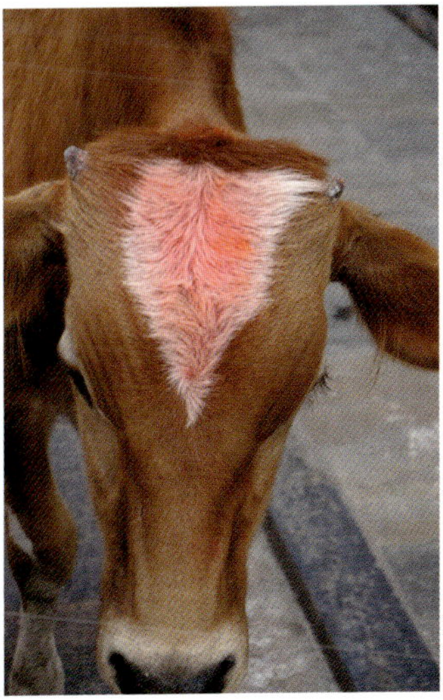

# 43 Prithvi Narayan Shah – Begründer des modernen Nepals

Fassadendetail der Festung von Gorkha

Wer länger in Kathmandu wohnt oder durchs Land reist, wird früher oder später auf ein Plakat stoßen, auf dem ein schmuck gekleideter Mann mit Schnurrbart zu sehen ist, die rechte Hand mit ausgestrecktem Zeigefinger herrschaftlich in die Luft gereckt, im Hintergrund die nepalesische Fahne. Zuweilen trifft der Besucher auch auf Nepalesen, die eben jenes Konterfei als Button auf dem Revers tragen. Es handelt sich um Prithvi Narayan Shah (1722–1775), den neunten König der Shah-Dynastie in Gorkha und den Begründer des modernen Nepals. Bis heute wird er nicht nur von Royalisten als weiser Herrscher und Reichseiniger verehrt. So einen Mann, so hört man im heutigen Nepal, könnte das Land nach Jahrzehnten politischen Chaos mal wieder gebrauchen!

Anfang des 18. Jahrhunderts war Gorkha eines von rund 50 Fürstentümern, die auf dem Gebiet des heutigen Nepal bestanden. Prithvi Narayan Shah folgte 1743 seinem Vater Nara Bhupal Shah auf den Thron. Ausgehend von Gorkha hatte Prithvi Narayan Shah seinen Herrschaftsbereich seit Mitte des 18. Jahrhunderts sukzessive erweitert. Seinem Ziel der Reichseinigung kam er mit der

Heimat von Prithvi Narayan Shah: Die Festung von Gorkha

Eroberung von Nuwakot (s. S. 24) im Jahr 1744 um einiges näher. In der Folge besetze er schrittweise die Höhen um das Kathmandu-Tal. 1756 ließ er schließlich den Kutipass blockieren und schloss damit das Kathmandu-Tal von der Außenwelt ab. Damit war das Schicksal des Reiches entschieden. Gegen starken Widerstand vor allem der Stadt Kirtipur eroberte Prithvi das Tal und gründete die Shah-Dynastie, die bis 2008 andauerte. Den Widerstand mussten die Bewohner Kirtipurs der Legende nach bitter bezahlen: Die Eroberer schnitten allen erwachsenen Bewohnern der Stadt Nasen und Lippen ab.

1768 wurde die Hauptstadt von Nuwakot nach Kathmandu verlegt. Im Osten wurden die Sen-Königreiche Chaudandi und Vijaypur eingenommen. Die Einheit Nepals war vollbracht.

Die militärischen Eroberungen und seine Verdienste um die Einigung des Landes sind jedoch nur Teil der Verehrung, die König Prithvi bis heute entgegengebracht wird. Es ist vor allem die politische Weitsicht des Gründerkönigs, die ihn bis heute aktuell erscheinen lassen. In den „Divya Upadesh" stellte Prithvi Narayan Shah neun Prinzipien und Leitlinien zusammen, nach denen sein Reich regiert werden sollte. Nepal sei eine Süßkartoffel, eingequetscht zwischen zwei Felsen. Diese Felsen symbolisieren die großen Nachbarn im Norden und Süden, China und Indien. Nepal solle folglich die Stärken dieser Nachbarn im Auge behalten und immer eine Politik der Verhandlungen und des Ausgleichs verfolgen. Ein Leitlinie, die bis heute für Nepal gilt. In den „Divya Upadesh" mahnt Prithvi Narayan Shah zudem, freundschaftliche Beziehungen zu China zu pflegen und vor den Briten auf der Hut zu sein. Letzteren gelang es zwar, der Expansion des Reiches im Süden 1814 Einhalt zu gebieten. Vom Mut und der Kampfkraft der Gorkha waren die Briten jedoch so beeindruckt, dass sie in der Folgezeit die Gorkha als Sondereinheiten für besonders gefährliche Einsätze rekrutierten.

*Häufig gesehenes Plakat: Prithvi Narayan Shah in der typischen Darstellung*

## 44 Götterdämmerung über Kathmandu

Wo ist Oliver Stone, wenn man ihn braucht? Der US-amerikanische Regisseur und Produzent, der sich vor allem für politische Themen (u.a. „John F. Kennedy – Tatort Dallas“) interessiert, hätte sicherlich Freude an dem Stoff: Eine Nacht, in der nach der offiziellen Version der Thronfolger aus Wut über die Bevormundung seines Vaters diesen, seine Mutter und fast den gesamten Rest der Königsfamilie erschießt, bevor er den Lauf auf sich selbst richtig. Klingt tatsächlich nach Hollywood, ist am 1. Juni 2001 jedoch tatsächlich so passiert. Zumindest war am Ende dieses Abends ein Großteil der Königsfamilie tot. Der mutmaßliche Mörder, Kronprinz Dipendra, lag noch zwei Tage im Koma und erlag dann seinen schweren Verletzungen.

Nachdem die erste Version – Prinz Gyanendra, der Bruder des erschossenen Königs Birendra, sprach kurz nach den Ereignissen von einer „plötzlichen Explosion“ automatischer Waffen – für Gespött im In- und Ausland sorgte, lautet die heutige offizielle Version wie folgt: Kronprinz Dipendra hätte im Alkohol- und Drogenrausch seinen Vater König Birendra, Mutter Königin Aishwarya, Schwester Prinzessin Shruti, Bruder Prinz Nirajan sowie Cousinen und Schwager bei einem familiären Abendessen mit einem Maschinengewehr erschossen. Danach soll er eine Pistole gegen sich selbst gerichtet haben. Nach zwei Tagen im Koma starb er auf der Intensivstation.

Anschließend bestieg Gyanendra den Thron. Ein Geschäftstermin hatte Birendras jüngeren Bruder vor dem Tod bewahrt. Das nährt bis heute Verschwörungstheorien, er sei der wahre Drahtzieher hinter dem Drama. Dagegen gibt der offizielle Bericht als Dipendras Tatmotiv Familienstreit und Liebeskummer an. Der 30-jährige Kronprinz soll wütend auf seine Eltern gewesen sein, weil diese ihm die Zustimmung zur Hochzeit mit seiner Freundin Devyani Rana verweigert hatten.

Was auch immer in der Nacht des 1. Juni 2001 geschah, es war der

*Relikt aus vergangener Zeit: Ehrenwache vor dem alten Königspalast*

*Der alte Königspalast aus der Vogelperspektive*

Anfang vom Ende des nepalesischen Königsgeschlechts. König Gyanendra hatte in der Folgezeit nie das Vertrauen der Bevölkerung und legte sich mit fast allen poltischen Parteien des Landes an. Nach einer Phase, in der Gyanendra 2005/2006 einer Notstandsregierung vorstand, entschied das wieder eingesetzte Parlament im Jahr 2008, die Monarchie abzuschaffen. Seit dem 28. Mai 2008 ist Nepal Republik. Gyanendra musste mit seiner Familie den Königspalast verlassen, große Teile seines Besitzes wurden verstaatlicht. Aus der Politik hat er sich jedoch nicht zurückgezogen. Angesichts der immer noch konfusen politischen Situation in Nepal werden zunehmend Stimmen laut, die eine Rückkehr des Königs auf den Thron fordern. Nepal, bis 2008 das letzte verbliebene hinduistische Königreich, sehnt sich nach einem starken Mann.

Was am 1. Juni 2001 wirklich geschah, wird wohl auf Ewigkeit Stoff für Verschwörungstheorien und ambitionierte Filmemacher bieten.

### Spuren des Königshauses

Wer auf den Spuren der nepalesischen Könige wandeln möchte, wird fast im ganzen Land fündig. Die Königsstädte Kathmandu, Patan und Bhaktapur blicken auf eine mehrere Jahrhunderte lange Geschichte zurück und bilden die Entwicklung der Königsdynastien des Kathmandu-Tals ab. Eine Reise in die Vergangenheit der Shah-Dynastie bieten Gorkha und Nuwakot, die ursprüngliche Heimat des letzten Königsgeschlechts. Spuren der jüngsten Geschichte findet man im Königspalast im Zentrum von Kathmandu, heute ein Museum (Narayanhiti Durbar, Do–Mo 11–15/16 Uhr, Eintritt 500 Rupien) .

## 45 Prachanda und die Maoisten

Er ist einer der schillerndsten Figuren der jüngsten nepalesischen Geschichte und einer der umstrittensten Politiker in Nepal. Für einige ist er ein Held, ein Revolutionsführer, der maßgeblichen Anteil an der Abschaffung der nepalesischen Monarchie hat. Für die anderen ist er ein Politiker wie jeder andere, der, sobald er es in Amt und Würden geschafft hatte, sich als nicht weniger korrupt und machtbesessen erwies. Pushpa Kamal Dahal, in der Regel nur Prachanda („der Kämpferische") genannt, wurde am 11. Dezember 1952 als ältestes von acht Kindern in einem Bergdorf in der Nähe der Stadt Pokhara geboren. Der studierte Agrarwissenschaftler wurde 1971 Mitglied der kommunistischen Partei und war in der Folgezeit maßgeblich an deren Zersplitterung in mehrere eigenständige Parteien beteiligt. 1994 spaltete sich die Vereinigte Kommunistische Partei Nepals (maoistisch) ab, deren Parteichef Prachanda wurde und die ab 1996 einen bewaffneten Aufstand gegen die feudalen Institutionen und gegen die Monarchie Nepals anführte. Seit Beginn des „Volkskriegs" lebte er mit rund 10.000 Kämpfern im Untergrund. Im Westen oft als „höfliche Revolutionäre" belächelt, da sie entlang der Trekkingrouten fast verschämt und immer die Form wahrend als Eintrittsgelder deklarierte Schutzgelder verlangten, gingen die Aufständischen mit aller Härte gegen das Militär und oppositionelle Gruppen und Dörfer vor. Mehr als 16.000 Nepalesen fielen nach offiziellen Zahlen dem Bürgerkrieg zum Opfer.

Unter Preisgabe der Forderung nach einer kommunistischen Gesellschaft erhandelten sich die Maoisten im Jahr 2006 die Zustimmung der Regierungsparteien zur Abschaffung der Monarchie. Der zehnjährige Bürgerkrieg war beendet und wurde in der Folgezeit mit parlamentarischen Mitteln fortgesetzt. Prachanda wurde zwar am 15. August 2008 zum Premierminister Nepals gewählt und seine Partei war die stärkste in einer von mehreren Gruppierungen unterstützten Koalitionsre-

*Der Politiker Pushpa Kamal Dahal, genannt Prachanda („der Kämpferische")*

*Ein gutes Dutzend kommunistische Splitterparteien: Wahlkampffahnen in Kathmandu*

gierung. Eine handlungsfähige Regierung hatte Nepal in dieser von Intrigen und Machtkämpfen geprägten Legislaturperiode dennoch nicht. Als Prachanda in einem Machtkampf mit der Militärführung Nepals eine Niederlage einstecken musste, kündigte er am 4. Mai 2009 seinen Rücktritt an. Am Vortag hatte Prachanda Armeechef Rookmangud Katawal entlassen, da sich die Armee weigerte, ehemalige maoistische Guerillakämpfer in ihre Reihen aufzunehmen. Diese Entscheidung führte zum Austritt mehrerer Parteien aus der Regierung Nepals, woraufhin Staatspräsident Ram Baran Yadav die Entlassung Katawals widerrief. Nachfolger des daraufhin zurückgetretenen Prachanda wurde der Führer der Marxisten-Leninisten, Madhav Kumar Nepal, der mit ähnlich bescheidenem Erfolg regierte und nach den Parlamentswahlen von 2013 von Sushil Koirala, dem Präsidenten der Nepali Congress Party, abgelöst wurde.

Geändert hat sich in Nepals politischer Landschaft seit Abschaffung der Monarchie jedoch kaum etwas. Die politische Landkarte des Landes ist bis heute von Machtkämpfen und Partikularinteressen geprägt. Nach acht Jahren zähen Ringens soll schließlich im Januar 2015 eine neue Verfassung verabschiedet werden. Die einstigen Widerstandskämpfer, die Maoisten, und mit ihnen Prachanda, sind heute Teil des Problems und nicht der Lösung.

Viele ihrer Unterstützer, die im Bürgerkrieg auf ihrer Seite kämpften oder sie finanziell unterstützten, haben sich heute desillusioniert von den Maoisten abgewendet.

# Hotels

# 46 Kantipur Temple House in Kathmandu

Mit lautem Gehupe zwängt sich das Taxi durch das Chaos von Thamel. Biegt in eine schlammige Gasse ein, vorbei an schmierigen Nachtclubs. Überquert dann ein Trümmerfeld und hält vor einer schlichten Mauer. Ein paar Schritte durch ein Schmucktor und dann ist das Erstaunen groß. Vor dem Besucher liegt eine Oase der Ruhe: das Kantipur Temple House.

Boutique-Hotels gibt es in Kathmandu inzwischen einige. Das Besondere am Kantipur Temple House ist jedoch der explizit nachhaltige Ansatz, der bereits bei Baubeginn die weitere Planung bestimmte. In Zeiten, in denen selbst im Westen Nachhaltigkeit im Tourismus eine Randerscheinung war (das „forum anders reisen", der deutsche Dachverband für nachhaltigen Tourismus, wurde erst 1998 gegründet!), stand beim Bau des Kantipur Temple House explizit der Wunsch im Vordergrund, ein ökologisch und sozial verantwortlich wirtschaftendes Hotel zu gestalten. In einem Land, in dem Nachhaltigkeit bis heute nur selten ein Thema ist, war das eine Revolution – und ein großes Wagnis. Schließlich kostet Nachhaltigkeit auch Geld, das in einer damals noch auf Billigpreise spezialisierten Tourismusdestination nur schwer zu generieren ist.

Nach mehrjähriger Renovierung wurde das Hotel 1998 mit zuerst 32 Zimmern eröffnet. Bis 2006 kamen dann im Anbau noch einmal 16 Zimmer hinzu. Seit 2014 leistet sich das Hotel zudem einen großen Garten, der eine der wenigen Grünflächen in dem ansonsten gnadenlos urbanen Stadtteil Thamel bildet.

Architektonisch lehnt sich das Hotel an den historischen Baustil des Kathmandu-Tals an. Die Fassade ist mit den so typischen roten Backsteinen verkleidet, die Fenster werden von Holzschnitzereien umrahmt. In einigen Nischen stehen hinduistische und buddhistische Sakralfiguren. Der Garten ist zu jeder Jahreszeit ein Meer aus Blumen.

Sehr empfehlenswert ist auch das Hotelrestaurant, das sich auf die Newar-Küche spezialisiert hat. Wer Gerichte wie Choila (s. S. 160) probieren und dabei entspannt im

*Kantipur Temple House: Hotelansicht bei Nacht*

*Der ruhige Garten lädt zum Verweilen ein*

Garten sitzen möchte, ist hier genau richtig. Das Hotel selbst bietet preisgünstige Standardzimmer und stilvolle Deluxe-Räume, die ganz im traditionellen Stil gehalten sind. Um Abfall zu vermeiden, werden keine Plastikflaschen verwendet, Wasser gibt es aus traditionellen Messingkannen. Gegen die chronischen Stromausfälle in Kathmandu sorgt das Hotel mit Solarenergie vor. Noch wummert, wie überall in Kathmandu, täglich für drei bis vier Stunden ein Generator, um die Versorgungslücken auszugleichen, eine leistungsstärkere Solaranlage ist jedoch in Planung.

*Stilvolle Unterkunft im traditionellen Stil: Deluxe Room*

Inzwischen scheint der nonchalante Glanz des Kantipur Temple House auch auf die Umgebung abzufärben. In der Nachbarschaft entstehen mehrere Hotels mit Boutique-Charakter.

**Information:**
**Kantipur Temple House**,
Jyatha, Kathmandu 44600,
Tel. +977-1-4250131,
www.kantipurtemplehouse.com,
Zimmer ab 40 Euro.
Vor allem in der Hauptsaison im Herbst ist eine Reservierung dringend angeraten!

INFO

## 47 Kathmandu Guest House

Eine Schönheit ist es nicht. Einen Preis für originelle Architektur wird das Kathmandu Guest House auch nicht gerade gewinnen. Hässlich kann man es aber auch nicht nennen, eher zweckmäßig neutral. Mit ein paar Ecken, die durchaus Charme haben. Der Wegweiser am Eingang zum Beispiel, der die Entfernungen zu den Hauptstädten der Welt anzeigt. Die nepalesischen Stilelemente, die etwas von Potemkinschen Dörfern haben. Die pseudo-kolonialen Ornamente und Verzierungen. Das Kathmandu Guest House wirkt wie ein Patchwork, und das ist es auch. Angefangen hat das Hotel als ein einfaches Guesthouse mit gerade einmal 13 Zimmern. Das war im Jahr 1967, als es die meisten Kathmandu-Besucher noch in die Freak Street am Durbar Square zog und Thamel noch nicht der touristische Brennpunkt von Kathmandu war. Wenn man so will, hat mit diesem Hotel der Run auf Thamel begonnen. Nun gut, das ist natürlich ein eher zweifelhafter Ruhm!

Über die Jahre kamen An- und Umbauten hinzu, vor allem am Komfort wurde gearbeitet und Zimmer für jeden Geldbeutel eingerichtet. Die Beatles haben hier übernachtet und unzählige Stars und Sternchen. Profitiert hat das Hotel vor allem von seiner zentralen Lage im Zentrum von Kathmandu und der Tatsache, dass es hier schon früh eine touristische Infrastruktur gab, die den Aufenthalt in Kathmandu einfacher und angenehmer machte, als es noch nicht an jeder Ecke Supermärkte, Buchläden und Reiseagenturen gab.

Heute ist das Hotel eine Oase im lauten und hektischen Stadtteil Thamel. Vor allem die Gärten und Innenhöfe laden zum Verweilen ein. Allerdings gibt es inzwischen in jeder Preis- und Komfortklasse Alternativen zum Kathmandu Guest House. Den Standard der einfachen Zimmer im Erdgeschoss bekommt man anderswo in Kathmandu günstiger. Die Mittelklassezimmer sind zweckmäßig neutral. Die

*Wegweiser in alle Welt: vom Kathmandu Guest House*

Zimmer der oberen Preisklasse und die Suiten, diese teils mit eigenem Balkon sind auf jeden Fall ihr Geld wert. Aber auch hier bekommt man in Kathmandu inzwischen besseres zum gleichen Preis.

Aber: Wann kann man schon einmal in einer Hotellegende übernachten, ohne dass man anschließend um eine vierstellige Summe leichter ist?

*Eine Hotellegende: das Kathmandu Guest House*

*Das Hotel ist seit seinen Anfängen um mehrere Anbauten erweitert worden*

**INFO**

**Information:**
**Kathmandu Guest House**, Thamel, Kathmandu, Nepal, Tel. +977-1-4700632/4700800, www.ktmgh.com/kathmandu-guest-house.html, Zimmer ab 30 Euro, Suiten ab 90 Euro. In der Hochsaison ist eine Reservierung dringend empfohlen!

# 48 Shangri-La Village Resort in Pokhara

Normalerweise freut man sich auf Reisen ja, im Zentrum einer Stadt zu wohnen, dort wo die Sehenswürdigkeiten sind, wo etwas los ist. In Pokhara, wo die Sehenswürdigkeiten begrenzt, der eigentliche Reiz der Stadt ihre Umgebung und der moderne Stadtkern alles andere als reizvoll und ein wenig zu hektisch ist, kann es aber durchaus von Vorteil sein, nicht im Zentrum zu wohnen.

Glücklicherweise gibt es in Pokhara einige Optionen, dem Trubel der Stadt zu entfliehen. Da ist die Fishtail Lodge am Südufer des Phewa-Sees zu nennen, der Pokhara Beach Club (s. S. 148) im Nordwesten der Stadt, die Tiger Mountain Pokhara Lodge (s. S. 114), wenn es denn gleich ganz in der Abgeschiedenheit sein soll, und das Shangri-la Village Resort im Süden Pokharas. Für letztere Unterkunft spricht, dass sie nicht ganz abgehoben von der Umgebung auf einem Bergrücken oder der abgewandten Seeseite liegt, sondern inmitten eines recht interessanten Wohnviertels, unweit des Flughafens.

Zwar gehört es nicht, wie der Name eigentlich vermuten lässt, zur berühmten Luxushotelkette. Dennoch bietet auch das Shangri-la Village Resort unaufdringlichen Luxus in zwangloser Atmosphäre. Bei der etwas rumpligen Anfahrt über nichtasphaltierte Straßen fragt man sich zwar, wohin die Reise denn noch gehen soll, sobald man dann aber in dem grünen Innenhof des Hotels steht und über den blumenübersäten Garten mit dem Swimmingpool blickt, fühlt man sich gleich ange-

*Shangri-La Village Resort – eine luxuriöse Oase der Ruhe*

*Swimmingpool mit Annapurna-Blick*

kommen. Das liegt auch daran, dass der Einrichtung der Lobby und der Zimmer ein angenehmes Understatement zugrunde liegt. Es dominieren erdige Farben, die Inneneinrichtung lehnt sich an nepalesische Stilelemente an. Dunkle Holzelemente wechseln mit naturfarbenen Stoffen und Bastmöbeln ab. Alle Zimmer haben eine Terrasse oder einen Balkon und schauen zum Garten hin. Was aber viel wichtiger ist: Von allen Zimmern hat man den Blick auf das Annapurna-Massiv! Es lohnt sich also, früh aufzustehen und die seltene Chance zu nutzen, wenn der Dunst des Tals noch nicht die Berghänge hinaufgezogen ist und die Morgensonne die Bergriesen in ein fotogenes Licht taucht.

Die Hotelanlage ist eine Oase der Ruhe und lädt zum Verweilen ein. Für das leibliche Wohl ist ebenfalls gesorgt. Das Hotelrestaurant hat die übliche Mischung aus nepalesischer, indischer und westlicher Küche. Das Essen ist, egal für welche Regionalküche man sich entscheidet, ausgezeichnet. Nur bei den Preisen merkt man, dass die relativ abgeschiedene Lage und der dadurch bedingte Mangel an Konkurrenz auch seine negativen Seiten haben. Preiswert ist das Shangri-la Village Resort nicht, aber das hat es mit den oben erwähnten Alternativen gemein.

Wem das Hotelrestaurant zu preisintensiv ist, der kann in fünf Minuten mit dem Taxi oder in 20 Minuten zu Fuß die nördliche Uferpromenade des Phewa-Sees erreichen, wo, zumindest in den frühen Abendstunden, das Leben tobt. Nach der Rückkehr ins Shangri-la Village Resort wird man die herrliche Ruhe der Hotelanlage umso mehr schätzen.

INFO

**Information:**
**Shangri-la Village Resort**,
Gharipatan, Pokhara,
Tel. +977-61-462222/460224,
www.hotelshangrila.com/pokhara/hotel-overview, Zimmer ab 60 Euro.

**Fishtail Lodge**,
P.O. Box 10, Lakeside, Pokhara,
Tel. +977-61-465071 / 460248 / 460258,
www.fishtail-lodge.com, Zimmer ab 90 Euro.

# 49 Tiger Mountain Pokhara Lodge in Pokhara

Jedermanns Sache ist die Tiger Mountain Pokhara Lodge nicht. Wer es gerne bodenständig hat, mit engem Kontakt zur lokalen Bevölkerung, wer gerne sein Dhal Bhat in der Garküche isst und dort übernachtet, wo der Bär steppt, der sollte einen großen Bogen um die Tiger Mountain Pokhara Lodge machen. Einmal ganz davon abgesehen, dass die Lodge eine der preisintensivsten Möglichkeiten ist, in und um Pokhara zu übernachten. Für 250 US-Dollar pro Nacht überlegt man sich zweimal, ob man den Weg bergauf zur etwa zehn Kilometer nördlich von Pokhara gelegenen Lodge auf sich nimmt. Immerhin, der Transfer zur Lodge ist im Preis mitinbegriffen, ebenso wie Vollpension.

Die Tiger Mountain Pokhara Lodge ist eine relativ autarke Kommune auf einem Bergrücken gut 300 Höhenmeter oberhalb von Pokhara. Sie hat etwas Postkoloniales in einem Land, das nie kolonialisiert war. Die generelle Ausrichtung von Service und Einrichtung ist definitiv britisch, mit dem entsprechenden Ambiente und dem damit verbundenen Understatement. So erwischt man sich dabei, darüber nachzudenken, wo denn die 250 Dollar hingekommen sind, wenn man in seinem unbestritten grandios gelegenen, aber eher spartanisch eingerichteten Bungalow

*Besondere Atmosphäre und herausragende Lage: Tiger Mountain Pokhara Lodge*

*Die Tiger Mountain Pokhara Lodge bietet Bungalows mit Aussicht*

sitzt und aus dem Fenster blickt. Bei gutem Wetter schaut man dann auf das Annapurna-Massiv mit dem Machhapuchhare und denkt sich: „Okay, die Lage und die Aussicht machen eine Menge aus." Und dann liest man sich ein wenig ein in die Infobroschüren der Lodge und merkt: Das Geld ist gut angelegt. Als eine der wenigen Unterkünfte in Nepal macht das Management der Tiger Mountain Lodge wirklich ernst mit nachhaltigem Tourismus. Grund- und Mittelschulen in der Umgebung werden unterstützt, Naturschutzprojekte auf den Weg gebracht. Das Restaurant der Lodge greift größtenteils auf lokale Produkte zurück, die teils im hoteleigenen Garten nach ökologischen Gesichtspunkten angebaut werden. Das Personal der Lodge wird regelmäßig geschult und fair bezahlt. Die Unterkunft selbst wurde größtenteils aus lokalen Baumaterialien errichtet und fügt sich ausgezeichnet in die Umgebung ein. Sitzt man auf der Terrasse seines Bungalows, muss man sich schon anstrengen, um ein anderes Gebäude zu erspähen.

Die Tiger Mountain Pokhara Lodge ist eine Oase der Stille, ein Ort, an dem man ohne Probleme eine Woche verbringen kann, um einmal richtig frische Luft zu tanken und auszuspannen! Wen es nicht auf seiner Terrasse hält, der kann eine paar Bahnen im Swimmingpool mit Blick auf die Annapurna ziehen. Oder einen Bergspaziergang machen, Tipps gibt es an der Rezeption.

Am späten Abend lädt dann die Feuerstelle im zentralen Gebäude zu einem ausgedehnten Abend mit Cocktails und kleinen Snacks ein. Dann ist es wieder da, das postkoloniale Gefühl. *Bottoms up!*

**INFO**

**Information:**
**Tiger Mountain Pokhara Lodge**,
Kandani Danda, Lekhnath, Ward-5,
Kaski, Pokhara, Nepal,
Tel. +977-1-4426427,
www.tigermountainpokhara.com,
Zimmer mit Vollpension,
ab 250 US-Dollar,
Reservierung empfohlen!

## 50 The Famous Farm Nuwakot

Es gibt wenige Plätze in Nepal, bei denen man mit dem Gedanken spielt, einfach einmal ein paar Wochen dort zu bleiben. Die einfachen Unterkünfte entlang der Trekkingrouten haben oft einen rauen Charme und eine fantastische Aussicht, nach ein paar Tagen sehnt man sich dennoch nach ein wenig Komfort. Einige Luxuslodges bieten zusätzlich zur Aussicht auch noch Komfort, schlagen aber meist mit Preisen von jenseits der 200 Euro pro Tag zu Buche. Da überlegt man schon zweimal, ob man sich wirklich eine Woche oder länger dort niederlassen möchte.

Irgendwo dazwischen liegt die Famous Farm. Wenn man im blumenübersäten Garten der Famous Farm sitzt, auf Nuwakot blickt, das da ein paar Kilometer und 150 Höhenmeter tiefer malerisch am Hang liegt, da kann man schon darüber meditieren, wie es denn wäre, den Rest des Aufenthalts in Nepal einfach hier zu verbringen. Die Füße hochlegen, ein gutes Buch zur Hand nehmen, einmal täglich nach Nuwakot laufen und die Atmosphäre der pittoresken Bergstadt genießen. Mittags ein paar Snacks auf einem der Märkte probieren und allabendlich im ausgezeichneten Restaurant des Hotels nepalesische Spezialitäten genießen.

Die Famous Farm ist ein Glücksfall, eines der raren Beispiele, wie man Tradition bewahren und dennoch ein ausgezeichnetes Hotel schaffen kann. Noch vor einigen Jahren waren die drei traditionellen Gebäude, in denen sich heute die Famous Farm befindet, nicht viel mehr als eine Ansammlung von Ruinen. Einst mit viel Liebe zum Detail erbaut, verfiel die Anlage, als die Besitzerfamilie nach Kathmandu zog. Bis Himalayan Encounters sich der Farm annahm, eine vor allem auf Trekking-

*The Famous Farm Nuwakot ist von einem schönen Garten umgeben*

touren spezialisierte nepalesische Reiseagentur, die neben Explore Nepal eine der wenigen touristischen Anbieter in Nepal ist, die nachhaltige Ansätze verfolgt (s. auch S. 186). Sie kaufte die Farm und baute sie mit viel Liebe zum Detail zu einer einfachen, aber höchst stilvollen Hotelanlage aus. Wo möglich wurden die alten Baumaterialien einbezogen. Dadurch hat der Besucher das Gefühl, in die Vergangenheit einzutauchen und ein Stück rurales Leben zu erleben. Dunkles Holz dominiert die kleinen, aber gemütlichen Zimmer, unverputzte Ziegelwände in hellen Brauntönen kontrastieren mit den gewebten Tagesdecken in Erdtönen. Die meisten Zimmer haben eigene Badezimmer und einen Balkon, von dem man über das Trisuli-Tal und Nuwakot blickt.

*Die Fassade der Famous Farm ist ein einziges Blumenmeer*

*Klassiker auf organisch: Dal Bhat*

Aber lange Zeit wird man in den Zimmern sowieso nicht verbringen. Dazu ist der Garten viel zu schön und das Restaurant zu gemütlich. Neben nepalesischen Standards und dem einen oder anderen westlichen Gericht gibt es auch eine kleine, aber feine Auswahl an Newar-Gerichten. Die Zutaten kommen alle aus ökologischem Landbau, einiges davon sogar aus dem eigenen Garten. Grund genug, das ausgezeichnete Essen und die ruhige Atmosphäre ausgiebig zu genießen.

Aber Vorsicht: Nicht nur nach dem Genuss des einen oder anderen Gorkha-Biers ist die Gefahr groß, sich auf dem Weg zurück ins Zimmer an den niedrigen Türverschlägen zu stoßen!

INFO

**Information:**
**Famous Farm**, Nuwakot,
Tel. +977-1-4700426,
Buchung über Himalayan Encounters in Kathmandu, www.himalayanencounters.com/dossier_rural_heritage_nuwakot&famous_farm.php, Zimmer ab 60 Euro inkl. Vollpension.
Reservierung dringend empfohlen!

## 51 Dhulikhel Mountain Resort

Resorts mit Aussicht auf den Himalaya gibt es viele in Nepal. In Nargakot sind es nach Ansicht vieler ein wenig zu viele davon. Kakani hingegen hat nur wenige, die zudem einen gewissen Komfort vermissen lassen. In Pokhara gibt es einige wunderschöne Lodges mit Blick auf die schneebedeckten Achttausender, ein längerer Aufenthalt verbietet sich jedoch allein schon wegen des exorbitanten Preises. In Daman hat man schließlich die wohl beste Aussicht auf den Himalaya, über zehn Jahre Präsenz der maoistischen Rebellen haben dem Ort jedoch gar nicht gut getan.

Im Dhulikhel Mountain Resort hat man ein wenig von allem: Die Aussicht auf den Himalaya ist wunderbar, wenn auch nicht ganz so spektakulär wie an anderen Orten. Das Resort hat einen hohen Komfortstandard, bietet aber keinen Luxus. Die Übernachtungspreise liegen im oberen Mittelfeld, das Restaurant serviert solide bis gute Küche, mehr aber nicht. Trotz alledem, oder vielleicht genau deshalb fühlt man sich sofort ungewöhnlich wohl, wenn man auf der blumengeschmückten Terrasse mit Blick auf den Himalaya Platz nimmt, die Füße ausstreckt und den Tag ausklingen lässt.

Das Dhulikhel Mountain Resort wurde 1981 gegründet, als es noch eher ungewöhnlich war, in Nepal Resorts mit Aussicht zu bauen. Vishnu Shrestha, der leider früh verstorbene Gründer des Resorts, sah mit Sorge, wie wenig sich der Tourismus in Nepal um die lokale Bevölkerung, soziale Bedingungen und die Umwelt

*Dhulikhel Mountain Resort, nach traditionellem Vorbild gebaut*

*Frühstück mit Blick auf den Himalaya*

kümmerte. Sein Traum war, ein nachhaltig operierendes Resort zu bauen und ein entsprechendes Zeichen zu setzen. Auch wenn, wie so häufig, wenn es um nachhaltigen Tourismus geht, nicht alles Gold ist, was glänzt, ist das Dhulikhel Mountain Resort bis heute eines der wenigen Hotels, die versuchen, nachhaltig zu wirtschaften, Biozutaten zu nutzen und auf lokale Produkte zurückzugreifen.

Die Bungalows des Resorts sind zudem ein gutes Beispiel dafür, wie lokaler Architekturstil in das Design einer Unterkunft einfließen kann. Die im Halbkreis um die Aussichtsterrasse angeordneten Bungalows sind aus roten Ziegelsteinen gebaut und die Dächer nach traditionellem Vorbild mit Stroh gedeckt. Auch die Inneneinrichtung lehnt sich an traditionelle Vorbilder an.

Für die Kathmanduer Mittelschicht ist das Resort ein beliebtes Ausflugsziel, um dem Stress und der Luftverschmutzung im Kathmandu-Tal zu entkommen. Für Reisende, die aus Tibet kommen, ist es ein wunderbarer Ort, die Reise kurz vor Kathmandu noch einmal zu unterbrechen und in dieser Oase der Ruhe die Eindrücke der Tour Revue passieren zu lassen.

**Information:**
**Dhulikhel Mountain Resort**, Dhulikhel, 4 km südlich der Stadt am Arnico Highway in Richtung Kodari, Tel. +977-1-490660/-61 /-64, www.dhulikhelmountainresort.com, Zimmer ab 80 Euro, Reservierung in der Hauptsaison empfohlen.

INFO

# 52 Gaun Ghar in Bandipur

Wer noch Mitte der 2000er-Jahre in Bandipur war, dem mögen zuweilen Tränen in die Augen geschossen sein, ob der Baufälligkeit der einst so prachtvollen Newar-Architektur des Ortes. Sollte jemand das Glück gehabt haben, Bandipur noch vor dem Bau der Direktverbindung zwischen Kathmandu und Pokhara zu kennen, als die Stadt noch wichtiger Zwischenstopp auf der Handelsroute zwischen Indien und Tibet war (s. auch S. 18), der hätte es nicht glauben können, dass von vielen herrschaftlichen Häusern teilweise nur noch die Grundmauern standen.

Noch ungläubiger reibt sich der Besucher heute die Augen. Mit Ende des Bürgerkriegs und dem einsetzenden Besucherboom in Bandipur erstrahlt der Marktplatz des Ortes wieder in altem Glanz. Nicht ganz unschuldig ist daran auch, dass beim Aufbau der notwendigen touristischen Infrastruktur auf die historische Bausubstanz zurückgegriffen wurde und in den traditionellen Gebäuden schicke Cafés und traditionsbewusste Hotels einzogen. Eines dieser Hotels ist das Gaun Ghar.

Zusammen mit dem nebenan gelegenen The Old Inn ist das Gaun Ghar ein gutes Beispiel, wie Denkmalschutz und touristische Nutzung ineinandergreifen können. 2008, als die Arbeiten am Gaun Ghar begannen, waren große Teile des historischen Gebäudes zerstört, einige Wände eingefallen und einige Zwischendecken instabil. Ein Jahr dauerte es, das Haus möglichst nahe am Originalzustand wiederaufzubauen und dabei die nötige Infrastruktur für ein Boutique Hotel zu schaffen. Dies ist in der 2009 eröffneten Unterkunft außergewöhnlich gut gelungen! Das heißt aber auch, Abstriche beim Komfort zu machen. Zwar haben fast alle Zimmer ein eigenes Bad, Strom und fließend warmes Wasser. Bedingt durch die alte Architek-

*Blick von der Restaurantterrasse auf den Himalaya*

tur sind die Decken jedoch niedrig, die Türen nur im gebückten Zustand passierbar und die Dielen knarzen bei jeder Bewegung. Aber wer sich ein historisches Gebäude als Unterkunft aussucht, erwartet in der Regel auch keinen Luxus und Standardkomfort. Im Gaun Ghar ist die Authentizität Teil des Konzepts, ein Ansatz, der bis ins Detail durchgehalten wird und eine entsprechend historische Atmosphäre schafft. Im Gaun Ghar zu schlafen, lässt erahnen, wie die Newar zu alten Zeiten gelebt haben. Einfach, aber mit Liebe zum Detail und zur Verzierung.

*Essen im Newar-Stil: das Restaurant*

*Einfach, aber stilvoll: Dreibettzimmer im Gaun Ghar*

Das alles wäre bereits Grund genug, eine oder mehrere Nächte im Gaun Ghar zu verbringen. Atemberaubend ist es jedoch, wenn man gebückt durch die niedrige Holztür auf die Terrasse tritt und das Panorama des Himalayas vor sich erblickt. Größer könnte der Kontrast nicht sein! Sobald es das Wetter erlaubt, serviert das angeschlossene Restaurant das Essen auf der Terrasse, sodass der Gast Dal Bhat und andere nepalesische Speisen mit Blick auf die schneebedeckten Berge des Himalayas genießen kann. In schönerer Atmosphäre kann man in Nepal kaum speisen!

INFO

**Information:**
**Gaun Ghar**, Marktplatz, Bandipur, Nepal, Tel. +977-65-520129, Reservierung unter Tel. +977-1-4215409, www.gaunghar.com, Doppelzimmer ab 100 Euro inkl. Vollpension. Reservierung in der Hauptsaison unbedingt notwendig!

# 53 Last Resort in Kodari

Eigentlich erwartet der Reisende schon nichts mehr. Kurz vor der tibetischen Grenze, gute 100 Kilometer nordöstlich von Kathmandu, beginnt der Araniko Highway auszufransen, die Teerdecke, so vorhanden, ist bestenfalls löchrig und Erdrutsche eher die Regel als die Ausnahme. Es sieht nach Ende der Welt aus, das Tal wird enger und einige Kilometer Luftlinie entfernt beginnt das tibetische Hochland. Dazwischen liegen mehr als 3.000 Höhenmeter. Ganz anders der Eindruck, wenn man aus Tibet kommt. Rasant geht die Abfahrt vom auf 3.900 Meter hoch gelegenen Nylam, einem ziemlichen Drecksloch, hinunter zum Grenzort Zhangmu auf 2.300 Metern Höhe und dann noch einmal ins Tal zur Freundschaftsbrücke. Hier, in Kodari, schmeckt die Luft plötzlich süßlicher, Sauerstoff strömt in die Lungen, es fühlt sich paradiesisch an. Da kann auch die Tatsache nichts daran ändern, dass die nächsten zehn Kilometer Straße den Namen kaum verdienen.

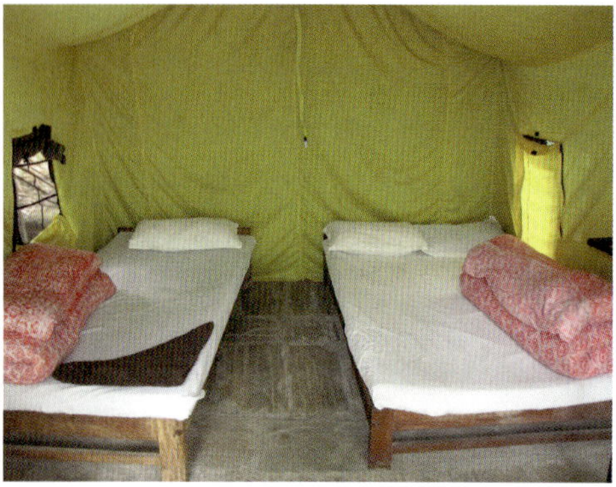

*„Deluxe"-Zelt im Last Resort*

Wie auch immer, egal aus welcher Richtung man kommt, das Last Resort, über eine spektakuläre Hängebrücke über den Bhote-Kosi-Fluss von der Straße aus zu erreichen, lässt den Besucher die Augen reiben. Das hätte man hier nicht erwartet! Ob man nun aus dem smoggeplagten Kathmandu oder der kalten, dünnen Luft Tibets anreist, das Last Resort ist eine Oase, die dazu einlädt, die Füße hochzulegen und zu entspannen. Oder sich in das Flusstal zu stürzen …

Gegründet 1999 von David Allardice und Bishnu Neopanae, ist das Last Resort ein gutes Bespiel, wie Unternehmergeist und Entwicklungshilfe zusammenfinden können. Die meisten Angestellten des Resorts kommen aus den Dörfern der

*Eine Hängebrücke verbindet das Resort mit der Straße*

Umgebung und wurden entsprechend geschult und ausgebildet. Die Mitarbeiter haben eine Kranken- und Unfallversicherung – in Nepal eher eine Seltenheit! – und sind am Gewinn beteiligt. Die Eier legende Wollmilchsau ist jedoch die Brücke über den Bhote Kosi. Für die Bewohner der der Straße gegenüberliegenden Seite des Tals verkürzt sie den Weg zwischen ihren Häusern und Feldern zu den Märkten um einige Stunden.

Und für alle, die auf der Suche nach dem ultimativen Kick sind, bietet die Brücke die Gelegenheit, sich einmal 160 Meter in die Tiefe zu stürzen. Natürlich am Gummiseil: Das Last Resort bietet einen der tiefsten Bungee-Sprünge der Welt, von der Brücke bis kurz oberhalb der Wasseroberfläche des Bhote Kosi, der reißend im Tal rauscht. Für schwache Nerven ist das nichts, wird aber noch getoppt durch die sogenannte Schaukel (Swing), mit der man sich mit mehr als 150 Stundenkilometer durch den Canyon schießen lassen kann, um dann, nach 100 Metern freien Fall, gut abgesichert durch das Tal abzuschwingen.

Wem das alles zu viel oder zu spektakulär ist: Die großzügige, mit vielen Blumen und Grün angelegte Anlage des Last Resort bietet zudem die Möglichkeit, sich eine oder mehrere Nächte in komfortablen Zelten einzuquartieren und einmal ausgiebig auszuspannen. Nur ab und zu zerreißt der Schrei eines abspringenden Bungeespringers die ansonsten himmlische Ruhe.

*Restaurant des Last Resort*

**Information:**
Das **Last Resort** liegt ca. 105 km nordöstlich von Kathmandu am Arnica Highway, 12 km von der tibetischen Grenze entfernt. Unterkunft, Anreise und Vollpension kosten ab 47 Euro, ein Bungeesprung 82 Euro (inklusive Transfer). Vor allem in der Hochsaison empfiehlt sich eine Reservierung. Infos unter Tel. +977-1-4701247, www.thelastresort.com.np.

INFO

# 54 Motel Avocado in Hetauda

Wer schon einmal in Hetauda war, wird sich ein wenig wundern, dass das Motel Avocado in dieser Sammlung auftaucht. Und zugegeben, eine Schönheit ist diese Unterkunft nicht. Immerhin: Die Bezeichnung Motel ist zutreffend. Mehrere Gebäude mit verschiedenen Komfortstandards verteilen sich über eine relativ große Fläche, die von allen Seiten Zugang mit dem Auto bietet. Entsprechend herrscht durchaus ein reges Kommen und Gehen auf dem Areal, das dann aber dennoch einen gewissen Charme hat. Denn der Name Avocado ist keine blumige Ausschmückung. Im vorderen Hof ist ein Orchideen- und Avocadogarten angelegt, keine sorgsam gepflegte Anlage, sondern ein liebevoll verwilderter Schrebergarten mit einer Blumen- und Blütenpracht, die darauf hinweist, dass sich hier durchaus jemand eine Menge Mühe gibt. Kleine Pavillons sind über den Garten verteilt, die zum Verweilen einladen.

Und abends, wenn das angeschlossene Restaurant den Grill anschmeißt, der Tandoori-Ofen köstliche Spieße zubereitet und das Gorkha-Bier kalt gestellt wird, treffen sich hier die Schönen und Reichen, die Coolen und Kreativen, die Backpacker, Radler und Motorradfreaks und lassen den Tag ausklingen. Nicht, weil das Motel Avocado ein In-Schuppen wäre. Sondern weil es schlicht und ergreifend keine oder kaum Alternativen gibt, um in Hetauda nach Sonnenuntergang noch etwas zu erleben. Da kann es dann schon mal passieren, dass sich ein hochrangiger Poli-

*Innenhof mit Blumenpracht: das Motel Avocado*

*Nicht zu verfehlen: Wegweiser am Tribhuvan Highway*

tiker samt Entourage auf Wahlkampfbesuch in Hetauda blicken lässt und im Motel Avocado absteigt. Dass eine indische Delegation beim King Fisher Beer und Signature Whisky den Staub von den Anzügen klopft. Kurzum, das Motel Avocado ist weniger eine Übernachtungsmöglichkeit, als vielmehr eine soziale Institution. Die Nächte können hier auch mal ein wenig länger werden, ohne in wilde und laute Partys auszuarten. Gegen 23 Uhr ist sowieso meist Schluss mit Party, allein deshalb, weil die Angestellten ins Bett wollen oder der Strom mal wieder weg ist.

Wer bei Motel gleich an Norman Bates denkt, kann sich jedoch ohne große Ängste unter die Dusche stellen. Das Schlimmste, was einem hier passieren kann, ist, dass es kein warmes Wasser gibt. Oder der Grillmeister einen freien Tag hat.

Bei der Wahl der Zimmer sollte man sich nicht vom Äußeren blenden lassen. Das eher unscheinbare Nebengebäude beherbergt die deutlich besseren Zimmer, beim bunt verzierten Hauptgebäude ging aller Aufwand in die Außenfassade. Die Zimmer selbst sind eher spartanisch, da helfen auch ein paar indische Muster auf der Bettwäsche nichts. Aber ins Motel Avocado kommt man nicht, um möglichst luxuriös zu schlafen. Im Motel Avocado übernachtet man, weil es keine Alternativen gibt und man am nächsten Tag mit Fahrrad oder Motorrad den Tribhuvan Highway unter die Räder nehmen möchte. Oder auf dem Weg nach Indien einen Zwischenstopp einlegt. Um dann von der außergewöhnlichen Atmosphäre des Motels angenehm überrascht zu werden.

**Information:**
**Motel Avocado**, Hetauda,
am Beginn des Tribhuvan Highway,
Tel. +977-57-520235,
www.orchidresort.com,
Zimmer ab 15 US-S.

INFO

# 55 Daman Everest Panorama Resort

*Passhöhe auf 2.322 Metern*

Der Ausblick ist unschlagbar! Stellen Sie sich vor, Sie öffnen die Vorhänge Ihres Bungalows und blicken auf den Himalaya. Und nicht nur auf ein Stück davon, sondern auf die versammelte 8.000er-Prominenz von Annapurna bis Everest. Ein Ausblick, den in den 2000er-Jahren kaum jemand genießen konnte. Daman und das anschließende Bergland galten als unsicher. Die Maoisten kontrollierten die Gegend, sehr zum Leidwesen der dortigen Resorts und Restaurants.

Fast zehn Jahre Still- und Leerstand, das sieht man den Resorts in und um Daman leider auch an. Das Daman Everest Panorama Resort bildet da keine Ausnahme. Staub und Patina haben sich auf die Bungalows gelegt, deren Ausstattung wie aus einer Zeitkapsel gefallen wirkt. Als das Resort in den 1990er-Jahren gebaut wurde, war es sicherlich eines der schönsten des Landes. Dann folgte der Bürgerkrieg und die Gäste blieben aus.

*Rundblick auf der Hotelterrasse von Mount Everest bis Dhaulagiri*

*Einfach, aber mit atemberaubendem Blick: Bungalows*

Wer Luxus, Modernität und absolute Sauberkeit braucht, um sich in einem Hotel wohlzufühlen, ist hier auf jeden Fall (noch) falsch. Sieht der Besucher aber über den etwas morbiden Charme des Resorts hinweg, kann er sich hier durchaus einrichten. Das Restaurant serviert die übliche Mischung aus lokaler nepalesischer, indischer und westlicher Küche, das wenige verbliebene Personal ist freundlich und hilfsbereit und, genau, da sind ja auch noch die Lage und der Ausblick! Zum Sonnenaufgang, wenn der Himalaya von der Morgensonne gut und fotogen ausgeleuchtet aus dem Dunkeln auftaucht, könnte man ewig auf der Aussichtsterrasse des Resorts bleiben und Berggipfel zuordnen. Oder einfach nur den Ausblick genießen, der zu den schönsten des Landes gehört.

Das Daman Everest Panorama Resort liegt etwas oberhalb des Dorfes Daman auf knapp 2.500 Metern Höhe. Von Kathmandu, das knapp 80 Kilometer entfernt ist, erreicht man es in etwa drei Stunden mit dem Auto über den Tribhuvan Highway. Alternativ ist auch die Anfahrt über Dakshinkali (s. S. 48) und den Kulekhani-Stausee zu empfehlen. Für Motorrad- und Radfahrer, die den Tribhuvan Highway entlangfahren, ist das Resort der ideale Zwischenstopp auf halbem Weg von Kathmandu nach Hetauda. Egal zu welcher Jahreszeit empfiehlt es sich, warme Kleidung mitzubringen, da es aufgrund der Höhe, sobald die Sonne untergegangen ist, empfindlich kalt werden kann und die Bungalows keine Heizung haben.

INFO

**Information:**
**Daman Everest Panorama Resort**,
Tribhuvan Highway,
Daman 44110, Nepal,
Tel. +977-57-621482,
Tel. +977-1-4414644,
www.everestpanoramaresort.net,
Bungalows ab 40 Euro.

# 56 Koshi Tappu Wildlife Camp

Es gehört schon eine ordentliche Portion Mut dazu, im Koshi Tappu Wildlife Reserve ein Resorthotel zu errichten. Oder eine ausgeprägte Liebe zur Natur. Es war wohl beides, was Bharat Basnet, Vorreiter des nachhaltigen Tourismus in Nepal und Besitzer des Kantipur Temple House in Kathmandu, dazu inspiriert hat, das Koshi Tappu Wildlife Camp zu initiieren. Kathmandu und die Zivilisation scheinen unendlich weit weg zu sein, und sie sind es auch, was die Entfernung angeht. Einen guten Tag ist man von Kathmandu aus unterwegs und findet dann ein Zeltcamp vor, mit Luxuszelten, zugegeben; aber eben Zelte, mit gemeinschaftlich genutzten sanitären Einrichtungen und Solarduschen. Und vor allem aber: Keine Elektrizität. So kommt es schon einmal vor, dass sich die Video- und Fotoenthusiasten um die einzige Steckdose im Restaurant balgen, die allerdings auch nur wenige Stunden am Tag Strom führt. Ein Dreifachstecker hat hier schon so manchen Gruppenfrieden gerettet!

*Mehr Sein als Schein: Eingang zum Koshi Tappu Wildlife Camp*

Ist es das wirklich wert, fast 400 Kilometer über rumplige Straßen zu fahren, um dann mitten im Nichts im Zelt zu sitzen? Und will man dafür wirklich 80 Euro die Nacht zahlen? Die Antwort lautet eindeutig: Ja! Entschleunigung heißt das Stichwort, und nirgendwo könnte man das besser tun als im Koshi Tappu Wildlife Camp. Nach ein paar Stunden im Camp fällt der Alltagsstress ab und man beginnt, nachhaltig zu entspannen. Um sich dann voll den Aktivitäten widmen zu können, die das Camp tatsächlich auch bietet.

Es liegt am Ostrand des Koshi Tappu Wildlife Reserve (s. S. 72) und ist der ideale Ausgangspunkt für Ganztagestouren in den National-

*Zelt mit Dach: regensichere Unterkunft*

park, der vor allem für seinen Vogelreichtum bekannt ist. Ornithologen können den Tag bereits in der kleinen Beobachtungsstation des Camps beginnen und werden tagsüber sachkundig durch den Nationalpark geführt. Doch auch für Besucher ohne ornithologische Vorkenntnisse ist ein Tagesausflug durch den Park, meist verbunden mit einer langen geruhsamen Bootsfahrt auf dem Sapta Koshi, der den Nationalpark durchfließt, eine lohnende Aktivität.

Sicherlich ist das Koshi Tappu Wildlife Reserve nicht so spektakulär wie der Chitwan-Nationalpark, aber gerade das Unspektakuläre, Ruhige hat seinen Reiz. Und die kleinen Dörfer in Laufdistanz zum Camp haben ihren ganz eigenen Charme und sind vor allem an Markttagen ein empfehlenswerter Ausflug.

Nach einem ereignisreichen Tag lädt dann das Koshi Tappiu Wildlife Camp zum Candlelight Dinner. Weniger, weil das so romantisch ist, als dass es einfach keinen Strom gibt. Das Abendessen ist dann eine Mischung aus lokaler Küche und nepalesischen Standards. Unaufgeregt wie das ganze Camp. Und gerade deshalb so gut!

*Bei gutem Wetter findet das Einchecken auf dem Rasen statt*

**Information:**
**Koshi Tappu Wildlife Camp**,
Tel. +977-1-4226130,
www.koshitappu.com,

Übernachtung mit Vollpension und Ausflügen ab 80 Euro.
Reservierung während der Hauptsaison empfohlen!

INFO

# 57 Chiyabari Cottage in Ilam

Spätestens 500 Meter oberhalb des Marktplatzes kommen einem Zweifel, ob die Wahl der Unterkunft die richtige war. Zumindest, wenn man zu Fuß oder mit dem Fahrrad unterwegs ist. Selbst im Auto mag man denken, wohin die Reise denn noch gehen soll. Nach oben, das ist klar! Aber wie weit denn noch nach oben? Kommt man schließlich nach gefühlt endloser Fahrt am Chiyabari Cottage an, weiß man, warum man den beschwerlichen Weg auf sich genommen hat. Der Blick fällt auf weite Teeplantagen, die sich von der Terrasse des Hotels bis zum Ort Ilam ziehen. Ein Meer aus Tee, auf das man da blickt. Und dabei selbigen schlürfen kann.

Nun ist das Chiyabari Cottage kein Luxushotel. Das beste Haus am Platz, schon. Das liegt aber eher an der doch sehr einfachen Konkurrenz. Mehr als simple Pensionen sind in Ilam nicht zu finden, für mehr reicht das Besucheraufkommen einfach nicht. Was das Chiyabari Cottage jedoch dennoch zu einem Übernachtungstipp macht, ist erstens die Lage oberhalb der schier endlos erscheinenden Teeplantagen und dann die Liebe zum Detail, die aus einer doch eher schlichten Unterkunft eine gemütliche Übernachtungsstation macht, die man guten Gewissens empfehlen kann. Die Zimmer sind in unterschiedlichen Farben getüncht, in jedem der Räume steht ein großes Aquarium. Für die Bettwäsche standen Disney-Figuren Pate. Das wirkt ein wenig kitschig, ist aber auch eine nette persönliche Geste. Auf beiden Stockwerken gibt es zudem ein Gemeinschaftszimmer und dazu noch eine Dachterrasse.

Aber eigentlich ist das Interieur auch nicht der Grund, warum man im Chiyabari Cottage absteigt. Es sind der kleine Garten mit den gemütlichen Bambuspavillons, das angeschlossene Restaurant, das ausgezeichnetes und erstaunlich abwechs-

*Essen mit Rundblick: das Hotelrestaurant*

*Frühstück mit Tee inmitten der Teefelder*

lungsreiches nepalesisches Essen bietet, und der herzliche Service der Besitzer. Und natürlich die Aussicht: Mehr Tee geht nicht! Das Hotel liegt inmitten von Teeplantagen, nahe am höchstgelegenen Punkt der Terrassenfelder.

Es ist somit der ideale Ausgangspunkt für ausgedehnte Wanderungen durch die Teefelder. Informationen dazu gibt es im Hotel, man kann sich auch einfach treiben lassen. Den qualitativ immer hochwertigeren Tee aus der Region kann man im Chiyabari Cottage auch verkosten. Das Hotel organisiert auch gerne die Besichtigung einer Teefabrik. Auch wenn das Chiyabari Cottage keinen Luxus bietet und eher eine einfache Unterkunft ist, empfiehlt es sich dennoch für einen längeren Aufenthalt. Zu sehen gibt es im Ilam genug und die Unterkunft ist mehr als geeignet, um einmal für ein paar Tage auszuruhen. Sightseeing und Teetrinken sozusagen!

*Einfach, aber liebevoll: Standardzimmer*

**Information:**
**Chiyabari Cottage**, Ilam - 2, Panitanki, Tel. +977-27-520149, www.ilamchiyabaricottage.com, Zimmer ab 6 Euro, Reservierung empfohlen!

INFO

# 58 Newa Chen in Patan

Kathmandu, klar. Bhaktapur, wunderbar! Aber Patan? In Patan übernachten? Erstaunlich wenige Besucher des Kathmandu-Tals kommen auf diesen Gedanken. Zu einfach und bequem ist es, und zuweilen auch wunderbar stilvoll, gemütlich und komfortabel, sich in Thamel oder der Altstadt von Bhaktapur eine Unterkunft zu suchen. Da fällt Patan meist als Übernachtungsstopp aus und wird lediglich als Halbtagesausflug organisiert.

Beim Besuch der dritten – meist ein wenig stiefmütterlich behandelten – historischen Königsstadt des Kathmandu-Tals ertappt man sich zwar bei dem Gedanken, dass Patan durchaus einen längeren Besuch wert wäre, da ist es aber meist zu spät, die Besichtigungspläne und vor allem das Übernachtungsarrangement umzustellen. Daher: Besucher, kommst Du nach Patan, lass Dir Zeit und notiere Dir das Newa Chen!

Bescheidener Luxus im traditionellen Stil: Doppelzimmer

Das seit 2006 mit viel Liebe zum Detail renovierte, 350 Jahre alte traditionelle Gebäude steht im Zentrum des Durbar Square in Patan und ist dennoch eine Oase der Ruhe. Das Newa Chen besitzt gerade einmal acht Zimmer, die alle im traditionellen Stil eingerichtet sind und auf einen gemeinsamen Innenhof hinausgehen, der das kommunikative Zentrum des Hotels bildet. Viel Zeit wurde auf Details verwendet; die traditionellen Holzschnitzereien an den Gebäuden und Fenstern geben einen großartigen Eindruck von der hoch entwickelten Holzbaukunst der Newar. Ein wenig hat man das Gefühl, ein paar Jahrhunderte zurückversetzt zu

Das Newa Chen ist ein traditionelles Gebäude im Zentrum von Patan

*Treffpunkt und Oase der Stille: der Innenhof*

werden. Der Gast bekommt einen Eindruck davon, wie das Leben wohl zu alten Zeiten ausgesehen hat. Fast fühlt man sich wie zu Hause, ein Gefühl, dass noch dadurch verstärkt wird, dass das Newa Chen familiengeführt ist und der Service durchweg herzlich und persönlich ist. Das Newa Chen ist sicherlich kein perfektes Hotel, aber eine Unterkunft, bei der kleine Unzulänglichkeiten sogar noch zum Charme beitragen. Zwischen Bewahrung der traditionellen Architektur und moderner Ausstattung wurde ein guter Mittelweg gefunden, eine Seltenheit in Nepal, die man sonst eigentlich nur von den traditionellen Häusern in Bandipur wie dem Gaun Ghar (s. S. 120), vom Kantipur Temple House in Kathmandu (s. S. 108) und der Famous Farm in Nuwakot (s. S. 116) kennt.

Das Newa Chen ist ein lebendiges Museum, das zum Verweilen einlädt. Eine integrierte Galerie mit traditioneller nepalesischer Kunst ist da nur die logische Ergänzung. Und während es normalerweise ein tiefes Loch in der Urlaubskasse hinterlässt, in aufwendig renovierten historischen Gebäuden zu nächtigen, sind die Zimmerpreise des Newa Chen auch für den kleinen Geldbeutel erschwinglich. Ein Einzelzimmer kostet selbst in der Hauptsaison gerade einmal zwischen 17 und 25 Euro, ein Doppelzimmer zwischen 20 und 40 Euro. Da ist es durchaus eine Überlegung wert, statt in Kathmandu einige Nächte im Newa Chen in Patan zu übernachten.

**Information:**
**Newa Chen**, Traditional Newari Accommodation, Kulimha, Kobahal - 9, Lalitpur, Nepal, Tel. +977-1-5533532, www.newachen.com, Reservierung dringend empfohlen!

INFO

# Restaurants

# 59 Bhojan Griha in Kathmandu

Restaurants in historischem Ambiente tendieren oft zum Klischee. Im Bestreben, dem Besucher die perfekte Illusion zu bieten, wird die Historie ein wenig zu dick aufgetragen. Antike Möbel stehen an den unmöglichsten Stellen, allerlei Geschichtsnippes hängt an den Wänden und das Bedienungspersonal fühlt sich in aufgepeppter Landestracht sichtlich unwohl. Dazu kommt in der Regel eine Küche, die Authentizität nur vortäuscht und mehr auf Schein als auf Sein setzt. Vom Geschmack der Gerichte einmal ganz zu schweigen, der in Richtung verwässerter Einheitsbrei tendiert. Wer in Bangkok, Peking oder Rothenburg ein historisches Restaurant besucht hat oder sogar im Hofbräuhaus in München eingekehrt ist, wird dem Bhojan Griha mit einer gesunden Portion Skepsis begegnen. Dies allerdings vollkommen zu Unrecht: Im Bhojan Griha ist der Balanceakt gelungen, historisches Ambiente mit authentischer Küche zu vereinen, ohne dass die Qualität dabei zu kurz kommt. Und selbst die Tanz- und Musikeinlagen wirken nicht, wie so oft in ähnlichen Etablissements peinlich, sondern tragen zum Gesamteindruck bei.

Ursprünglich war das hochherrschaftliche Haus die Residenz eines königlichen Priesters. Nach jahrzehntelanger Vernachlässigung stand das Haus Anfang der 1990er-Jahre vor dem Abriss. Barhat Basnet, einer der Pioniere des nachhaltigen Tourismus in Nepal, kaufte das Gebäude 1992 und ließ es in den folgenden sechs Jahren aufwendig restaurieren. 1998, als die kulinarische Szene in Kathmandu noch zwischen *Dal Bhat* und *Banana Pancake* pendelte, eröffnete das Bhojan Griha seine

*Kultur zum Essen: Tanzvorführung im Bhojan Griha*

Tore und ist seitdem eine feste Adresse für authentisches lokales Essen in der nepalesischen Hauptstadt. Die dargereichte Kost ist ein Potpourri lokaler Spezialitäten. Vor allem die Küche der Newar, der vorherrschenden Volksgruppe im Kathmandu-Tal, wird in mehreren Gängen präsentiert – vom Aperitif (einem lokalen Schnaps) über Maultaschen *(Momos)* und dem obligatorischen *Dhal* bis hin zum Dessert, einer hausgemachtem Joghurtcreme *(Sirkani)*. Wer möchte, kann *Chang* (lokales Bier) oder nepalesischen Trauben- und Fruchtwein probieren. Wasser und Tee wird in traditionellem Geschirr gereicht, Plastikflaschen gibt es aus Umweltschutzgründen nicht im Bhojan Griha.

*Potpourri der nepalesischen Küche: das Menü*

*Einst Priesterresidenz, heute Traditionsrestaurant: das Bhojan Griha*

Zwischen den Essensgängen wandert eine Musik- und Tanzgruppe von Raum zu Raum und führt jeweils zwei bis drei Stücke auf. Die jeweils rund zehnminütigen Kulturhäppchen sind eine angenehme Abwechslung und verschaffen eine kleine Pause, damit sich der Magen auf den nächsten Gang freut. Traditionell sitzt der Gast an niedrigen Tischen auf großen Kissen auf dem Boden. Wem dies zu unbequem erscheint: In einem der insgesamt vier Speisesäle stehen westliche Möbel und sorgen dafür, dass auch hüftsteife Besucher ihre Beine ausstrecken können.

Gegen 21 Uhr gönnen sich die letzten Gäste in der Bar noch einen Absacker, die Musikgruppe führt noch eine letzte Ballade auf. Dann wird es ruhig im Bhojan Griha. Jetzt, im Schein der Laternen, wirkt die ehemalige Priesterresidenz noch eindrucksvoller.

**Information:**
**Bhojan Griha**,
Dillibazar, Kathmandu, tgl. ab 17 Uhr,
Tel. +977-1-4416423/4411603,
www.bhojangriha.com,
Reservierung empfohlen.

INFO

# 60 Bhumi Restaurant & Bar in Kathmandu

Wer originales Newar-Essen in Kathmandu probieren möchte, hat es nicht leicht. Einige Restaurants haben ein oder zwei Newar-Gerichte auf der Speisekarte, mehr aber nicht. In manch einem Upmarket-Hotel oder -Restaurant zahlt man dann für nepalesische Verhältnisse recht viel, um einen Eindruck der lokalen Küche zu bekommen. Eine der wenigen Etablissements in Kathmandu, in denen sowohl nepalesische als auch ausländische Gäste auf ihre Kosten kommen und die weder äußerst simpel noch überstilisiert daher kommen, ist das Bhumi Restaurant. In einer Seitengasse der Lazimpat Road gelegen, wirkt es von außen wie eine Mischung aus einem deutschen Jugendzentrum der 1980er-Jahre und einer Kfz-Werkstatt. Auch die Inneneinrichtung erinnert eher an eine Kneipe als an ein Restaurant. Wie auch immer: Das Bhumi ist nicht nur äußerst gemütlich, sondern bietet zudem ausgezeichnete Newar-Küche zu moderaten Preisen. Bodenständigkeit ist Programm, nicht umsonst heißt *Bhumi* übersetzt „Erde". Wobei sich der Name eher auf die Erde bezieht, die bei der Herstellung der Mithila-Kunstobjekte genutzt wurde, die das Restaurant dezent ausschmücken. Mithila ist eine lokale Kunstform aus Janakpur (s. S. 65), deren Farben ausschließlich aus Naturprodukten wie Gewürzen und Pflanzen angerührt werden.

*Lecker, aber nicht jedermanns Sache: Kachila, rohes Büffelhack*

Fragt man nach Empfehlungen und stellt dabei klar, dass man keine Tabus beim Essen hat, so kommt man eventuell in den Genuss von *Fokso* (frittierte Lunge im Teig), *Kachila* (rohes Büffelhack mit Kreuzküm-

*Gemütlich und bodenständig: das Bhumi*

*Der ideale Snack zum Bier: Chatamari, Reispfannkuchen*

mel, Chili und heißem Senföl) und *Sapu Mhicha* (gegrillte Wurst mit Knochenmarkfüllung). Es geht aber auch weniger exotisch. Als Hauptspeise führt kaum ein Weg an *Samaya Baji* vorbei: *Baji* (Reisflocken), *Haku Musya* (schwarze Sojabohne), *Choila* (s.S. 160), *Puka La* (scharfes geröstetes Fleisch), *Alu Walagu* (marinierte gekochte Kartoffeln), *Bhuti* (gekochte Bohnen), *Khen* (gekochtes Ei), *Panchhakwa* (Curry mit Kartoffeln, verschiedenen Bohnen und Bambussprossen), *Wo* (schwarze Linsenpastete), *Lava-Palu* (Ingwer und Knoblauch), verschiedene Pickles, *Wauncha* (grünes Gemüse), dazu *Aila*, ein alkoholischer Drink, der aus verschiedenen Getreidesorten (meist Reis und Hirse) destilliert wird. Als Dessert, sollte noch Platz im Magen sein, empfiehlt sich *Sikarni*, ein hausgemachter Joghurt mit Trockenfrüchten, Zimt und Vanille. Wem eher nach einfachen Snacks zum Bier ist, dem seien *Chatamari* ans Herz gelegt, knusprige Reispfannkuchen mit Ei, Hackfleisch, Linsenpaste und Gewürzen.

Auch für Menschen, die mit der Newar-Küche gar nichts anfangen können, ist das Bhumi eine gute Wahl. Neben indischen Gerichten, teils frisch aus dem Tandoori-Ofen, gibt es auch westliche Gerichte wie Pizza. Viele Kathmanduer kommen auch wegen der ausgezeichneten Bar ins Bhumi, die alle gängigen und einige außergewöhnliche Cocktailkreationen im Angebot hat. Allein der lokale *Aila* (s. o.) ist einen Besuch wert!

**Information:**
Das **Bhumi Restaurant** liegt an der Lazimpat Road und ist zwischen 11 und 23 Uhr geöffnet. Eine Reservierung ist auf jeden Fall zu empfehlen.

Tel. +977-984-1-800167, bhumiktm@gmail.com, www.facebook.com/bhumirestaurantandbar.

INFO

# 61 Rum Doodle in Kathmandu

Nein, ein Geheimtipp ist das Rum Doodle sicher nicht. Eher eine Institution. Und Institutionen haben es in der Regel ein wenig schwer, besonders, wenn sie sich nach legendären Jahren entschließen, der alten Location „Farewell!“ zu sagen und sich ein neues Zuhause zu suchen. „Ist nicht mehr wie früher!“, schimpfen dann die Stammgäste. „Viel zu unpersönlich!“ beschweren sich die Anhänger kleiner, gemütlicher Etablissements. „Nach Jahrzehnten, in denen das Rum Doodle zu einer Institution unter Himalaya-Bergsteigern geworden war, verliert das berühmte Restaurant an Charme, was es an Größe gewinnt. Namen von Bergsteigern und Trekkinggruppen hängen als entferntes Echo einer Zeit von der luftigen Decke, als sich Bergsteigergrößen wie Reinhold Messner und Hans Kammerländer die Klinke in die Hand gaben“, ist man als Reisebuchautor versucht zu schreiben.

Und tatsächlich besitzt das Rum Doodle nicht mehr den alten gemütlichen Charme, für den es legendär war. Nichtdestotrotz hat es den Abgesang nicht verdient. Allein schon für den Namen sollte man den Gründern danken (s. Kasten). Heute ist das Rum Doodle eines von vielen westlich orientierten Restaurants in Kathmandu. Man wird in Nepals Hauptstadt sicherlich immer ein Restaurant finden, in dem man besser speist. Man wird Etablissements finden, die gemütlicher sind. Trotzdem ist das Rum Doodle immer noch zu Recht eine Institution und wert, in dieser Zusammenstellung genannt zu werden.

Um das reichhaltige und beständig gute Speisenangebot zu genießen, muss man das Rum Doodle jedoch erst einmal finden. Ein kleines Schild, das zwischen all den Wegweisern und der bunten Reklame fast untergeht, weist den Weg vom Amrit Marg in einen versteckten Hinterhof. Dann geht es die Treppe hinauf in das auf

*Im Rum Doodle treffen sich die Trekkinggruppen zum Abschiedsessen*

*Ein Himmel voller Füße: Viele Bergsteiger- und Trekkinggruppen haben sich hier verewigt*

mehrere Terrassen und die angeschlossenen Räume verteilte Restaurant. Vor allem in der Hauptsaison ist es zuweilen schwer, einen Platz zu finden, obwohl das Restaurant einige hundert Plätze hat. Das liegt zum einen daran, dass weiterhin viele Bergsteiger- und Trekkinggruppen ihre Rückkehr nach Kathmandu im Rum Doodle feiern. Zum anderen aber daran, dass das Essen auch nach drei Jahrzehnten immer noch ausgezeichnet ist. Wie wäre es zum Beispiel mit einer Tandoori Pizza? Einem saftigen Steak mit hausgemachten Pommes? Oder doch etwas Nepalesisches? Das Rum Doodle hat für jeden Geschmack etwas zu bieten, und das – bedenkt man die Reputation und die Lage des Restaurants – bei durchaus bodenständigen Preisen. Die Legende lebt also noch, sie ist nur, an neuem Standort, in Ehren gealtert!

### Die Besteigung des Rum Doodle

„Die Besteigung des Rum Doodle" (engl. Original „The Ascent of Rum Doodle") erzählt die fiktive Geschichte einer britischen Expedition, die aufbricht, um den höchsten Berg der Welt, den Rum Doodle (12.192 m) zu besteigen. Als Satire auf die gängigen Bergsteigerbücher hat das Buch Kultstatus und jagt die Protagonisten von einer skurrilen Situation in die nächste. Die sieben Protagonisten, allesamt Briten und einer ungeeigneter als der andere, haben mit Sprach- und Kulturproblemen, Krankheiten, eigenem Dünkel zu kämpfen und besteigen prompt den falschen Berg, ehe die Expedition dank der Initiative der einheimischen Bergführer, den Yogistanis, die den ständig kranken Expeditionsarzt Prone schließlich auf den richtigen Berg tragen, doch noch ein Erfolg wird. Seit 2013 ist das Kultbuch des britischen Ingenieurs William E. Bowman (1911–1985) auch auf Deutsch erhältlich (Rogner & Bernhard, gebundene Ausgabe, und Goldmann TB).

INFO

**Information:**
**Rum Doodle Bar & Restaurant**, Amrit Marg, Kathmandu 44600, Nepal, Tel. +977-1-4248915, www.therumdoodle.com, So–Do 10–22, Fr, Sa 10–24 Uhr, Hauptgerichte ab 4 Euro, Reservierung empfohlen.

# 62 Kaiser Café in Kathmandu

In dieser Kulisse könnte man auch Fast Food verkaufen, die Leute würden trotzdem in Scharen kommen – und sich wohlfühlen, und lange bleiben. Das Kaiser Café liegt im Zentrum von Kathmandu, in einer ruhigen Oase, dem **Garden of Dreams**. Dieser hätte eigentlich ein eigenes Kapitel verdient. Allerdings bilden der Garden of Dreams und das Kaiser Café auf gewisse Weise auch eine perfekte Einheit, sodass sie zusammen vorgestellt werden.

*Karlsbad? Salzburg? Nein, das Kaiser Café in Kathmandu*

Das **Kaiser Mahal** wurde 1895 von Chandra Shamsher Jang Bahadur Rana (1863–1929), dem fünften Premierminister der Rana-Dynastie, für seinen Sohn Kaiser Shamsher Jang Bahadur Rana (1892–1964) gebaut. Dieser, inzwischen zum Feldmarshall aufgestiegen, ließ sich von der englischen Gartenarchitektur inspirieren und setzte seine eigenen Vision eines europäischen Gartens in den 1920er-Jahren um. Es entstand eine kunstvoll gestaltete Anlage mit neoklassizistischen westlichen Stilelementen, einer umfangreichen Bibliothek, sechs, den nepalesischen Jahreszeiten gewidmeten Pavillons, Springbrunnen, Amphitheater und englischem Rasen. Nach dem Tod seines Besitzers wurde der 6.895 Quadratmeter große Garten vernachlässigt und verfiel. Erst zu Beginn des 21. Jahrhunderts, zwischen 2000 und 2007, wurde die Anlage in Kooperation mit der österreichischen Gesellschaft für Zusammenarbeit Alpen-Himalaya (EcoHimal) und dem nepalesischen Erziehungsministerium restauriert und zu großen Teilen wiederhergestellt. Die Restaurierungsarbeiten sind bis heute ein Vorbild für den Umgang mit der gefährdeten historischen Bausubstanz in Nepal.

Seit 2008 ist die Anlage unter dem Namen „Garden of Dreams“ wieder

*Garden of Dreams*

für die Öffentlichkeit zugänglich. Der Garten ist heute ein beliebtes Ausflugsziel für die Bewohner Kathmandus und die Ausländergemeinde. An schönen Tagen herrscht hier eine Atmosphäre, wie man sie vielleicht aus dem Würzburger Hofgarten oder dem Englischen Garten in München kennt.

Den Betreibern des Kaiser Cafés ist es hoch anzurechnen, dass sie sich nicht allein auf die Atmosphäre und die Lage ihres Etablissement verlassen. Ganz billig sind das Café und Restaurant nicht, die angebotenen Speisen und Snacks sind das Geld aber auf jeden Fall wert. Es gibt Wiener Schnitzel, eine kleine Reminiszenz an das österreichische Engagement beim Wiederaufbau des Gartens, und eine regelmäßig wechselnde Auswahl an westlichen Gerichten aus dem mediterranen Raum. Das Ganze in einer Atmosphäre, die an ein österreichisches Teehaus erinnert. Sehr zu empfehlen ist auch das Frühstück. Teile der Einnahmen des Restaurants kommen der Erhaltung des Garden of Dreams zu gute und sind die Basis für die regelmäßigen Musik- und Kulturveranstaltungen im Garten.

*Eklektizistische Mischung aus nepalesischen und europäischen Einflüssen: der Garden of Dreams – eine Oase der Ruhe im hektischen Thamel*

INFO

**Information:**
**Kaiser Café Restaurant & Bar**, Kaiser Mahal, Thamel, Kathmandu, Tel. +977-1-4425341, kaisercafe@dwarikasgroup.com, www.kaisercafe.com, tgl. 9–22 Uhr, aktuelle Informationen auch auf www.facebook.com/pages/Kaiser-Cafe-Restaurant-and-Bar.
**Garden of Dreams**, www.gardenofdreams.org.np, tgl. 9–22 Uhr, Eintritt 160 Rupien (auch bei Restaurantbesuch!).

## 63 Chinese Mee in Kathmandu

Die chinesische Präsenz in Kathmandu ist in den letzten Jahren nicht mehr zu übersehen. Für die neue chinesische Mittelschicht ist Nepal ein günstiges und nahes Urlaubsziel, und chinesische Backpacker holen in Kathmandu das nach, was ihre westlichen Pendants seit den 1960er-Jahren vorgelebt haben. Es ist also kein Wunder, dass im Stadtteil Thamel ein chinesisches Restaurant neben dem anderen entsteht und der *Banana Pancake Trail* nun zunehmend zu einem Noodle Trail wird. Daher soll in dieser Zusammenstellung auch ein chinesisches Restaurant nicht fehlen. Vor allem aber, weil das Chinese Mee eine wahre Entdeckung ist!

Die Ashok Galli, eine kleinen Gasse zwischen Thamel Marg und Amrit Marg, dient Fußgängern, Rikschas und Motorrädern gleichermaßen als Abkürzung zwischen den beiden von Nord nach Süd verlaufenden Hauptstraßen im Stadtteil Thamel. Entsprechend eng geht es in der Ashok Galli zu, wenn auf einem guten Meter Breite ein Motorradfahrer versucht, an einer Touristengruppe vorbeizupreschen. In dieser Enge wirkt das Chinese Mee wie eine Platzverschwendung. Dort, wo sich normalerweise fünf- bis sechsstöckige schmale Häuser Wand an Wand drängen, wurde eine Baulücke für einen großzügigen Innenhof genutzt, dieser mit Bambustischen und Stühlen versehen und eine Freiluftküche unter einem Wellblechdach gebaut. Fertig war die chinesische Nudelbude im nepalesischen Stil. Jedenfalls fast! Auch das Küchen- und Bedienungspersonal kommt teilweise aus dem Reich der Mitte und trägt zum authentischen Ambiente und Geschmack bei. Des Chinesischen kundige Gäste werden folglich keine Verständigungsprobleme haben und können nebenbei auch noch leckere original-chinesische Suppen genießen.

Ursprünglich war das Chinese Mee wohl als „Home away from Home“ für heimwehkranke chinesische Touristen gedacht. Inzwischen ist das Publikum international. Chinesische Reisegruppen und Backpacker kehren hier ein, westliche Touristen und Einheimische, die Lust auf original chinesisches Essen haben. Das Ambiente ist ungezwungen, die

*Nudeln essen auf Chinesisch im Chinese Mee*

*Frisch zubereitet: die Freiluftküche des Chinese Mee*

Speisekarte zweisprachig Chinesisch-Englisch. Im Angebot sind neben Nudelsuppen auch chinesische Maultaschen in mehreren Variationen, echt chinesisches Frühstück (Sojamilch mit Schmalzstangen und Reisbrei) sowie Snacks wie Teeeier und Erdnüsse. Dazu gibt es eine Auswahl chinesischer Tees und das übliche Angebot an Bier und Erfrischungsgetränken. Wer schon immer mal sehen wollte, wie chinesischen Nudelsuppen zubereitet werden, kann zudem den Köchen in der offenen Küche beim Kochen zuschauen.

*Zur chinesischen Nudelsuppe gehören die Stäbchen*

Reservieren kann man nicht, zur Mittagszeit ist es in der Regel sehr voll, beziehungsweise es sind nur noch die Tische frei, die in der prallen Sonne stehen. Und das kann zu jeder Jahreszeit ziemlich heiß werden! Auch wenn das Chinese Mee zum Verweilen einlädt, sind die asiatischen Gäste in der Regel recht schnell mit ihrer Suppe durch, sodass es sich durchaus lohnt, ein wenig zu warten oder für einen Moment in der Sonne Platz zu nehmen. Am angenehmsten ist es am späten Nachmittag, dann sind die chinesischen Tourgruppen auf dem Weg ins Hotel und es wird ruhig im Chinese Mee. Bis zum Abendessen die Nudelenthusiasten der Stadt ihr zweites Wohnzimmer stürmen.

**INFO**

**Information:**
**Chinese Mee,**
Ashok Gallo, Kathmandu
8–20 Uhr,
Suppen ab 2 Euro.

# 64 Boomerang in Pokhara

*Nepalesisches Essen und deutsches Brot bietet das Boomerang*

Um es vorwegzunehmen: Das Boomerang in Pokhara ist sicherlich kein Geheimtipp und zudem ziemlich touristisch. Wer beim Anblick größerer Reisegruppen Ausschlag bekommt, sollte an dieser Stelle besser umblättern. Das Boomerang ist ein stilvolles, schönes Restaurant mit exzellentem Essen in schöner Lage am Phewa-See. Nicht mehr und nicht weniger. Da sollte es nicht stören, wenn es an dem einen Nebentisch auf Deutsch und an dem anderen auf Englisch herüberschallt. Wie war das schnell wieder: Urlaub wäre so schön, wenn es keine Touristen gäbe?

Wie so einige der Seerestaurants in Pokhara kommt auch das Boomerang von der Straße aus gesehen eher bescheiden daher. Vielleicht würde man einfach vorbeigehen, wäre da nicht das Schild mit der Aufschrift „German Bakery". Das macht neugierig und so landet der eine oder andere Passant schon am frühen Nachmittag in dem kleinen gemütlichen Café am Eingang des Boomerang und schlürft einen doppelten Espresso zu Mürbegebäck. Labt sich an einem hausgemachten Joghurt oder zischt ein frühes Gorkha-Bier. Gegen Abend verlagert sich das Geschehen dann zunehmend in Richtung See. Inmitten eines weiten Gartens, der bis zum Ufer des Phewa-Sees reicht, sind Pavillons in unterschiedlichen Größen aufgestellt. Einige

*Stilvolles Ambiente am Ufer des Phewa-Sees*

Am Abend gibt es gelegentliche Musik- und Tanzeinlagen

Tische stehen auch frei im Garten inmitten von Figuren aus der hinduistischen Mythologie. Kerzen und einige dezente Lampen erleuchten abends den Garten und tauchen das Boomerang in ein angenehmes Abendlicht. Der Blick schweift über den See, es ist ruhig, fast meditativ. Bis das tägliche Kulturprogramm beginnt. Hier gehen die Meinungen wieder ein wenig auseinander, ob das allabendliche Musik- und Tanzprogramm zur Stimmung beiträgt oder sie eher zerstört. Auf jeden Fall sind die kleinen Aufführungsblöcke kein sinnfreies „Rumgehopse", wie man das zuweilen in touristischen Etablissements vorfindet, sondern, ähnlich wie im Bhojan Griha in Kathmandu (s. S. 136), durchaus authentisch. Und auch für Kulturmuffel kurz genug, um den Essensgenuss nicht zu stören.

Ohnehin ist die reichhaltige, abwechslungsreiche Speisekarte neben dem entspannten Ambiente der Hauptgrund, warum man ins Boomerang zum Abendessen geht. Vor allem die Tandoori-Spezialitäten sind zu empfehlen, und auch wer sich nach einem guten Steak sehnt, wird hier auf seine Kosten kommen. Für Pokhara-Verhältnisse sind die Preise dabei eher moderat und der Service ausgezeichnet. Wer es gern ein wenig kleiner und familiärer hat, dem sei der Pokhara Beach Club (s. S. 148) empfohlen.

INFO

**Information:**
**Boomerang**,
Lake Side Pokhara 33700,
Tel. +977-61-679241,
www.boomerangrestaurantpokhara.com,
Hauptgerichte ab 3 Euro.

# 65 Pokhara Beach Club in Pokhara

Für alle Reisenden, denen die Lakeside in Pokhara ein wenig zu voll, laut oder prätentiös ist, gibt es durchaus Alternativen, um gut essen zu gehen! Immer noch am Ufer des Phewa-Sees, aber ein wenig nordwestlich des großen Trubels. Sprich: Immer noch atmosphärisch mit Ausblick, aber dabei herrlich unprätentiös und unaufgeregt. Und was die Qualität angeht, braucht sich der Pokhara Beach Club nicht vor der Konkurrenz verstecken.

Eröffnet wurde der Pokhara Beach Club 2011 von Stephen und Preeti, einem kanadisch-indischem Pärchen. Die Idee war, einen Treffpunkt für Reisende und Einheimische gleichermaßen zu kreieren, mit einer kleinen, feinen Speisekarte, die den Schwerpunkt auf Grillgerichte setzt. Herausgekommen ist eine gemütliche Anlage am See mit dem einen oder anderen kulinarischen Highlight. Den Wildschwein-Burger sollte man auf jeden Fall mal probiert haben, aber auch die Salate, Gemüsegerichte und Desserts sind einen Versuch wert! Wo möglich werden Biozutaten genutzt, die jeden Morgen frisch auf dem Markt gekauft werden. In der Zubereitung treffen verschiedene Kochstile aufeinander, ohne dass man hier explizit von Crossover sprechen muss. Die Mischung stimmt einfach!

Die Anlage, die zudem inzwischen einige einfache, aber gemütlich eingerichtete Bungalows zum Übernachten besitzt, wirkt eher wie ein öffentliches Wohnzimmer als ein Restaurant. Der Garten ist liebevoll angelegt, ohne übertrieben gepflegt auszusehen – Understatement eben. Was den Pokhara Beach Club aber neben

*Entspannung am Phewa-See*

Blick vom Restaurant über den See

dem Essen und der Atmosphäre zu einer absoluten Empfehlung macht, ist die Lage am ruhigen Nordostufer des Phewa-Sees. Beim Essen fällt der Blick über den See auf die Skyline von Pokhara, die sich im See spiegelt. Durch die Lage etwas außerhalb der Innenstadt ist die Anlage zudem eine angenehm ruhige Alternative zum zuweilen doch etwas lauten Treiben der Lakeside. Wer hier einmal zum Abendessen war, erwischt sich bestimmt bei dem Gedanken, vielleicht auch einmal die eine oder andere Nacht hier zu verbringen. Auch für die Bungalows gilt: Hier wurde mit Liebe zum Detail gestaltet, ohne sich in unnötigem Schnickschnack zu verlieren. Und auf Komfort geachtet, ohne dass es in Luxus ausarten würde.

Einfach, aber geschmackvoll: die Zimmer des Pokhara Beach Clubs

Wer einmal im Pokhara Beach Club gegessen hat, wird wiederkommen und vielleicht auch einmal ein paar Tage an der ruhigen Seite des Phewa-Sees verbringen.

**Information:**
**Pokhara Beach Resort**,
Sedi, in der Nähe des Waterfront Resort, Lakeside-6,
Pokhara 33700, Nepal,
Tel. +977-981-5155343,
www.pokharabeachclub.com, www.facebook.com/PokharaBeachClub.

INFO

# 66 Nanglo West in Tansen

Köstliche Spezialität: Enten-Choila auf traditionellem Thali

Was den Tourismus betrifft, steckt Tansen noch ein wenig in den Kinderschuhen. Entsprechend erwartet man auch kulinarisch nicht sonderlich viel, wenn man durch die Stadt streift. Ein paar Garküchen, wenige einfache Restaurants, das sollte es gewesen sein.

Umso erstaunter ist der Besucher, wenn er auf das Nanglo West trifft. Wenn man es denn findet. Das gewisse Understatement des Restaurants spiegelt sich auch an der Außenfassade wider. Die ist zwar Teil eines wunderbar restaurierten traditionellen Hauses. An gut sichtbaren Hinweisschildern hat man aber gespart, beziehungsweise ist die Auswahl „braunes Schild auf dunkelroter Fassade" nicht die beste. So schwierig ist es jedoch auch nicht, das Nanglo West ausfindig zu machen. Schließlich liegt es in der Stadtmitte, etwas nördlich des Königspalastes und des

Dunkelbraun auf Braunrot: die Fassade des Nanglo West

Ranaujureshwori-Tempels. Und fragt man auf der Straße nach einem Restaurant, so werden einen die meisten Einheimischen sowieso auf das Nanglo West verweisen.

Understatement scheint jedoch zur Philosophie des Nanglo West zu gehören. Das zeigt sich auch in der Namenswahl. Nanglo bezeichnet ein flaches, aus Bambus geflochtenes Tablett, wie es in Nepal traditionell zum Getreidesieben benutzt wird. Das Nanglo West gehört zu einer nepalesischen Bäckerei- und Restaurantkette, die Mitte der 1970er-Jahre gegründet wurde. Die ursprüngliche Idee war, Qualität zu erschwinglichen Preisen zu bieten. Das merkt man bis heute im Nanglo West. Das Essen ist zwar exklusiv, aber die Preise sind keinesfalls überzogen. Auf der Speisekarte findet man einerseits die üblichen Verdächtigen der westlichen und indisch-nepalesischen Küche: Das ist solide Kost, nett angerichtet.

*Runde frittierte Teigkringel: Sel Roti*

Das eigentliche Highlight des Restaurants ist jedoch – neben dem wunderschön begrünten Innenhof – die kreative Hinwendung zur lokalen Küche. Tansen war in der Vergangenheit lange ein eigenständiges Königreich und besitzt entsprechend eigene Traditionen und eine eigene Küche. Diese ist in ihrer Speisenauswahl ein wenig mit der Küche der Newar zu vergleichen.

Sehr zu empfehlen sind die verschiedenen *Thalis*, eine traditionelle Auswahl verschiedener Gerichte, die mit Reis auf einem Metalltablett serviert werden. Weitere Spezialitäten der lokalen Küche sind *Chukauni* (Kartoffel-Quark-Dip) und *Hansko Choila* (geröstete Entenstücke, s. auch S. 160).

Wem es nach einem opulenten Mahl im Nanglo West noch nach einem Nachtisch gelüstet: Die angeschlossene Bäckerei hat für die Gäste von der Brezel bis zum leckeren Schokoladencroissant ebenfalls einiges Schmackhaftes im Angebot.

**Sel Roti**

Eine weitere Spezialität Tansens, die vor allem in kleinen Garküchen verkauft wird, ist Sel Roti. Das sind runde Teigwaren, die ein wenig wie große frittierte Tintenfischringe aussehen. Der Teig wird jedoch aus Reismehl, Zucker, Butter und Kardamon hergestellt und dann in heißem Öl ausgebacken.

INFO

**Information:**
**Nanglo West**,
Tundikhel Road,
Tansen 32500,
Tel. +977-75-520184,
www.nanglo.com.np

# 67 Rooftop Restaurant in Janakpur

Viel erwartet man eigentlich nicht. Janakpur sieht nicht nur kaum westliche Touristen, auch die touristische Infrastruktur ist überschaubar und nicht gerade von Luxus geprägt. Wer durch die matschigen Straßen der Stadt läuft, ist eigentlich froh, überhaupt etwas zu essen zu bekommen. Da ist es auch nicht gerade vertrauenseinflößend, wenn man ein Restaurant durch einen mit Gerümpel zugestellten Hinterhof und eine zerbrechlich wirkende Treppe betreten muss.

Dunkel ist der erste Eindruck, wofür das Restaurant aber nichts kann. Die lokale Stromversorgung ist daran schuld, dass man vom Interieur des Rooftop Restaurants erst einmal kaum etwas sieht. Aber wie der Name schon sagt: Das Restaurant liegt auf dem Dach und hat folglich auch zwei Dachterrassen. Und auf diesen sitzt man wirklich gut, blickt aus der Vogelperspektive auf das wuselige Stadtgeschehen, lässt sich die Sonne auf die Nase scheinen und denkt sich: Wenn jetzt noch das Essen gut ist!

*Salat in vielen Variationen. Das Rooftop Restaurant ist bekannt für ausgezeichnete Sadekos*

Gut ist es nicht, sondern ausgezeichnet! Als Erstes staunt der Gast über die reichhaltige Speisekarte. Das können die gar nicht alles vorrätig haben, schießt es einem beim Lesen durch den Kopf. Vom einfachen Dal Bhat über verschiedene Thali-Gerichte bis hin zu vielfältigen Tandoori- und Grillspezialitäten steht da so manche Leckerei auf der Karte. Mehrere Sadekos, einige westliche Salate, viel Vegetarisches und dann noch ein paar westliche Stan-

*Die Plätze auf der Dachterrasse des Rooftop Restaurants sind besonders begehrt*

dards wie Steak und Pommes frites sind im Angebot. Tandoori-Gerichte gibt es dann aber tatsächlich nur abends. Das ist ein Grund mehr, den Besichtigungstag im Rooftop Restaurant ausklingen zu lassen! Dann trotzen Kerzen auf den Tischen den Stromausfällen und tauchen das schlicht eingerichtete Restaurant in ein warmes, angenehmes Licht.

*Momos gibt es gekocht, gebraten …*

*… mit oder ohne Fleisch*

Auf der Dachterrasse ist es nun angenehm luftig, der Blick auf die Stadt hat durch die gnädige Dunkelheit noch gewonnen. Es empfiehlt sich, auf jeden Fall zu reservieren, da gerade die Terrassenplätze besonders beliebt und entsprechend schnell besetzt sind.

Da die vielseitige Speisekarte die Auswahl etwas schwer macht, hier ein paar Tipps: Als Vorspeise zu empfehlen sind *Alu Sadeko* und *Peanut Sadeko* (s. S. 162), dann ein Tandoori-Gericht und das Grillhuhn (Achtung, dieses ist scharf!). Auch die *Momos* sind in allen Variationen einen Versuch wert! Dazu bestellt man ein Gorkha-Bier und der Besucher kann verschmerzen, dass es leider kein Hotel in Janakpur gibt, das auf ähnlichem Standard operiert wie das Rooftop Restaurant.

**Information:**
**Rooftop Restaurant,**
Street Station Road, auf Höhe des Dhanusa Sagar,
Tel. +977-41-522840/522794,
tgl. 9–22 Uhr.

INFO

# Gerichte & Getränke

# 68 Dal Bhat – Nepals Nationalgericht

Es ist wohl das einzige Nationalgericht, dem kein guter Ruf vorauseilt. Man stelle sich einen Bayer vor, der einen Gast entschuldigend darauf hinweist, dass es nur Schweinebraten mit Knödeln gibt. Einen Franzosen, der sich für Crêpes und Foie Gras entschuldigt. Oder einen US-Amerikaner, der schamvoll in seinen Burger beißt.

Dal Bhat, das Linsengericht mit Reis, kommt in der nepalesischen Eigenwahrnehmung und -darstellung hingegen selten gut weg. „Wir können in einem lokalen Restaurant essen, aber da gibt es nur Dal Baht", wird so ziemlich jeder Nepalreisende von seinen nepalesischen Reiseführern oder Freunden mindestens einmal auf der Reise hören. Und auch die meisten Nepalbücher lassen sich über „das ewig gleiche Dal Baht" aus und empfehlen das nächste Touristenrestaurant. Das steckt an, viele Nepalreisende lassen sich von dem vermeintlich simplen, faden und uninspirierten Gericht abbringen und verpassen so einen essentiellen Bestandteil der nepalesischen Küche.

Die ewig gleichen und doch jedes Mal um Geschmacksnuancen verschiedenen Bestandteile von Dal Bhat sind die Namensgeber: das Linsencurry *(Dal)* und der Reis *(Bhat)*. Beides wird mit einer großen Schöpfkelle auf einem großen Messingteller serviert, dem traditionellen Thali. Hinzu kommen je nach Region, Restaurant und Familie verschiedene Nebengerichte, dargeboten in kleinen Messingschüsseln. In der Regel sind das ein Blumenkohlcurry und eine weiteres Currygericht, je nach Essgewohnheit des Gastes vegetarisch oder mit Fleisch (meist Huhn oder Lamm). Darüber hinaus wird es kulinarisch kreativ. Manchmal gibt es eingelegten Käse *(Paneer)* als weiteres Gericht, dann wieder eingelegte Früchte, einen kleinen Salat

*Linsen gibt es in Nepal in vielen Farben und Variationen*

*Nepals Nationalgericht: Dal Bhat*

oder ein scharfes Tomaten- oder Auberginen-Pickle. Die Variationen sind unzählig und meist äußerst schmackhaft, sodass durchaus Suchtgefahr besteht. So mancher Reisende wurde dabei beobachtet wurde, wie er sich von Dal Bhat zu Dal Bhat durchprobierte und damit jedesmal mit der Zunge schnalzte.

Was jetzt jedoch auch wieder maßlos übertrieben ist. Dal Bhat ist und bleibt ein bodenständiges Essen, das sich trotz Potential den höheren kulinarischen Weihen verweigert. Echte Hausmannskost, vergleichbar mit dem deutschen Kartoffelsalat, der auch in Hunderten von Nuancen daherkommt und eigentlich immer schmeckt. Außer man isst ihn in einem Nobelrestaurant als aparte Neukreation in mikroskopischer Größe. Und mag es auf dem indischen Subkontinent auch die eine oder andere Hotelküche geben, die aus dem nepalesischen Nationalgericht ein kulinarisches Experiment macht, ein gutes, originales Dal Bhat isst man am besten dort, wo es die Nepalesen auch am liebsten tun: in einer einfachen Garküche oder im Kreis der Familie.

### Rezept Dal Bhat

**Zutaten**

½ Tasse Linsen, rote geschälte
4 Esslöffel Öl (Erdnussöl)
1 Esslöffel Curry
3 Zehen Knoblauch
1 Stück Ingwer
2 Tassen Gemüsebrühe
1 Esslöffel Kreuzkümmel

**Zubereitung**

2 Esslöffel Öl in einem Topf erhitzen
Currypulver, geschälten Ingwer, Knoblauch kurz darin anbraten
Linsen und Kreuzkümmel dazugeben, wieder kurz anbraten
Brühe drübergießen und das Ganze köcheln lassen, bis die Linsen zerfallen sind (etwa 15 Minuten)

# 69 Momos – gefüllte Teigtaschen

Neben Dal Bhat sind gefüllte Teigtaschen das Nationalgericht Nepals. Wobei durchaus die Frage gestellt werden könnte, wer Momos denn nun erfunden hat. Die Tibeter, die Nepalesen oder gar die Chinesen, die Teigtaschen in hundert Variationen kennen und die Kunst der Maultaschenherstellung zur Perfektion gebracht haben. Oder gleich erfunden hat, wie manch ein Sinologe einwerfen mag.

Mit schwäbischen Maultaschen jedoch haben Momos nur wenig gemein. In Asien musste auch kein Fleisch vor den Augen einer strengen Gottheit versteckt werden. Eher im Gegenteil, in die Momos kommt mit Stolz alles, was die lokale Flora und Fauna Essbares hervorbringt. Vor allem Hühnerfleisch, Büffelhack oder Yak-Fleisch. In der vegetarischen Variante Kartoffeln, Blumenkohl, Erbsen, Käse und, eher selten, Tofu, manchmal Pilze oder Tomaten. In Kathmandu und Pokhara gibt es zuweilen auch ausgefallenere Kreationen mit Nüssen, Shrimps oder Spinat. Die meisten Momos gibt es zudem in den Varianten gekocht, gedämpft und frittiert. Letztere eignen sich ausgezeichnet als Fingerfood zum Bier. Die Teigtaschen werden in der Regel mit einem Chili- und einem Currydip, oft aber auch mit Sojasauce oder einer Knoblauchpaste serviert.

Gerade in den letzten Jahren sind Momos auch zu einem Trendessen, vor allem außerhalb Nepals geworden. Es sind also theoretisch alle Variationen möglich, was Füllung und Dip angeht. Nur eins gilt unverändert: In der Regel kann man mit einer Momo-Bestellung nichts falsch machen. Schmecken tut es (fast) immer!

*Chinesischer Einfluss: gedämpfte Momos*

## Momos

**Zutaten Teig**
500 g Weizenmehl
1 Esslöffel Öl
1 Tasse Wasser
1 Messerspitze Salz

**Zubereitung Teig**
In eine große Schüssel das Mehl, Öl, Salz und Wasser geben. Die Zutaten mischen und zum Teig kneten (ca. 15 Minuten). Den Teig 30 Minuten stehen lassen, danach noch mal 10 Minuten durchkneten.

**Zutaten Füllung**
400 g Lammhack
100 g fein gehackte Zwiebeln
1 Teelöffel frisch geriebene Ingwerwurzel
4 fein gehackte Knoblauchzehen
1 Teelöffel fein gehackter Koriander
½ Teelöffel Kreuzkümmelpulver
1 Teelöffel Currypulver
1 Teelöffel Garam Masala
1 Chili fein gehackt
2 Esslöffel Pflanzenöl
1 Esslöffel Salz

**Zubereitung Füllung**
Alle Zutaten in eine Schüssel geben und gut durchmischen. Den fertigen Teig dünn (2 mm) ausrollen. Etwa 5 cm große Kreise (z.B. mit einem passenden Glas) ausstechen. Etwa einen Esslöffel der fertigen Füllung auf den Teig geben, die Ränder mit ein wenig Wasser bestreichen und dann zu halbmondförmigen Taschen zusammenklappen. An den Rändern fest zusammendrücken, damit die Momos beim Dämpfen nicht aufplatzen.

Die fertig geformten Teigtaschen in einen Bambusgarer geben (gibt es in jedem Asienladen) und ca. 10 Minuten dämpfen. Mit Chili- oder Curry-Chutney servieren.

**Tipp:** Die Bambusgarer legt man mit Backpapier oder Chinakohlblättern aus, damit die Teigtaschen nicht am Garer festkleben.

*Der Klassiker: gekochte Momos*

## 70 Choila – newarische Fleischspezialität

**Die Küche der Newar**

Die vor allem im Kathmandu-Tal heimische Volksgruppe der Newar trägt viel zur Vielfalt der nepalesischen Küche bei. Neben Choila gehören *Chantamari* (pizzaartiger Reispfannkuchen mit Hackfleisch oder Ei-Füllung), *Kachila* (rohes Büffelhack mit Kreuzkümmel, Chili und heißem Senföl) und *Sapu Mhicha* (eine gegrillte Wurst mit Knochenmarkfüllung) zu den Spezialitäten, die der Besucher probiert haben sollte.

Es muss nicht immer Tandoori sein oder Sekuwa. Die vielfältige Küche der Newar hat durchaus noch andere schmackhafte Arten, Fleisch zuzubereiten. Eine davon sollte man im Kathmandu-Tal auf jeden Fall probiert haben: Choila.

Traditionell aus Wasserbüffelfleisch zubereitet, findet man Choila heutzutage vor allem mit Huhn und seltener mit Entenfleisch. Vor allem in touristischen Restaurants ist Wasserbüffel-Choila kaum zu finden, auch, weil das Fleisch eher eine Herausforderung für die Zähne ist. Normalerweise wird Wasserbüffel vor allem als Hackfleisch in Momos (s. S. 158) verwendet. Wer die Chance hat, Enten-Choila zu kosten, sollte dies auf jeden Fall tun, da das gegrillte Entenfleisch etwas saftiger als die Hühnervariante ist.

In der nepalesischen Küche gilt Choila eher als Snack und wird gerne zum Bier oder Schnaps gegessen. Ausgezeichnetes Choila bekommt man in Kathmandu im Bhumi (s. S. 138) oder im Restaurant des Kantipur Temple House (s. S. 108). In Bhakapur ist das Nepalica De' Roof Top Café zu empfehlen.

*Chicken Choila: Choila mit gegrilltem Hühnchenfleisch und Gewürzen*

*Spezialität im Kathmandu-Tal: Büffel-Choila*

### Rezept: Hühnchen-Choila

**Zutaten**
800 Gramm Hühnerbrust
2 Teelöffel geröstetes Kreuzkümmelpulver
1 Teelöffel rotes Paprikapulver
1 Teelöffel zerstoßener roter Chili
5 fein zerstoßene Knoblauchzehen
1 dünn geschnittener Ingwer
1 rote Zwiebel, sehr fein gehackt
Salz und Pfeffer nach Geschmack
2 Teelöffel Speiseöl
1 Teelöffel Kreuzkümmelsamen
1 Teelöffel Bockhornkleesamen
1 fein gehackter Bund Koriander
1 Teelöffel Korianderpulver
Saft von zwei frischen Limetten
3 fein gehackte grüne Chilis

**Zubereitung**
Huhn mit 1 Teelöffel Kreuzkümmelpulver, 1 Teelöffel Korianderpulver und Salz/Pfeffer marinieren und 45 Minuten ziehen lassen. Das Huhn grillen und 10 Minuten ruhen lassen. Das Fleisch in kleine Würfel schneiden und in einer Schüssel mit 3 Knoblauchzehen, 1 Teelöffel Kreuzkümmelpulver, Salz, Pfeffer, Chili, Paprikapulver, Zwiebeln, Ingwer und Koriander mischen. Öl in eine Pfanne geben und erhitzen, Bockshornklee und Kreuzkümmelsamen braun rösten. Den restlichen Knoblauch in die Pfanne geben und anbraten. Die Mixtur dann über das Huhn geben.

# 71 Sadeko – scharfe Salatvariationen

*Frisch und scharf: Erdnuss-Sadeko*

Eigentlich kennt die traditionelle nepalesische Küche keine Salate. Jedenfalls nicht im westlichen Sinne. Das ist auch kein Wunder, da frische Salatblätter in den meisten Regionen Nepals eher selten zu bekommen sind und auch Gurken, Tomaten, Zwiebeln und die andere üblichen Zutaten, wenn es um die Zubereitung eines typischen westlichen Salats geht, eher gleich roh gegessen werden, ohne dass man sich die Mühe machen würde, diese auch noch mit Essig und Öl anzumachen.

Wem nach ein paar Tagen Dal Bhat der Sinn nach etwas Frischem steht, muss jedoch nicht verzweifeln. Im Gegenteil! Wer einmal einen gut gemachten Sadeko probiert hat, wird ihn immer wieder bestellen. Varianten gibt es unzählige. Klassiker sind Chicken Sadeko und Alu Sadeko (Kartoffelsalat). Aber auch Tomaten, Zwiebeln, Auberginen und Erdnüsse sind gern benutzte Zutaten eines Sadekos. Je nach Region und Restaurant werden obige Zutaten auch gemischt und mit einem Dressing aus Öl, Chili, Limetten – oder Zitronensaft sowie Salz und Pfeffer angemacht (s. Rezept).

Steht Sadeko auf der Speisekarte, ist es durchaus üblich, mehrere Variationen zu bestellen. Auch zum Bier oder Schnaps ist Sadeko ein gern georderter Snack. In den Trekkingregionen und auch im Kathmandu-Tal ist Sadeko eher selten im Ange-

*Frische Auswahl an Gemüse auf dem Markt*

*Bohnen-Sadeko auf dem Markt*

bot. Im heißen Süden Nepals, dem Terai, sind vor allem in indisch beeinflussten Restaurants Sadeko-Variationen jedoch fester Bestandteil der Speisekarte. Aber Vorsicht: Wer eine geringe Schärfetoleranz hat, sollte auf jeden Fall bei der Bestellung darauf hinweisen. Chili gehört auf jeden Fall in jeden Sadeko und wird zuweilen recht großzügig verwendet. Es empfiehlt sich so auch, zum Sadeko ein wenig Brot zu ordern, im Idealfall ein Garlic Nan, das ergänzt sich wunderbar. Dazu dann noch ein Chicken Tandoori, und die perfekte Mahlzeit ist komplett!

### Hühnchen-Sadeko (4 Portionen)

**Zutaten**
500 g Hühnerbrust, gekocht und klein gehackt
1 kleine Zwiebel, gehackt
1 kleine Tomate, gehackt
2–3 Chili, gehackt
5–6 Korianderblätter, gehackt
1 Esslöffel Senföl
1 ½ Teelöffel Kreuzkümmelpulver
1 Teelöffel Chilipulver
3 Teelöffel frisch gepressten Limettensaft
Salz und Pfeffer nach Geschmack

**Zubereitung**
Das gehackte Huhn, Zwiebel, Tomate und Chili in einer großen Schüssel mischen. In einer kleinen Schüssel das Dressing aus Öl, Kreuzkümmel und Limettensaft anrühren. Das Dressing über die Hühnermischung schütten. Die Korianderblätter beigeben und mit Salz und Pfeffer abschmecken. 30 Minuten im Kühlschrank aufbewahren – fertig!

# 72 Thukpa – tibetische Nudelsuppe

Eigentlich ist Thukpa kein nepalesisches Gericht, sondern kommt aus dem tibetischen Hochland. Die tibetische Nudelsuppe ist aber inzwischen, wie die Momos (s. S. 158), ein integraler Bestandteil der nepalesischen Küche. Selbst in kleinen Restaurants oder in den Teehäusern entlang der Trekkingrouten gibt es die sättigende und schmackhafte Nudelsuppe in mehreren Variationen. Mit Huhn, Lamm oder Wasserbüffel, oder auch vegetarisch mit Ei und Tomate. In Hochlagen auch gerne mal mit Yakhack und viel Fett.

Auch bei den Nudeln gibt es einige Unterschiede. Während in den Höhenlagen meist Weizen- oder Gerstennudeln verwendet werden, besteht die Nudel der Wahl in Südnepal meist aus Reismehl. Auch die Länge und Breite der Nudeln variiert. Für die traditionelle Thukpa werden meist breite Nudeln verwendet, während die dünne Variante in der Regel als gebratene Nudeln auf den Tisch kommt. Die breiten und meist etwas kürzeren Nudeln haben eindeutig den Vorteil, dass sie, gesättigt mit der öligen Suppe, meist ein wenig einfacher zu essen sind und damit weniger Flecken auf der Kleidung hinterlassen. Denn eine Thukpa ist eines der wenigen Gerichte in Nepal, das gerne auch mit Stäbchen gegessen wird.

Im Gegensatz zu chinesischen Nudelsuppen ist die nepalesische Variante nicht sonderlich scharf. Vielmehr sind die servierten Suppen bewusst etwas unterwürzt, damit die Gäste nach eigenem Geschmack nachschärfen können.

*Die ideale Mittagsmahlzeit: Thukpa*

## Thukpa

**Zutaten**
1 Teelöffel Pflanzenöl
1,5 Liter Hühnerfond
300 g Hühnerfilet
300 g breite Reisnudeln
100 g Karotten, in kleine Streifen geschnitten
½ rote Paprika, klein geschnitten
1 Teelöffel Zitronensaft
Salz und Pfeffer zum Abschmecken
Gehackte Korianderblätter als Garnitur

**Würzpaste**
1 kleine Zwiebel, gehackt
2 gehackte Knoblauchzehen
1 Teelöffel gehackter Ingwer
1 Teelöffel Kreuzkümmelpulver
½ Teelöffel Kurkumapulver
¼ Teelöffel Sichuanpfeffer
1 scharfe grüne Chili, gehackt
200 g gehackte Tomaten

*Die Nudelsuppe Thukpa stammt aus dem tibetischen Hochland*

**Zubereitung**
Die Zutaten für die Würzpaste im Mixer mischen, bis eine homogene Paste entsteht. Dann die Tomaten zugeben und vermischen.

Das Öl in einer großen Pfanne bei mittlerer Wärme erhitzen. Die Würzsauce in die Pfanne geben und unter ständigem Rühren 6–7 Minuten kochen. Den Hühnerfond zugeben und zum Kochen bringen. Bei kleiner Hitze 15 Minuten köcheln lassen, dann das Hühnerfilet zugeben und noch einmal 15 Minuten auf kleiner Flamme kochen. Sobald das Fleisch gar ist, aus der Pfanne nehmen und klein schneiden.

Währenddessen 2 Liter Wasser zum Kochen bringen, die Nudeln zugeben und 2 Minuten kochen lassen. Abschrecken und abtropfen lassen, zur Seite stellen. Karotten und Paprika zur gekochten Würzpaste in die Pfanne geben und 2–3 Minuten köcheln lassen. Mit Zitronensaft, Salz und Pfeffer abschmecken. Die Nudeln in Essschüsseln verteilen und das Hühnerfleisch zugeben. Die Würzpaste mit dem gekochten Gemüse auf die Nudeln gießen und mit Koriander garnieren.

# 73 Reis – vielseitiges Grundnahrungsmittel

**Daten zum Reis**

Pro-Kopf-Konsum in Nepal: 122 kg/Jahr
Pro-Kopf-Konsum in China: 90 kg/Jahr
Import Nepal: 504.500 Tonnen/Jahr (2013)
Anteil am Bruttoagrarprodukt: 20 %
Bekanntestes Gericht: Dal Bhat (Linsencurry mit Reis) (s. S. 156)

Wer einmal über Indien nach Kathmandu geflogen ist oder den Terai bereist hat, wird ausgedehnte Reisfelder in Erinnerung haben, die den südlichen Teil Nepals, das Flachland Terai bedecken. Der Terai ist die Kornkammer des Landes und trägt heute zu etwa 75 Prozent zum Gesamtertrag bei. Reis ist und bleibt Hauptnahrungsmittel in Nepal, kein Wunder, da das Nationalgericht, Dal Bhat vor allem aus Reis und Linsen besteht und fast täglich konsumiert wird (s. S. 156). 122 Kilogramm Reis isst durchschnittlich jeder Bewohner des Landes im Jahr, bei 47 Kilogramm Mais und 17 Kilogramm Weizen (Stand 2012). Damit nimmt Nepal im Pro-Kopf-Konsum von Reis einen Spitzenplatz ein und liegt deutlich vor der Volksrepublik China, die 90 Kilogramm pro Kopf und Jahr ausweist. Der Reiskonsum in Deutschland fällt mit 5,4 Kilogramm im Jahr für jeden Bundesbürger recht bescheiden aus.

Bedenkt man die Wichtigkeit, die der Reis in Nepal als Grundnahrungsmittel hat, wundert es nicht, dass das Land insgesamt 55 verschiedene Reissorten anbaut. Er-

*Traditionell werden die Reisfelder Nepals, wo es möglich ist, mit Ochsengespannen gepflügt. Nur im Terai werden beim Reisanbau auch Maschinen eingesetzt*

staunlich ist zudem, dass selbst in Gebirgsregionen teilweise Reis angebaut wird und mit immerhin zwei Prozent zum Gesamtertrag beiträgt. Große Anstrengungen wurden in den letzten Jahren unternommen, um die Produktion auszuweiten. Denn der Reiskonsum in Nepal steigt stetig, der Ertrag stagnierte jedoch in den letzten Jahren und ging teilweise, bedingt durch schlechtes Wetter und Bodenerosion sogar zurück. Eine Rolle spielt zudem, dass viele Bauern statt Reis sogenannte Cash Crops wie beispielsweise Tee anbauen und die Produktion dadurch weiter zurückgeht – mit gravierenden Folgen für die nepalesische Wirtschaft. War Nepal bis Anfang der 1980er-Jahre noch Nettoreisexporteur und konnte damit die chronisch negative Außenhandelsbilanz ein wenig aufbessern, importierte das Land im Fiskaljahr 2012/2013 den Spitzenwert von 504.500 Tonnen, vor allem aus China, Indien, Bangladesch und Thailand.

*In Nepal wird vor allem Nassreis angebaut*

Für den Nepalreisenden ist der Reis nicht nur auf dem Teller ein ständiger Begleiter. Sei es auf kunstvoll angelegten Terrassenfeldern im zentralen Mittelgebirge und an den Hängen des Himalaya, je nach Jahreszeit saftig-grün oder wässrig-blau in der Sonne schimmernd oder in schier endlos scheinenden Monokulturen im Terai im Süden des Landes – Reis ist überall in Nepal und bietet nicht selten eine grandiose Fotokulisse. Nur im Terai kommt zuweilen schweres landwirtschaftliches Gerät wie Traktoren zum Einsatz, in den Bergen wird der Reis unverändert wie seit Jahrhunderten mit der Hand gesetzt, umgesetzt und geerntet. Geerntet wird der Reis zweimal im Jahr, im Frühjahr (Februar) und im Herbst (November), Besucher können dann überall im Land den weiten Weg des Reis vom Feld bis auf den Teller nachverfolgen.

# 74 Tee – junge Teenation Nepal

Nepal ist eine Teenation. Ob Grüntee, Schwarztee oder den überall erhältlichen Marsala-Tee (in Deutschland unter dem überhöhten Namen Yogi-Tee bekannt), ein Besuch in Nepal bietet allerlei Möglichkeiten, auf den Teegeschmack zu kommen.

Die Geschichte des Teeanbaus und -konsums in Nepal ist relativ jung. Der Legende nach kam der erste Teestrauch als Geschenk des chinesischen Kaisers Mitte des 19. Jahrhunderts nach Nepal. Angebaut und verarbeitet wird Tee tatsächlich seit 1863, also etwa zehn Jahre nachdem die Engländer anfingen, Tee in Darjeeling anzubauen, um das chinesische Monopol zu brechen. Pflanzen aus Darjeeling gelangten ins benachbarte Ilam in Nepal und die ersten Plantagen wurden in die Hänge gebaut. Anders jedoch als in Darjeeling, wo das neue Produkt von den englischen Kolonialherren auf den Weltmarkt gedrückt wurde, war der Teeanbau in Nepal alles andere als eine Erfolgsstory. Die fortwährenden politischen Krisen im Nepal des 20. Jahrhunderts taten ihr Übriges. Bis in die 1980er-Jahre lag die nepalesische Teeproduktion darnieder.

Ende der 1980er-Jahre gab es dann erste Anzeichen eines Revivals. Unterstützt von der nepalesischen Regierung und einigen NGOs (unter anderem die deutsche GIZ) wurden vor allem im Ilam und in Jhapa, aber auch in neu erschlossenen Regionen wie Nuwakot der Teeanbau forciert und vor allem auf qualitativ hochwertigen, nachhaltig produzierten Tee auf der einen und gemeinsames Marketing auf der anderen Seite gesetzt. Das Ergebnis kann sich sehen lassen. Für viele Teeliebhaber übertrifft die Qualität des nepalesischen Tees schon jetzt die des Nachbarn Darjeeling. Neben der Fokussierung auf Qualität spielt auch die Armutsbekämpfung in den Teeregionen eine große Rolle. Mit dem Teeanbau fließen Gelder und Mittel in

*Teefelder im Ilam*

bisher unterentwickelte Gebiete, der Lebensstandard steigt und damit die Möglichkeit, in diesen Gebieten ein Auskommen zu finden.

Heute ist Tee, vor allem als Marsala-Tee, allgegenwärtig im Land. Wem dieser zu milchig ist oder zu sehr nach Gewürzen schmeckt, der wird auch fast überall im Land gut trinkbaren Schwarztee bekommen, angenehmerweise selten als Teebeutel sondern mit losem Tee aufgebrüht. Teeliebhabern ist schließlich eine Reise in den Ilam im äußersten Südosten des Landes anempfohlen. Hier wurden in den letzten Jahrzehnten große Anstrengungen unternommen, um das grüne Blatt auch in Nepal gewinnbringend anzubauen. Schließlich befindet sich nur einen Teewurf über den nächsten Hügel entfernt mit Darjeeling eines der bekanntesten und meistgeschätzten Teeanbaugebiete der Welt!

Das Ergebnis ist in der Tat erstaunlich! Vom unbehandelten Grüntee über den halbfermentierten Oolong bis hin zu hochwertigem Schwarztee wird im Ilam inzwischen alles angebaut, was das Teeliebhaberherz begehrt. Leider ist es so gut wie unmöglich, hochwertigen Tee aus dem Ilam in Kathmandu zu bekommen. In den Supermärkten der Hauptstadt herrscht hier vor allem die billige Massenware vor. Einige auf den Verkauf lokaler Produkte für Touristen spezialisierte Läden Kathmandus haben eventuell auch hochwertigeren Ilam-Tee im Angebot. Am besten aber fährt man selbst in den Südosten und probiert sich durch die verschiedenen Teeplantagen. Besichtigungstermine und Verkostungen organisieren gerne die lokalen Unterkünfte in Ilam, allen voran das Chiyabari Cottage (s. S. 130).

*Marsala-Tee to go*

**Daten zum Tee**

Jährliche Teeproduktion: 16.290 Tonnen
(0,4 % der weltweiten Produktion)
Anbaufläche: 16.718 Hektar
Export: Zwischen 4000 und 5000 Tonnen im Jahr
Weitere Infos rund um Tee in Nepal gibt es auf:
www.nepalhimalayantea.com

*Nepalesischer Grüntee muss die Konkurrenz nicht fürchten*

## 75 Bier, Wein und Schnaps

Nepal ist definitiv kein Land für Biertrinker! Das, was traditionell als „Bier“ läuft, ist eigentlich vergorener Reis, **Chhang**, oft auch tibetisches Bier genannt, ein meist leicht süßliches Getränk, dem man den Alkoholgehalt leider nicht anschmeckt, was nach entsprechendem Genuss meist ziemliche Kopfschmerzen nach sich zieht. Probiert haben muss man die milchige, meist grün-weiße Flüssigkeit jedoch schon einmal. Das reicht dann jedoch meistens!

Ähnliches gilt für nepalesischen **Schnaps**. Meist sehr stark und mit ausreichend Fuselölen versetzt kommt dieser daher, es sei denn, man gönnt sich den Hausschnaps in einem der Spezialitätenrestaurants des Landes wie etwa dem Bhumi (s. S. 138) oder dem Bhojan Griha (s. S. 136).

*Teuer, aber selten knapp: nepalesisches Bier*

Ähnliches gilt für **Wein**. Vereinzelt wird tatsächlich Beerenwein hergestellt, dieser ist jedoch von sehr schwankender Qualität und nicht mit westlichem Wein zu vergleichen. Interessant sind hier vor allem die Marken „Dadaghare“ aus Pokhara und „Hinwa“ aus Sankhuwasabha, beide eine Mischung aus lokalen Beeren und verschiedenen Kräutern.

Dagegen werden **Whisky**-Liebhaber tatsächlich auch in Nepal auf ihre Kosten kommen. Indische Marken wie „Signature“ und „Antiquity“ stellen ihren Whisky auch in Nepal her. Atemberaubenden Single Malt darf man hier zwar nicht erwarten, aber durchaus trinkbaren, guten Whisky, der zumindest die deutlich teureren Import-Standard-Waren wie etwa „Jim Beam“ oder „Jack Daniels“ bei Weitem übertrifft. Mit Preisen zwischen 3 und 10 Euro für die 0,7-Liter-Flasche greifen auch die Nepalesen gerne mal zum Whisky.

Denn **Bier**, egal ob im Land hergestellt oder importiert, ist exorbitant teuer! Zwischen 2 Euro im Supermarkt und bis zu 10 Euro im Restaurant für die 0,65-Liter-Flasche muss der Hopfensaft-Liebhaber hinlegen. Das kann bei entsprechendem Bierdurst die Urlaubskasse schon ziemlich

### Überblick

Eine Übersicht über nepalesisches **Bier** bekommt man auf den Homepages der beiden Großbrauereien „Gorkha“ (www.gorkhabrewery.com) und „Everest“ (mteverestbrewery.com). Über nepalesischen **Beerenwein** kann man sich unter www.facebook.com/hinwa.wine informieren.

Nepalesischen **Schnaps** probiert man am besten bei Familieneinladungen oder in Spezialitätenrestaurants wie dem Bhojan Griha oder dem Bhumi. **Chhang** wird auf Trekkingtouren immer mal angeboten, sodass man auch um diesen Geschmack nicht herumkommt.

*Anders als in Indien wird Bier in Nepal frei verkauft*

belasten. Die beiden beliebtesten Marken „Everest" und „Gorkha" sind beides Joint Ventures mit ausländischen Firmen, „Everest" mit der indischen Kingfisher-Brauerei und „Gorkha" mit der dänischen Carlsberg Group. Tuborg und Carlsberg werden auch unter dem eigenen Namen vertrieben, aber ebenfalls in der Gorkha-Brauerei im Terai hergestellt. Gorkha gibt es wiederum als Pils und als „Strong", das 6,8 Prozent Alkohol enthält. Das „Gorkha Strong" schmeckt zwar ziemlich lecker, ist aber definitiv nicht das Getränk, mit dem man an einem heißen Tag im Terai oder nach einer anstrengenden Höhenwanderung den Durst löschen sollte.

Generell ist es sowieso nicht unbedingt die beste Idee, in den Höhenlagen Nepals übermäßig Alkohol zu konsumieren. Ganz ohne moralische Keule: Wie wäre es denn mit einem guten Marsala-Tee oder gar einem feinen Blatt aus dem Ilam? (s. S. 168)

*Chhang, oft fälschlicherweise „tibetisches Bier" genannt, wird aus vergorenem Reis hergestellt*

# 76 Chatpati und andere Snacks

Als Snackliebhaber steht man in Nepal immer vor einer schweren Entscheidung. Siegt die kulinarische Abenteuerlust oder die gesundheitliche Vernunft? Nun ist es nicht so, dass hinter jeder einfachen Garküche der Typhus, die Cholera oder irgendwelche heimtückischen Würmer lauern. Im Gegenteil: Viele Garküchen sind, bedenkt man die doch recht staubige, teilweise auch abgasgeschwängerte Umgebung, erstaunlich sauber. Aber im Gegensatz zu Ostasien, wo man in der Regel auf jeden Nachtmarkt und in jedes Restaurant gehen kann, ohne danach den Rest der Reise auf der Keramikschüssel verbringen zu müssen, sollte der Nepalreisende doch ein wenig Vorsicht walten lassen.

Andererseits: Jeder Nepalese, der nach Europa kommt, wird in den ersten Tagen Verdauungsprobleme und Dünnpfiff haben – ganz einfach aus dem Grund, dass in heimischen Gefilden andere Bakterienstämme ihr Wesen und Unwesen treiben als im fernen Ausland.

Wie auch immer, es gibt eine Menge zu probieren in Nepal, und man muss im Einzelfall entscheiden, ob der eigene Magen das aushält. Relativ unbedenklich ist zum Beispiel **Chatpati**. Dazu nimmt man Puffreis, trockene Instantnudeln, getrocknete Erbsen, Chili, Korianderblätter, Zitronensaft und Öl, mischt das in einem Plastikeimer und serviert das leckere Gemisch auf einem Zeitungspapier. Gegessen wird mit kleinen Pappstücken, die als Löffel dienen. Chatpati ist sozusagen der kleine Snackbruder des Dal Bhat. Es gibt das Gericht überall und jeder bereitet es ein we-

*Schmackhafte Snacks gibt es an jeder Ecke*

nig anders zu. Chatpati wird vor allem an kleinen Kiosken und von fliegenden Händlern an Busbahnhöfen verkauft.

Neben Chatpati sind auch **Momos** (s. S. 158) immer gut für die Mahlzeit zwischendurch. Sie sind auch auf fast allen Speisekarten zu finden. Die meisten Garküchen bereiten zudem leckere **Pakoras** zu, meist vegetarisch. Ein Blick auf das Frittieröl reicht hier, um die nachhaltige Bekömmlichkeit des Snacks abzuschätzen.

Für den Hunger zwischendurch auch ausgezeichnet geeignet und in der Regel unbedenklich sind die verschiedenen Nudelsuppenvarianten, allen voran die **Thukpas** (s. S. 164). Manche Regionen haben zudem eigene Snacks, die man auf jeden Fall versucht haben sollte. Vor allem in Tansen sollte man auf jeden Fall einmal **Sel Roti** (s. S. 151) probieren, frittierte Teigkringel aus Reismehl, Zucker, Butter und Kardamon.

Und auch für die kleinen Reisenden ist gesorgt: An vielen Straßenecken wird frisches Popcorn verkauft. Und **Lapsi** (s. S. 176), eine getrocknete Frucht, die es vor allem auf Märkten zu kaufen gibt, ist der ideale Gummibärchenersatz.

*Chatpati wird auf Papier serviert und mit Pappstückchen gegessen*

*Gefüllte Teigtaschen, Momos, eignen sich als Snack für zwischendurch*

*Süße Bananen und anderes Obst werden auf der Straße angeboten*

# 77 Brot – Tradition und Vielfalt

Ideal zum Curry oder Dal Bhat: Chapati

Anders als in Ostasien, wo die mitteleuropäische Seele brottechnisch ein wenig durchhängt, muss man als Liebhaber des gebackenen Teigs keine Angst haben, in Nepal zu kurz zu kommen. Wie auch das große Nachbarland im Süden, Indien, hat auch Nepal eine lange Tradition des Brotbackens.

Vor allem **Chapati** (Roti) gibt es an jeder Straßenecke und zu fast jedem Essen. Es wird in der Regel zu Currys, Chutneys und Gemüse gegessen, aber auch als Beigabe zu kompletten Mahlzeiten.

Seltener und vor allem im Süden bekommt man das traditionelle indische Dampfbrot **Bhatura**, ein frittiertes Fladenbrot, das sich während des Frittierens aufbläht

Sel Roti werden zu Kringeln geformt und in heißem Fett ausgebacken

und eine ballonartige Form annimmt. Der Teig besteht aus Weizenmehl, Weizengrieß, Salz, Zucker, Joghurt und Hefe.

Etwas häufiger, vor allem in touristischen Gegenden, bekommt man das äußerst schmackhafte **Naan**. Im Gegensatz zu anderen Brotsorten in Nepal stellt man Naan aus gesäuertem Teig her, oft wird etwas Joghurt sowie Hefe dem Teig zugefügt. Naan wird traditionell im Lehmofen hergestellt und schmeckt besonders mit Knoblauch *(Garlic Naan)* ausgezeichnet. In letzter Zeit kann sich auch süßes Naan mit Trockenfrüchten (oft als *Kasmiri Naan* bezeichnet) durchsetzen.

In den indischen Restaurants des Landes, aber auch manchmal im Terai bekommt man in der Regel einen Teller mit **Papadam** zum Essen, einem sehr dünnen, knusprig frittierten Fladen aus Linsenmehl, oft mit Pfefferkörnern, Chili oder Kreuzkümmel zubereitet.

Eine nepalesischen Spezialität, die vor allem im Westen des Landes weit verbreitet ist, ist **Sel Roti**. Dies ist ein süßer Teigkringel, ähnlich einem Donat, der miz gesüßtem Reismehl zubereitet wird (s. S. 151). Sel Roti wird vor allem zu besonderen Anlässen wie Geburtstagen, Hochzeiten oder religiösen Feierlichkeiten gebacken.

Wer trotz alledem Sehnsucht nach deutschem Brot hat: Mehrere Cafés und Bäckereien in Kathmandu und Pokhara haben auch Brote und andere Backwaren nach deutschem Rezept im Angebot, unter anderem die **Pumpernickel Bakery** (Tel. +977-1-240144) in Zentral-Thamel und das **Boomerang Restaurant & German Bakery** (s. S. 146) in Pokhara.

## Rezept Chapati

**Zutaten**
250 g gesiebtes Weizenmehl
150 ml lauwarmes Wasser
½ Teelöffel Salz

**Zubereitung**
Mehl, Salz und Wasser in eine Schüssel geben. Die Mischung etwa 5–10 Minuten zu einem Teig kneten, mit einem feuchtem Tuch bedecken und für eine Stunde beiseite stellen. Den Teig mit angefeuchteten Händen erneut durchkneten und in zehn gleich große Stücke teilen, die mit etwas Mehl zu runden Fladen ausgerollt werden. Die Fladen in einer erhitzten Pfanne ohne Fett auf beiden Seiten anbraten, bis goldbraune Flecken und kleine Blasen erkennbar sind. Die zubereiteten Chapati übereinander legen und mit einem sauberen Tuch umwickeln, damit sie schön warm bleiben und nicht austrocknen.

*Das Dampfbrot Bhatura*

# 78 Lapsi – fruchtiger Genuss

Geschmacksrichtung süß-sauer

*Choerospondias axillaris*. Nie gehört? Nun gut, besser bekannt ist die Frucht des bis zu 20 Meter hohen Baums, der in ganz Asien heimisch ist, unter dem Namen Lapsi. Es klingelt immer noch nicht? Kein Problem, selbst langjährige Nepalreisende haben noch nie was von Lapsi gehört. Es sei denn, sie waren mit Kleinkindern unterwegs. Lapsi in getrockneter Form erinnert in Konsistenz und Geschmack an Gummibären, ist aber um einiges gesünder. Und das ideale Betthupferl für die quengeligen Kleinen, wenn der mitgebrachte Gummibärchenvorrat zur Neige geht.

Bedenkt man, wie gesund und vielseitig Lapsi ist, wundert man sich eigentlich, dass die Frucht nur in Nepal wirklich Eingang in den Speiseplan gefunden hat. Die Frucht selbst ist im reifen Zustand grün-gelb und ähnelt ein wenig einer ovalen Pflaume. Selbst im reifen Zustand ist sie sehr sauer, was auch auf den sehr hohen Vitamin-C-Gehalt zurückzuführen ist. Die Schale ist relativ faserig und hart, sodass es sehr schwierig ist, das Fruchtfleisch von dem großen braunen Kern zu lösen. Kocht man die Frucht ein wenig, dann lässt sich das Fruchtfleisch jedoch gut ablösen. Aufgrund ihrer Säure wird Lapsi relativ selten frisch gegessen. Die Frucht wird meist getrock-

Ein gesunder Snack für zwischendurch: Trockenfrüchte

*Lapsi-Kerne*

net und zu gelatineartigen Fruchtbonbons verarbeitet, die es in süßen, salzigen und scharfen Varianten gibt und die häufig auf den Märkten Nepals zu finden sind. Gerne wird Lapsi auch eingelegt, zu Chutney verarbeitet oder als Säuerungsmittel verwendet. Die Steine werden zuweilen getrocknet und von Kindern als Murmeln zum Spielen verwendet.

Eine sehr schmackhafte Trockenfruchtvariante ist **Lapsi ko titaura**, wobei *Titaura* der generelle Ausdruck für Trockenfrüchte ist. Hierzu wird das Fruchtfleisch durch Kochen von Schale und Kern getrennt und danach mit Zucker, Salz, Cayennepfeffer, Zimt und Kardamom gemischt. In der Sonne getrocknet gibt dies einen leckeren Snack. Auch in der **Maadaa** genannten Variante, oft zu Fruchtschnecken gerollt, schmeckt Lapsi lecker und ähnelt, wie anfangs erwähnt, in Geschmack und Konsistenz unseren Gummibärchen. Sehr zu empfehlen und auch ein gutes Mitbringsel ist **Lapsi ko Achaar**, eine Art Chutney aus Lapsi. Hierzu werden nur reife Früchte genutzt, die gekocht werden, bis sich die Schale ablöst. Die geschälte Frucht samt Kern wird mit Öl, Zucker, Bockshornklee, getrockneten Chilis, Zimt, Kardamom, Fenchelsamen, Kurkuma und verschiedenen Trockenfrüchten gekocht.

Lapsi in allen Variationen gibt es auf vielen Märkten im ganzen Land. Einige Läden in Thamel und an der Lakeside in Pokhara haben getrocknete Lapsi mit englischem Etikett im Angebot. Die größte Auswahl an *Lapsi ko titaura* (und anderer Frucht-Titaura) gibt es wohl im Ratna Park Pau Bhandar in Kathmandu.

**Information:**
**Ratna Park Pau Bhandar**, http://titaura.biz, https://www.facebook.com/titaura, https://www.facebook.com/pages/Ratna-Park-Pau-Bhandar/100503600000162

INFO

# Projekte

# 79 Kathmandu – Ökoladen im Freien: Kheti Bazaar

Der Kheti Bazaar in Kathmandu

Es ist gar nicht so lange her, da waren Nachhaltigkeit und Ökologie kein Thema in Nepal. Kein Wunder, zwischen Armut und Bürgerkrieg blieb beim besten Willen kein Platz für den Gedanken der Nachhaltigkeit. Seit einigen Jahren entwickelt sich jedoch ein gewisses Bewusstsein für ökologische Ansätze im Land, vor allem in Kathmandu, Pokhara und auf den Haupttrekkingrouten. Nachhaltigkeit verkauft sich zudem auch recht gut und so haben viele Geschäfte und Supermärkte ihre „Öko-Ecken", in denen organische Seifen neben Ayurveda-Produkten vor glimmenden Räucherstäbchen präsentiert werden, während im Hintergrund buddhistische Sakralgesänge dudeln. Eben so, wie es der westliche Tourist von seinem Asienladen oder dem kleinen Bioladen an der Ecke gewohnt ist.

Ein wohltuendes Kontrastprogramm dazu ist der Kheti Bazaar, ein kleiner bodenständiger Ökoladen auf dem Areal des Bhojan Griha Restaurants (s. S. 136) in einer

Ein Ökoladen wie der Kheti Bazaar ist noch eine Seltenheit in Nepal

*Subechhya Basnet ist die Gründerin des Kheti Bazaars*

Seitenstraße des Dilli Bazaar. Ein kleines, simples Gebäude, ein paar traditionelle Körbe und Regale, ein wenig Gemüse in der Auslage, Reis und Linsen in großen Säcken. Es ist nicht Design und Verpackung, die zählt, sondern die Qualität der Lebensmittel.

Subechhya Basnet, die den Kheti Bazaar 2010 gründete, studierte in den 2000er-Jahren in Deutschland und war begeistert von den deutschen Bioläden und der Philosophie, die dahintersteht. Nach ihrer Rückkehr nach Nepal wollte sie sich weiterhin gesund ernähren und fand es äußerst schwierig, organische und nachhaltig produzierte Lebensmittel in Nepal zu finden. Nach ausgiebiger Recherche knüpfte sie Kontakte zu Bauern und Kooperativen, die nachhaltig produzierten, jedoch Probleme hatten, ihre Produkte auf den Markt zu bringen. Aus der Idee, diesen Produkten einen Marktzugang zu verschaffen, entstand der Kheti Bazzar. Mit dem Kantipur Temple House (s. S. 108) und dem Bhojan Griha (s. S. 136), die beide von Basnets Familie betrieben werden, fand sie verlässliche Abnehmer und baute sich in der Folge eine breiten Kundenstamm auf, sowohl in der Ausländergemeinde von Kathmandu als auch in der lokalen Mittelschicht. Die Produkte stammen teils aus der eigenen Familienfarm, teils aus Paanchthar im äußersten Osten, Jumpla im Westen und Chitwan im Süden Nepals. Geliefert wird vor allem auf Bestellung, das kleine Ladengeschäft begrüßt aber auch jeden spontanen Kunden. Warum nicht das Abendessen im Bhojan Griha mit einem Besuch im Kheti Bazaar verbinden?

**Information:**
**Keiti Bazaar**,
auf dem Gelände des Bhojan Grila,
Dilli Bazaar, Kathmandu.

INFO

# 80 Kathmandu – Flaschenhäuser für Waisenkinder

Dali Sherpa ist 15 Jahre und liebt Nutella zum Frühstück. Vor Kurzem schloss sie die Schule mit guten Noten ab, beim Ausflug hinterher – samt Musikanlage – wurde den ganzen Tag gelacht und getanzt. Nun überlegt Dali: Soll sie Krankenschwester werden oder doch lieber später Wirtschaft studieren?

All das könnte auch für ein Mädchen aus Österreich oder Deutschland zutreffen. Doch Dali lebt im Norden von Kathmandu; zusammen mit 44 anderen Kindern und Jugendlichen zwischen drei und 15 Jahren wohnt sie in Häusern, die ganz aus Bier- und Whiskyflaschen gebaut sind. Dali war das erste Kind, das Sudama Karki unter seine Obhut nahm. Das war vor zehn Jahren – so lange gibt es das von Sudama gegründete „Poor and Orphan Children Relief Center“ (PAORC) schon. Es kümmert sich um Waisenkinder und Kinder aus armen Familien.

Sudama will die Kinderarmut im Land bekämpfen: Nepal zählt zu den sechs ärmsten Ländern der Welt. Viele Familien können es sich nicht leisten, die Kinder zur Schule zu schicken, und so landen viele auf der Straße, in der Sucht – und so manches Mädchen wird an wohlhabende Leute oder ein Bordell in Indien verkauft. Sudama nimmt sich auch der Kinder an, die durch den Bürgerkrieg um die Maoisten und Krankheiten wie Aids zu Waisen geworden sind, um ihnen ein behütetes Zuhause, schulische Grundbildung und eine Berufsausbildung zu ermöglichen.

Konnte das Zentrum zu Beginn nur fünf Kinder beherbergen, so wurde der Platz mit den 2012 eingeweihten Bottle Houses gehörig erweitert. Das Besondere daran ist, dass die Bottle Houses hundertprozentige Ökohäuser sind, nur aus leeren Glasflaschen erbaut. Verputzt sind sie mit Lehm, gedämmt mit Bambus und Stroh. Die Bauweise wurde mit einem jungen US-Architekten entwickelt.

*Tanzvorführung im Rahmen einer Projektfeier*

*So genial wie einfach: ein Flaschenhaus von innen*

Das große Ziel ist, in der Zukunft auch in den Bergen entlang der Trekkingrouten solche Flaschenhäuser zu errichten – das Baumaterial wird einfach auf der Straße aufgesammelt und so gleichzeitig das Müllproblem bekämpft.

Im April wurde nun ein zweiter Standort eröffnet: 15 Kinder zogen in das neue „Happy Bottle House“ in der Manaslu-Region. Freilich gibt es immer neuen Bedarf. PAORC unterstützt unter anderem 41 Kinder, die wegen Geldmangels die Schule abgebrochen haben, mit Schulgebühren, Schuluniform und Büchern.

Finanziert wird all das durch den Verkauf eines jährlich erscheinenden Kalenders, durch Sponsoren und Spenden. Der österreichische Trekkingspezialist „Weltweitwandern“ unterstützt die Initiative zudem von Anfang an.

Aktuell planen Sudama und seine Mitstreiter den Ankauf eines weiteren Grundstücks in Kathmandu, das direkt an die Flaschenhäuser angrenzt. Ein Gutteil des nötigen Geldes ist beisammen. Das Ziel ist, „Lokto“-Papier herzustellen, das dem Blütenpapier ähnlich ist und in Nepal eine jahrhundertelange Tradition hat. Mit dem Verkauf möchte PAORC das Kinderheim auf eigenständige Füße stellen.

INFO

**Information:**
**Poor and Orphan Children Relief Center** (PAORC),
Post Box 20815, Kathmandu,
http://paorc.org, www.paorc.org.np

# 81 MAITI Nepal – Schutz der Rechte von Mädchen und jungen Frauen

Wie in so vielen Ländern Südost- und Südasiens ist Kinderarmut und Kinderprostitution leider auch in Nepal ein ernstes Thema. Vor allem in armen ländlichen Gebieten des Landes werden junge Mädchen häufig Opfer häuslicher Gewalt, werden verschleppt und an indische Bordelle verkauft. MAITI Nepal wurde 1993 von einer Gruppe von Lehrern, Journalisten und Sozialarbeitern auf Initiative der Aktivistin Anuradha Koirala hin gegründet, um ein Forum für diese Mädchen zu schaffen und ihnen zu helfen. Das Wort *Maiti* ist nur schwer zu übersetzen und beschreibt die Geborgenheit, die eine nepalesische Frau in ihrer eigenen Familie hat. Diese Geborgenheit möchte MAITI Nepal den betroffenen Frauen geben.

Der Schwerpunkt der Arbeit lag dabei von Anfang an darauf, die Verschleppung von nepalesischen Mädchen nach Indien zu verhindern, den Menschenhandel zu stoppen und die Wiedereingliederung betroffener Mädchen zu unterstützen. MAITI Nepal hat es geschafft, auf einer nationalen und schließlich auf einer internationalen Ebene ein Bewusstsein für das nur scheinbar lokale Problem zu schaffen. Vor allem durch die Kooperation mit indischen Initiativen gegen Zwangsprostitution gelang es MAITI Nepal, Tausende von Frauen aus der Zwangsprostitution zu befreien.

In letzter Zeit wurden jedoch Stimmen laut, die die teils harschen Methoden von MAITI und der indischen Partnerorganisation STOP bei der Befreiung der Prosti-

*Nicht nur in Kathmandu sind besonders Frauen und Kinder von Armut und Ausbeutung bedroht*

*Kathmandu, die Hauptstadt Nepals, hat rund 1,6 Millionen Einwohner. Im ganzen Land lebt rund ein Drittel der Bevölkerung unterhalb der Armutsgrenze*

tuierten und dem Versuch der Wiedereingliederung in die Gesellschaft kritisieren. Dennoch ist MAITI Nepal bis heute die anerkannteste und wirkungsvollste Organisation Nepals, um die Rechte von Mädchen und jungen Frauen zu schützen.

Neben dem Kampf gegen den Menschenhandel liegt ein weiterer Schwerpunkt der Arbeit von MAITI Nepal darin, durch Armutsbekämpfung und Aufklärung das Problem an der Basis zu bekämpfen und die Ursachen des Menschenhandels zu beseitigen.

Des Weiteren unterstützt die Organisation die schwierige Wiedereingliederung der gesellschaftlich geächteten ehemaligen Zwangsprostituierten und deren gesundheitliche Versorgung. Viele der Frauen haben sich in Indien mit Hepatitis oder HIV infiziert und haben daher auch nach ihrer Befreiung Probleme, ein normales Leben zu führen.

Seit August 2014 arbeitet MAITI Nepal zudem eng mit der nepalesischen Passstelle zusammen, um einen weiteren Anstieg der illegalen Arbeitsmigration und den damit verbundenen Menschenhandel zu unterbinden.

**Information:**
**MAITI Nepal**, 83-Maiti Marg,
Pingalsthan, Gaushala, P.O. Box 9599,
Kathmandu, Nepal,
Tel. +977-1-4492904,
info@maitinepal.org,
program@maitinepal.org,
www.maitinepal.org

**INFO**

# 82 Nepal nachhaltig – Tourismusprojekte

Jahrelang galt Nepal als Billigdestination. Als Traumziel der Hippies, die monate- und jahrelang für kleines Geld in Kathmandu lebten, ohne große Ansprüche. Daran hat sich bis in die 1990er-Jahre kaum etwas geändert. Reisen in Nepal war günstig, Komfort und Luxus ein kaum gefragtes Gut. So manch eine beliebte Trekkingroute glich an besonders frequentierten Stellen einer Müllhalde. Gekümmert hat das kaum jemanden, weder die lokale Bevölkerung noch die Reisenden.

*Bharat Basnet ist einer der Pioniere des nachhaltigen Tourismus in Nepal*

*The Big Fig, ein Projekt von Himalayan Encounters*

Der durch den jahrelangen Bürgerkrieg verursachte Einbruch im Tourismus wirkte hier als Katalysator. Zwar gab es schon zuvor zaghafte Ansätze, den Tourismus in Nepal nachhaltig zu gestalten. Mit dem Bürgerkrieg hatten viele touristische Dienstleister jedoch viel mehr Zeit als ihnen lieb war, um über das eigene Konzept nachzudenken. Die durch das Wegbleiben verursachte prekäre wirtschaftliche Lage vieler Reiseveranstalter und Agenturen tat ein Übriges. Einfach und billig war kein tragfähiges Konzept mehr, um langfristig zu überleben. Und Umweltverschmutzung, Dreck und Lärm sind nicht gerade förderlich, wenn man versucht, ein Land von Neuem attraktiv für Besucher zu machen. Nepal hatte in den 2000er-Jahren ein Imageproblem. Und definierte sich an vielen Punkten neu.

Lokale Veranstalter wie „Explore Nepal" und „Himalayan Encounters" stehen für einen nachhaltigen Ansatz im Tourismus, der versucht, Umwelt und Ressourcen zu schonen, faire Löhne zu zahlen und landestypische Unterkünfte und Restaurants für die Reisen zu nutzen. Soziale Projekte werden unterstützt und die lokalen Gegebenheiten geachtet. Ein großes Problem ist dabei, dass nur wenige Hotels und Restaurants nachhaltig arbeiten und dies auch

*Eines der ersten Hotels in Nepal mit Nachhaltigkeitsanspruch: das Kantipur Temple House*

in naher Zukunft nicht machen werden. Als Folge davon griffen nachhaltig orientierte Unternehmen zur Eigeninitiative. Bharat Basnet von „Explore Nepal" war federführend am Bau des Kantipur Temple House (s. S. 108), des Gaun Ghar (s. S. 120) und bei der Gestaltung des Restaurants Bhojan Griha (s. S. 136) beteiligt, und auch „Himalayan Encounters" besitzt mit der Famous Farm in Nuwakot (s. S. 116), The Old Inn und The Big Fig drei Gästehäuser, die nach nachhaltigen Gesichtspunkten arbeiten. Ein Bespiel, das Schule macht.

Heute kann es sich kaum eine Trekkingagentur in Nepal, die mit westlichen Reiseveranstaltern zusammenarbeitet, mehr leisten, nicht wenigstens grundlegende Umwelt- und Sozialstandards einzuhalten. Etliche NGOs, sowohl aus Nepal als auch aus dem Ausland, versuchen über soziale Projekte Tourismus und Armutsbekämpfung zusammenzubringen. Hotels wie das Last Resort (s. S. 122) und die Tiger Mountain Pokhara Lodge (s. S. 114) versuchen, der lokalen Bevölkerung eine gute Ausbildung und ein sicheres Auskommen zu geben.

Sicherlich ist, vor allem was den Umweltschutz und faire Bezahlung angeht, immer noch einiges im Argen. Vor allem der Massenansturm auf den Mount Everest ist ein gutes Beispiel, dass zahlungskräftiges Klientel und faire Behandlung und Bezahlung der lokalen Dienstleister nicht immer zusammengehen. Nicht nur in der Politik, auch im Tourismus ist Nepal ein Land im Umbruch.

**INFO**

**Information:**
**Explore Nepal**,
P.O. Box 536, Kathmandu,
Tel. +977-1-4226130,
www.xplorenepal.com

**Himalayan Encounters**,
P.O. Box 21218 (Courtyard Kathmandu Guest House), Thamel, Kathmandu,
Tel. +977-1-4700426,
www.himalayanencounters.com

Nepal aktiv:
Trekking, Rafting
und Radtouren

# 83 Annapurna Circuit / Kali-Gandaki-Schlucht (Trekking)

Ist die Annapurna-Runde tot? Viel ist geschrieben worden über die Straße von Beni nach Jomsom, einiges Positives und viel Negatives. Für viele Lodge-Besitzer auf dem Teilstück zwischen Pokhara und Jomsom überwiegt das Negative. Denn, so das Argument, wer nimmt sich heutzutage schon die Zeit, zwischen 18 und 21 Tagen das Annapurna-Massiv zu umrunden, wenn es auch eine Woche kürzer geht. Die Straße nach Jomsom kürzt die Kora ein paar Tage ab und ist die bequeme Lösung für alle, deren Urlaubszeit knapp bemessen ist. Wobei bequem relativ zu sehen ist. Die 2009 eingeweihte, 82 Kilometer lange Straße ist zwar landschaftlich wunderschön und windet sich durch die Kali-Gandaki-Schlucht von Beni (830 m) nach Jomsom (2.720 m). Straße kann man sie aber nur mit viel Wohlwollen nennen, das englische Dirt Road („Dreckstraße") trifft es eher. Für weniger fitte Wanderer hat die Straße jedoch den unschätzbaren Vorteil, sich den langen Rückweg nach Pokhara und vor allem den beschwerlichen Abstieg zu sparen. Auch der Pilgerort Muktinath, Hindus und Buddhisten gleichermaßen heilig, ist so in einer relativ einfachen Wanderung von Jomsom innerhalb eines Tages erreichbar, wenn man nicht gleich den Jeep nimmt.

Dennoch: Tot ist die Mutter aller Trekkingtouren dennoch nicht. Die Route von Besisahar (780 m) über Khudi (820 m), Tal (1.620 m), Pisang (3.180 m) und Manang

*Wandern mit Blick auf den Machhapuchhare*

(3.530 m), über den höchsten Punkt der Tour, den Thorong La (5.416 m) und von dort über Muktinath (3.790 m) nach Jomsom (2.770 m) gehört immer noch zu den schönsten Trekkingtouren Asiens. Große Teile führen durch das Annapurna Conservation Area Project (ACAP), das erste und größte Landschaftsschutzgebiet Nepals. Und die Ausblicke auf Annapurna, Machhapuchhare und Dhaulagiri entschädigen für so manche Strapaze. Während man für die Annapurna-Runde eine gewisse Grundfitness, Trittfestigkeit und Höhentoleranz mitbringen muss, ist dieser Treck dennoch auch für Trekkingneulinge gut geeignet. Die touristische Infrastruktur ist dicht, die Unterkünfte sind oft komfortabel. Zwar kann man die Annapurna-Runde auch gut auf eigene Faust organisieren, es empfiehlt sich jedoch, mit einem Führer zu laufen, der Region, Leute, Flora und Fauna kennt.

*Gastfreundschaft wird großgeschrieben*

*Teils führt die Annapurna-Runde über enge Pfade*

Wem der Annapurna Circuit nun zu überlaufen oder abgegrast vorkommt, der hat viele Variations- und Anschlussmöglichkeiten. Immer beliebter wird die Route von Jomsom über Mustang nach Tibet. Um den Einbruch im Tourismus aufzufangen, werden in der Kali-Gandaki-Schlucht neue Trekkingrouten erschlossen, teils kombiniert mit Rafting. Es empfiehlt sich auf jeden Fall in Pokhara nach Alternativen und neuen Routen zu fragen.

Dass auch die vermeintlich einfache Annapurna-Runde ihre Gefahren birgt, hat nicht zuletzt das Unglück vom 14. Oktober 2014 gezeigt, als Ausläufer des Zyklons Hudhud einen Wintereinbruch verursachten. Mehr als 300 Menschen mussten unter Einsatz von Hubschraubern von einheimischen Sicherheitskräften gerettet werden. Die Zahl der Toten wurde mit 43, die Zahl der Verletzten mit 175 angegeben.

**INFO**

**Information:**
**Annapurna Circuit**,
**Dauer**: 18–20 Tage,
**Genehmigungen**: Annapurna Conservation Area (2.000 Rupien) TIMS (Trekkers' Information Management System 20 US-$),
**Beste Reisezeit**: März–Mai, Oktober, November.

# 84 Mount Everest Basecamp (Trekking)

Muss man über das Mount Everest Basecamp wirklich noch schreiben? Ist es nicht genug, dass jedes Jahr fast tausend Menschen den Gipfel des Mount Everest in Angriff nehmen und dabei den höchsten Verkehrstau der Welt verursachen? Muss man da mitmachen, beim Sturm auf den höchsten Berg der Welt, und sei es nur, dass man bis zum Basecamp wandert? Nun, es hat schon seinen Grund, warum so viele Menschen vom Mount Everest in den Bann gezogen werden. Und nicht nur, weil er der höchste Berg der Erde ist. Er ist auch ein gewaltiger, und wie viele meinen, wunderschöner Anblick. Und eine Trekkingtour in der Everest-Region gehört mit ihren Ausblicken auf die Phalanx der Achtausender Mount Everest, Lotse, Chu Oyo und Makalu zu den schönsten Nepals.

*Das Gepäck wird mit Yaks oder Maultieren transportiert*

Wandert man von Lukla zum Basecamp und zurück sollte man auf jeden Fall mindestens zwei Wochen einplanen. Die typische Route führt von Lukla über Pakding (2.650 m), Namche Bazaar (3.440 m), Tengboche (3.860 m), Pheriche (4.371 m), über Lobuche (4.940 m) und Gorak Shep (5.150 m) zum Basecamp, das auf 5.364 Metern liegt. Auf dem Weg zurück kann man die Übernachtungsstationen ein wenig variieren und in Thokla (4.600 m), Chhukhung (4.730 m), Tengboche und Monjo (2.850 m) übernachten. Wichtig ist vor allem, dass man auf dem Weg zum Basecamp genügend Zeit zur Höhenanpassung einlegt und die entsprechenden Ruhetage in Namche Bazaar und Pheriche einplant.

Für alle, die auch auf diesem recht überlaufenen Treck noch so etwas wie Einsamkeit erleben wollen und na-

*Aussicht auf Lukla, wo die Touren zum Mount Everest starten*

*Blick auf den Mount Everest mit dem Khumbu Icefall*

türlich für alle, die unter (in diesem Fall sogar ein wenig berechtigter) Flugangst leiden, ist die Anreise mit dem Bus und zu Fuß nach Lukla eine interessante Alternative. Idealerweise nimmt man von Kathmandu den Bus nach Jiri, das etwa neun Stunden von der Hauptstadt entfernt ist und auf 2.050 Metern Höhe liegt.

Von Jiri geht es über den Deurali-Pass (2.710 m), Kinja (1.730 m), Gojam (3.220 m), Junbesi (2.680 m), Nunthali (2.330 m) und Bupsa (2.400 m) nach Lukla (2.840 m). Der höchste Punkt auf dieser Wanderung liegt auf 3.530 Metern Höhe, die Übernachtung ist in einfachen Lodges möglich. Der große Vorteil dieser Variante ist, dass man ausreichend Zeit hat, sich an die Höhe zu gewöhnen und die nötige Fitness aufzubauen. Der Nachteil: Die Busfahrt von Kathmandu nach Jiri ist mindestens so gefährlich wie eine Landung mit dem Flugzeug in Lukla. Und um einiges unbequemer!

INFO

**Information:**
Beste Monate für eine Trekkingtour zum **Mount Everest** sind die Monate Mai und Oktober.
Für die Route **Lukla – Basecamp** und zurück sollte man mindestens 15 Tage einplanen, bei Anreise über den **Jiri-Lukla-Treck** muss man eine zusätzliche Woche einplanen. Trekking zum Mount Everest erfordert auf jeden Fall gute Kondition und Höhentoleranz. Der höchste Punkt der Tour liegt auf 5.550 m Höhe.
Eine sehr gute Beschreibung des Jiri-Lukla-Trecks mit Karten und Höhenmetern gibt es unter www.everest.cc/trekking.shtml

# 85 Dhaulagiri-Umrundung (Trekking)

Anders als der relativ einfache Annapurna Circuit ist die Dhaulagiri-Umrundung eine der herausforderndsten Trekkingtouren in Nepal. Und definitiv eine der schönsten! Der Haken dabei: Nur wirklich gut trainierte und erfahrene Bergwanderer sollten sich auf diese Route wagen. Über eine Woche verbringt man hier deutlich oberhalb von 3.000 Metern Höhe, fünf Tage davon über 4.000 Meter. Höchster Punkt ist der French Pass mit 5.360 Metern Höhe.

Aber nicht nur die Höhe macht die Dhaulagiri-Umrundung so anspruchsvoll. Auch wenn keine expliziten Kletterstücke enthalten sind, sind die Wege dennoch oft sehr ausgesetzt und führen teils entlang von Gletschermoränen. Schwindelfreiheit ist zudem ein Muss auf dieser Tour! Bedenkt man die exponierte Natur dieser Route, ist es zudem kein Wunder, dass es hier keine Trekking-Lodges gibt und Zelten die einzige Alternative zur Übernachtung ist. Und selbst geeignete Zeltplätze sind schwer zu finden, sodass es schon einmal eng werden kann, wenn mehrere Trekkinggruppen gleichzeitig unterwegs sind. Belohnt wird man durch den unverstellten Blick auf den Dhaulagiri und einige der schönsten Aussichten auf den Himalaya.

Einstieg in die Trekkingtour ist in der Regel der Ort **Babiyachaur** oder **Dharbang**, von Pokhara oder Beni auf einer 2013 fertiggestellten Straße zu erreichen. Durch malerische Terrassenfelder führt der Weg zuerst nach Sibang (1.760 m). Bereits hier ist das Dhaulagiri-Massiv der ständige Begleiter. Durch das Tal des Myagdi-Flusses geht es beständig bergauf bis nach Bagora (2.080 m). Weiter geht es durch üppigen Bergurwald über Dobhan (2.470 m) und Sallarghari (3.100 m) zum sogenannten Italian Base Camp (3.700 m). Vor allem im Früh-

*Die Dhaulagiri-Umrundung gehört zu den anspruchsvollen Trekkingrouten in Nepal*

jahr, wenn der Rhododendron blüht, ist dieser Abschnitt der Tour fast magisch! Am **Italian Base Camp** empfiehlt es sich auf jeden Fall, einen Akklimatisationstag einzulegen, da die Route danach fast eine Woche oberhalb von 4.000 Metern verläuft. Zudem führt der dreitägige Abschnitt zwischen dem Italian Base Camp und dem Hidden Valley entlang von Gletschermoränen und ist zuweilen steil, vereist und rutschig. Das Hidden Valley erreicht man über das Dhaulagiri Base Camp (4.700 m) und den French Pass (5.360 m).

*Der 6.012 Meter hohe Dhambus Peak*

*Teils lieblich, teils hochalpin: die Dhaulagiri-Umrundung*

Wer auf den Geschmack gekommen ist und sich fit fühlt (und natürlich die entsprechende Ausrüstung und Erfahrung mitbringt), kann vom Hidden Valley aus den 6.012 Meter hohen Dhampus Peak besteigen, einen der schönsten Aussichtspunkte im ganzen Himalaya. Vom Gipfel fällt der Blick auf die Achttausender Dhaulagiri, Annapurna und Manaslu, das Kali-Gandakhi-Tal sowie Mustang und die Weite des tibetischen Plateaus im Norden. Vom Hidden Valley geht es schließlich über den Dhampus-Pass (5.244 m), Yak Kharka (4.200 m) und Marpha (2.650 m) nach **Jomsom**. Von hier geht es mit Bus oder Flugzeug zurück nach Pokhara.

**INFO**

**Information:**
**Dhalaugiri-Umrundung**, 16–18 Tage, nur für trittsichere, schwindelfreie Bergwanderer vorzugweise mit hochalpiner Erfahrung.

Ideale Reisemonate sind Mai und September/Oktober. Individuelles Arrangement möglich, Führer und Begleitmannschaft aber aufgrund der Gefahren absolut zu empfehlen!

## 86 Dolpo an der Grenze zu Tibet (Trekking)

Die Region Dolpo im Nordwesten Nepals wurde erst 1989 für Trekkingtouren freigegeben. Das innere Dolpo wurde sogar erst 1996 für Ausländer geöffnet. So besuchen bis heute relativ wenige Touristen diese entlegene und einsame Gegend, die sich viel von ihrer ursprünglichen Natur und Kultur erhalten hat. Denn die Anreise ist beschwerlich und die touristische Infrastruktur steckt noch in den Anfängen. Komfortable Lodges und ein lückenloses touristisches Versorgungssystem kann man in Dolpo folglich nicht erwarten. Sogar der Flughafen von Juphal verdient den Namen kaum und ist nicht viel mehr als ein befestigter Acker. Die Anreise zu Fuß über den Great Himalaya Trail ist zwar äußerst lohnend, aber ebenso beschwerlich.

Man muss also eine gewisse Lust am Zelten und am Komfortverzicht mitbringen, wenn man Dolpa entdecken möchte. Wer jedoch auf touristische Infrastruktur weitestgehend verzichten kann und sich auf das Abenteuer Dolpo einlässt, erlebt eine Region, die von vier Seiten durch über 6.000 Meter hohe Berge umgeben ist und sich ihre ursprüngliche tibetische Kultur und Lebensweise erhalten hat.

Eine typische Trekkingtour durch Dolpo beginnt mit einer leichten Wanderung von **Juphal** nach **Dunai** (2.150 m). In der Regel bewegt sich die erste Woche der Tour noch auf einigermaßen gut zu vertragenden Höhen zwischen 2.500 und 3.000 Metern, bevor es dann in das Obere Dolpo geht. Die meisten Wanderungen führen über Tarakhot in die Schlucht des Tarap Khola, der man flussaufwärts folgt. Mit

*Karge Hochlandschaft: Dolpo*

*Dolpo ist bereits stark tibetisch beeinflusst*

dem Erreichen von Dho (4.050 m) geht es dann ins Hochgebirge. Über den Jyanta-Bhanjyang-Pass (Chang La, 5.220 m), von dem man einen atemberaubenden Blick auf den 8.167 Meter hohen Dhaulagiri hat, und Saldang (3.770 m) geht es weiter zum **Namgung-Kloster** (4.350 m), das am Fuße eindrucksvoller Felsen liegt. Der Höhenweg dorthin bietet herrliche Aussichten auf die Berge an der Grenze zu Tibet sowie interessante Tiefblicke in die Schluchten des Namga Khola. Ein weiteres lohnendes Kloster auf dem Weg ist das **Shey Gompa** (4.260 m), welches das religiöse Zentrum der Region ist. Über den Nangdalo-Pass (Kang La, 5.360 m), von dem man bei schönem Wetter einen fantastischen Rundblick auf die Achttausender Dhaulagiri, Annapurna und Manaslu hat, führt die Route weiter zum Phoksumdo-See (3730 m), einem eiskalten, türkisblauen Hochgewässer. Von hier geht es an zwei bis drei Tagen über Ringmogaon (3.680 m) und Chepka (2640 m) zurück nach Juphal.

Auch wenn eine Trekkingtour durch Dolpo zu den anstrengendsten und kostenintensivsten Wanderungen in Nepal gehört, zählt sie dennoch zu den eindrucksvollsten Erlebnissen, die man als Besucher in dem an Höhepunkten nicht armen Land haben kann!

INFO

**Information:**
**Anreise** mit dem Flugzeug von Kathmandu über Nepalgunj nach Jophal, alternativ über den Great Himalaya Trail zu Fuß.
Ideale **Reisezeit** ist der Herbst, wenn die Ernte eingebracht wird.

Individuelle **Permits** werden nach aktuellem Stand nicht für Dolpo ausgestellt, man muss folglich eine geführte Tour bei einer entsprechend ausgewiesenen Agentur buchen. Vor allem das obere Dolpo kann je nach Dauer der Reise sehr teuer werden.

# 87 The Road to Tibet (Trekking)

Der **Kailash** und der **Manasarovar-See** in Tibet sind für viele Asienfans die absoluten Traumziele. Der Kailash (6.638 m) ist für Buddhisten und Hindus gleichermaßen der Mittelpunkt des Universums und Sitz der Götter. Eine Kora, die Umrundung des Berges, hat für alle lokalen Religionen eine besondere religiöse Bedeutung. Aber auch für viele westlichen Wanderer ist die Umrundung des Kailash ein inniger Wunsch. Zwar lässt sich der Kailash durch die durchgehende Asphaltierung der chinesischen Staatsstraße 219 und den Bau eines Flughafens ca. 200 Kilometer vom Kailash entfernt inzwischen deutlich bequemer als noch vor wenigen Jahren erreichen, eine ideale Einstimmung auf die Kora ist jedoch die Trekkingroute von Nordwestnepal zum Kailash. Wann hat man schon einmal die Möglichkeit, den Himalaya zu Fuß zu überqueren!

Ausgangspunkt der Tour ist **Simikot** (2.950 m), das man in einem halbstündigen Flug von Nepalgunj aus erreicht. Durch Walnuss- und Aprikosenhaine geht es zuerst bergab bis zum Dorf Dharapuri. Dann führt die Route entlang des Karnali-Flusses, der seinen Ursprung südlich des Kailash hat und später in Indien in den Ganges mündet, weiter in Richtung **Kermi**, einen auf 2.690 Metern gelegenen kleinen Ort mit einer Thermalquelle. Von hier führt der Weg weiter das Karnali-Tal hinauf. Immer wieder geht es steil bergauf und bergab bis zum Kloster Yalbang (3.020 m). Die nächsten Tage geht es weiter in die Höhe und die Route verläuft nun deutlich jenseits der 3.000-Meter-Marke. Über Tumkot (3.200 m), Thado Dunga (3.900 m) und den 4.620 m hohen Pass Nara La, von dem man einen fantastischen Blick auf das tibetische Hochland hat, geht es zum Grenzdorf **Hilsa**. Über eine Hängebrücke betritt man Tibet. Die meisten Touren überbrücken den Weg bis nach Taklakot (Purang) und weiter bis zum Manasarovar-See (4520 m) mit dem

*Tibetische Novizen*

Gebetsfahnen an einer Stupa

Das Rad des Lebens

Jeep. Die tibetische Hochebene und die Nordseite des Himalayas sind erreicht! Vom Manasarovar-See bis **Darchen**, dem Ausgangspunkt der Kora um den Kailash, sind es noch einmal zwei Stunden mit dem Auto.

Der jahrtausendealte **Pilgerpfad** ist 52 Kilometer lang und wird in der Regel in drei Tagen absolviert. Die ersten beiden Übernachtungsstationen sind das **Kloster Driraphuk** (5.000 m) in Sichtweite der majestätischen Nordwand des Kailash und das **Kloster Dzutrulphuk** (4.800 m). Auf dem Weg dorthin muss man den 5.650 Meter hohen Pass Drölma La überqueren. Von Dzutrulphuk führt die Kora wieder zurück nach Darchen. Wer Glück hat (oder entsprechend vorausschauend plant), absolviert die Kora im „Jahr des Pferdes“. Einmal alle zwölf Jahre (das nächste Mal 2026) zählt eine Kailash-Umrundung wie 13 Koras und der Pilger erhält Zutritt zur inneren Kora, der Nandi Parikrama. Dabei wird nicht der Kailash umrundet, sondern der dem Kailash vorgelagerte Berg Nandi. Der Pfad der Nandi Parikarama bringt den Pilger ganz nah an die Lapislazuli-Seite des Kailash heran, führt allerdings fast bis auf 6.000 Meter Höhe hinauf, sodass eine hervorragende Physis und sehr gute Höhenadaption absolute Grundvoraussetzung für die **innere Kora** sind. Immerhin hat, wer nicht im „Jahr des Pferdes“ zum Kailash kommt, beim Begehen der inneren Kora bereits 13 Umrundungen des Kailash mit je 52 hochalpinen Kilometern in den Knochen und sollte fit sein!

**INFO**

**Information:**
Trekking von Nordwest-Nepal (Simikot) zum Kailash (Tibet).
**Dauer**: Mindestens 14 Tage, mit innerer Kora 18 Tage.
Ideale **Reisemonate** sind Mai und September.
Nur als **Gruppenreise** möglich, da ein tibetisches Permit benötigt wird.

## 88 Durch Terrassenfelder – Balthali (Trekking)

Kurz hinter Panauti scheint die Welt zu Ende. Zumindest die touristisch erschlossene Welt. Die bis dahin asphaltierte Straße fällt als mit tiefen Löchern durchsetzter Feldweg steil in ein Flusstal ab. Eine Behelfsbrücke führt über den Fluss, dann geht es auf der Gegenseite mit über 15 Prozent Steigung einen ebenso unpassierbar scheinenden Weg den Berg hinauf. Für einen Moment ist man versucht umzudrehen oder die stabil aussehende Hängebrücke linker Hand zu nehmen. Doch Balthali, das Ziel, liegt tatsächlich am langen Ende des Weges, auf einem Bergrücken, der das Kathmandu-Tal überblickt. Obwohl nur 35 Kilometer von Kathmandu entfernt, ist die Anreise nach Balthali, zumindest auf den letzten drei Kilometern, beschwerlich. Viele Besucher sieht Balthali daher nicht. Zu Unrecht! Denn von Balthali eröffnet sich nicht nur ein wunderbarer Blick über das Kathmandu-Tal und auf den Himalaya, das kleine Dorf am Süd-Ost-Rand des Tals lädt auch zu Tageswanderungen ein.

*Wandern durch Terrassenfelder: Balthali*

Idealer Ausgangspunkt für eine Trekkingtour ist das **Balthali Village Resort**, das etwas oberhalb von Balthali liegt. Für eine Tageswanderung bietet sich die Runde von Balthali über Namo Buddha an, eine der heiligsten buddhistischen Stätten Nepals, nach Panauti und von dort über kleine Pfade zurück in Richtung Balthali. Die Wanderung führt größtenteils entlang der Grade von Bergdorf zu Bergdorf. Die Dörfer werden meist von der ethnischen Gruppe der Tamang bewohnt, einer Volksgruppe, die vor allem das zentrale Mittelgebirge Nepals, die Mahabharata Range, be-

*Einfach, aber mit Liebe zum Detail: die Dörfer der Tamang*

*Tamang-Familie*

wohnt. Die Häuser sind einfach, aber mit Liebe zum Detail gebaut. Kunstvolle Holzschnitzereien schmücken die Fenster der aus Lehm und Stein errichteten Bauernhäuser. Frauen tragen schwere Lasten die steilen Hänge hinauf, während die Männer schwatzend auf den Marktplätzen sitzen. Zuweilen wird hier Obst und Gemüse verkauft, Wasser und anderen Proviant sollte man aber auf jeden Fall mitnehmen.

Gegen Ende der Wanderung erreicht man die in die Berge führende Hauptverbindungsstraße, die hier im Gewand einer Sandpiste daherkommt. Steil windet sich die Straße den Berg hinauf. Der Blick fällt auf über Generationen kunstvoll angelegte Terrassenfelder, auf denen Reis, Mais und Gemüse angebaut wird. Die Felder werden hier noch wie vor einigen Jahrhunderten bestellt, Maschinen kommen äußerst selten zum Einsatz. Oft einen Tagesmarsch oder mehr von den Zentren und Überlandstraßen entfernt lebend, gehören die Tamang heute zu den ärmsten Volksgruppen Nepals.

Einige Tamang aus der Region haben Arbeit als Trekkingführer gefunden oder arbeiten im Balthali Village Resort. Abends, wenn das Resort-Restaurant den Grill anheizt, gibt es die Gelegenheit, mehr vom Leben der Tamang zu erfahren.

INFO

**Information:**
**Balthali** ist mit öffentlichen Verkehrsmitteln nicht zu erreichen. Entweder man schließt sich einer Reisegruppe an oder mietet sich ein Taxi.
Sehr empfehlenswert ist eine **Wanderung** durch das Kathmandu-Tal über Namo Buddha bis nach Balthali. Auch eine **Radtour** bietet sich an, auch wenn die letzten Kilometer eine gewisse Off-Road-Erfahrung verlangen.
Neben sehr einfachen Homestays ist das **Balthali Village Resort** (www.balthalivillageresort.com) die einzige und durchaus zu empfehlende Übernachtungsmöglichkeit.

# 89 Great Himalaya Trail, GHT (Trekking)

Eigentlich ist die Idee recht simpel: Einen Wanderweg einmal quer durch den Himalaya zu schaffen, vom Nanga Parbat im Westen bis zum Namcha Barwa im Osten. Von Kashmir nach Osttibet. Über 4.500 Kilometer durch eine der schönsten und gleichzeitig am wenigsten erschlossenen Gegenden der Welt. Seit einigen Jahren ist es zumindest möglich, in Bhutan und Nepal dem sogenannten Great Himalaya Trail zu folgen. Vor allem der Abschnitt zwischen Kanchanjunga und Hilsa an der nepalesisch-tibetischen Grenze erfreut sich in den letzten Jahren steigender Beliebtheit und wird von mehreren Trekkingveranstaltern auch in Deutschland angeboten.

Die Idee, den Great Himalaya Trail (GHT) ins Leben zu rufen, wurde 2006 von der niederländischen Entwicklungsorganisation SNV und dem International Centre for Integrated Mountain Development (ICIMOD) an die nepalesische Regierung herangetragen. Mit dieser Initiative sollte nicht nur die faszinierende Möglichkeit geschaffen werden, ein vielschichtiges und landschaftlich äußerst reizvolles Land wie Nepal zu Fuß zu durchqueren. Vor allem in Nepal ging es darum, bisher kaum erschlossenen, armen Regionen im Norden Nepals zu ermöglichen, durch die vom Tourismus generierten Einnahmen einen Weg aus der Armut zu finden. Das Konzept hierbei ist, beliebte Trekkingrouten wie den Annapurna Circuit mit weniger bekannten Routen zu verbinden und so Trekkingfans auch abgelegene Regionen schmackhaft zu machen. Im Rahmen des GHT-Entwicklungsprojekts arbeitet die Regierung eng mit der Tourismusindustrie und der einheimischen Bevölkerung zusammen, um sicherzustellen, dass der GHT im Einklang mit den Prinzipien eines

*Durch die Langtang-Region führt der Tamang Heritage Trail als ein Teil des Great Himalaya Trails*

*Am Matterhorn Nepals, Ama Dablam, in der Khumbu-Region*

verantwortungsbewussten Tourismus entwickelt wird und dazu beiträgt, das natürliche und kulturelle Erbe des Landes zu erhalten.

Augenblicklich ist nur der nepalesische Teil des GHT wirklich zusammenhängend erschlossen und gangbar. Hierbei kann der Wanderer zwischen einer 1.700 Kilometer langen **Hochroute** und einer 1.400 Kilometer langen **Kulturroute** wählen. Dafür sind zwischen 100 (Kulturroute) und 150 Tage (Hochroute) einzuplanen. Die Gesamtstrecke ist zudem in zehn Abschnitte unterteilt, die jeweils in zwei bis drei Wochen zu absolvieren sind und es so ermöglichen, den GHT in mehreren Jahren zu erwandern. Wer auf der Hochroute wandert, muss hoch gelegene Pässe von bis zu 6.200 Metern überqueren. Eine angemessene Trekkingkleidung und Wanderausrüstung werden ebenso benötigt wie körperliche Fitness und Trekkingerfahrung. Die GHT-Hochroute beginnt nördlich des Kanchanjunga-Basislagers und endet in Hilsa an der nepalesisch-tibetischen Grenze in Humla, im Westen Nepals. Die Kulturroute führt größtenteils durch die Mittelgebirge des Landes mit einer durchschnittlichen Höhe von 2.000 Metern. Allerdings gibt es auch dort einige Pässe zu überqueren. Der höchste ist der Jang La mit 4.519 Metern zwischen Dhorpatan und Dolpa in Westnepal. Anders als auf der Hochroute, die ohne Zelt und idealerweise eine Begleitmannschaft nicht zu machen ist, besteht auf der Kulturroute an den meisten Orten die Möglichkeit einer Übernachtung in kleinen Gasthäusern oder bei Gastfamilien.

**INFO**

**Information:**
Eine genaue Übersicht über die Route und die Abschnitte gibt es auf der offiziellen Seite: http://de.thegreathimalayatrail.org. Hier finden sich auch Kontaktdaten von Reiseveranstaltern, die den GHT anbieten.
Aktuelle Informationen und Impressionen auch auf Facebook: www.facebook.com/Great.Himalaya.Trail.Nepal

# 90 Trisuli – der Fluss Shivas (Rafting)

*Nepal ist ein Raftingparadies*

Nepal ist ein Paradies für Rafter. Die ideale Einstiegsstrecke ist dazu der Trisuli. Nepals bekanntester Fluss entspringt in Tibet und bahnt sich von dort den Weg in Richtung Süden, meist durch spektakuläre Schluchten. Seinen Namen erhielt der Fluss der Legende nach von Shiva (s. S. 88), der seinen Dreizack (Trident) auf den Boden warf, um drei Quellen zu kreieren, die wiederum den Trisuli bilden. Daher heißt er auch der „Fluss des Shiva".

Der große Vorteil des Trisuli ist, zumindest aus der Sicht von Wildwasserfahrern, dass er sowohl von Kathmandu als auch von Pokhara aus leicht zu erreichen ist. Zudem ist er, für nepalesische Verhältnisse, hinter Baireni ein leichtes Gewässer mit nur wenigen Schwierigkeitsgraden, die sich bei Bedarf sogar umgehen lassen. Besonders populär ist der 106 Kilometer lange Abschnitt zwischen Baireni und Narayanghat. Aber auch der Oberlauf, zwischen Trisuli Bazaar und Baireni, hat seine Anhänger.

### Rafting in Nepal

Nepal hat einige der faszinierendsten und anspruchsvollsten Raftingstrecken der Welt. Neben den populären Flüssen Trisuli, Sun Kosi, Bhote Kosi, Seti und Kali Gandaki locken auch weniger bekannte Flüsse wie der Tamur, der Karnali und der Bheri Wildwasserenthusiasten aus aller Welt nach Nepal. Eine exzellente Übersicht über die gängigsten Routen bietet der Reiseführer „**White Water Nepal**" von Peter Knowles und Darren Clarkson-King (Verlag Cordee Ltd.), den es in Kathmandu in den meisten Buchläden zu kaufen gibt. Ebenso erhältlich sind hier detaillierte Karten der populärsten Raftingrouten.

*Am Oberlauf des Trisuli*

*Hängebrücke über den Trisuli*

Oberhalb von Trisuli Bazaar ist der Fluss nur etwas für die Regenzeit, und dann auch nur für wirklich erfahrene Kanuten.

Eine typische Raftingtour auf dem Trisuli dauert drei bis vier Tage und beginnt in Baireni. Der Trisuli führt auf dem Weg nach Narayanghat beständig an der Hauptverkehrsstraße entlang, was das Gefühl, in der „Wildnis" unterwegs zu sein ein wenig schmälert. Es macht durchaus Sinn, die lokale Rafting-Agentur zu fragen, auf welcher Seite des Trisuli die Übernachtungscamps aufgebaut werden. Einige der billigeren Anbieter campen auf der Straßenseite. Das macht die Logistik zwar leichter, kann aber auch recht laut und dreckig sein. Endpunkt der Raftingtour ist Narayanghat. Hier, im Terai, fließt der Trisuli in den Kali Gandaki, der im Unterlauf dann Narayani heißt und die nördliche Grenze des Chitwan-Nationalparks bildet. Auch wenn es sicherlich seinen Reiz hat, sich auf dem nun breiten Gewässer flussabwärts durch tropische Vegetation treiben zu lassen, ist der Narayani definitiv nicht das, was Rafter suchen.

INFO

**Information:**

**Trisuli Rafting**: Tagesausflüge, Mehrtagestouren und anspruchsvolle Touren bis zu 7 Tagen bieten die meisten Agenturen in Kathmandu an. Der Trisuli ist der am einfachsten zu erreichende und auch der günstigste Fluss, wenn man Raftingtouren in Nepal unternehmen möchte. Ideale Reisezeit sind Oktober bis Dezember und März bis Mai. Wer sich individuell bis in den Oberlauf wagen möchte, sollte dies kurz nach der Regenzeit im September machen.

# 91 Sun Kosi – der Goldene Fluss (Rafting)

Wer den Trisuli gemeistert und genossen hat und Lust auf mehr hat, dem sei als nächstes der Sun Kosi empfohlen. Der 430 Kilometer lange Fluss ist fast auf gesamter Länge ein Eldorado für Raftingfans. Der „Goldene Fluss", wie sein Name übersetzt heißt, entspringt in der Nähe von Nylam in Tibet und heißt in seinem Oberlauf Bhote Kosi. Schon hier, von der Friendship Bridge an der chinesisch-nepalesischen Grenze bis nach Bahrabise ergeben sich ausgezeichnete Rafting-Möglichkeiten. Anders als am Trisuli sollte man hier jedoch schon ein wenig Erfahrung mitbringen, da die Stromschnellen entlang des Araniko Highways nicht zu unterschätzen sind.

Richtig populär wird der Sun Kosi aber erst flussabwärts, auf der Strecke zwischen Dolalghat und Chatra. Das sind immerhin 260 Kilometer; dies entspricht acht bis zehn Tagen auf dem Fluss, falls man die gesamte Strecke abdecken möchte. Mit dem Bau des Dhulikhel-Sindhuli-Highways (s. S. 220) werden die meisten Touren eventuell ein wenig flussabwärts starten und die Tour auf ca. sechs Tage verkürzt werden. Auch zwischen Kurkhot und Katari wird im Moment eine neue Straße gebaut, sodass auch hier neue Ein- und Ausstiegsmöglichkeiten geschaffen werden. Egal wo man ein- oder aussteigt: Der Sun Kosi bietet definitiv eine der schönsten Raftingstrecken der Welt!

Augenblicklich starten die meisten Raftingtouren in Dolalghat. Die Kleinstadt im Sun-Kosi-Tal ist von Kathmandu aus in gut zwei Stunden zu erreichen. Die ersten zwei Tage sind ideal zum Eingewöhnen: Recht gemächlich fließt der Sun Kosi in einem relativ breiten Tal dahin. Ein paar gemäßigte Stromschnellen gilt es zu überwinden, bis hinter Kurkhot das Flusstal enger und das Gefälle steiler wird. Vor al-

*Oberhalb von Kurkhot fließt der Sun Kosi fast gemütlich dahin*

*Sun-Kosi-Tal bei Kurkhot*

lem die sogenannte „Jungle Section" hinter Kuruletar hat es definitiv in sich, mit sechs anspruchsvollen Stromschnellen, die vor allem im Herbst äußerst schwierig zu bewältigen sind. Kurz vor Tribeni wird es noch einmal heftiger, danach hat der Sun Kosi seine Kraft verloren und fließt gemächlich als Sapta Kosi in Richtung Süden auf die indische Grenze zu.

Generell ist eine Raftingtour auf dem Sun Kosi von der Saison abhängig. Im Frühjahr sind die meisten Stromschnellen deutlich einfacher zu passieren und Rafter, die eine Herausforderung suchen, werden eventuell enttäuscht sein. Im September, in den Ausläufern des Sommermonsuns, kann der Sun Kosi schnell zu einer größeren Herausforderung werden, als man es sich eigentlich wünscht. Wie auch immer, ist die Raftingtour auf dem „Goldenen Fluss" eine Erfahrung, die man nicht missen sollte!

Idealerweise schließt man hinter Chatra noch einen Besuch des Koshi Tappu Wildlife Reserve (s. S. 128) an. Oder setzt die Reise in Richtung Janakpur (s. S. 34) fort. Wer noch nicht genug vom Rafting hat, dem sei ein Ausflug von Tribeni in Richung Tamur empfohlen. Wer dachte, der Sun Kosi wäre einfach, wird dort definitiv seinen Meister finden!

**Information:**
**Sun Kosi Rafting**: 260 km zwischen Dolalghat und Chatra.
Ein- bis Zweitagestouren sind am Oberlauf auf dem Bhote Kosi möglich. Für die Strecke zwischen Dolalghat und Chatra sollten zwischen sechs und zehn Tagen eingeplant werden.
**Anreise** von Kathmandu nach Dolalgaht in zwei Stunden. Von Chatra nach Kathmandu sind es etwa 15 Stunden mit dem Bus. Eine Fahrtunterbrechung im Koshi Tappu Wildlife Reserve und in Janakpur ist sehr zu empfehlen.

INFO

# 92 Dem Chaos trotzen – eine Runde durch Kathmandu (Radtour)

Durch die nepalesische Hauptstadt mit dem Rad zu fahren ist ein wenig wie Bungeespringen. Bevor es losgeht, ist man euphorisch. Dann schaut man sich die Sache noch einmal genauer an und denkt sich: „Ohne mich! Ich bin doch nicht verrückt!" Wenn man dann erst einmal gesprungen beziehungsweise losgeradelt ist, scheint es das Natürlichste der Welt zu sein. Nur das Bungeespringen unter Umständen weniger gefährlich ist.

Idealerweise hebt man sich den Stadtteil Thamel mit seinen engen, überfüllten Gassen für den Schluss auf. Zum Einradeln empfiehlt es sich, erst einmal die großen Straßen zu erkunden. Eine Runde um die Innenstadt, über Kanti Path, Puspalal Path und Kalamati Road gibt dem Radler schon einmal ein gutes Gefühl für den Rhythmus der Stadt, die richtige Geschwindigkeit und das Fahrverhalten der anderen Verkehrsteilnehmer. Dann kann man sich über den Dilli Bazaar in Richtung Flughafen wagen, an Pashupatinath vorbei und dann über Feldwege auf der Ostseite des Flughafens entlang. Hier gibt es kaum Verkehr, das Radfahren ist deutlich entspannter, bis es einen steilen Hügel hinaufgeht und man sich in den östlichen Außenbezirken der Stadt befindet, mit Blick auf die Stupa von Bodnath. Diese ist dann auch das nächste Ziel, es geht durch kleine Gassen fast ohne Autos in Richtung Norden.

*An Streiktagen lässt es sich auch auf der Ringstraße gut radeln!*

Hat man Bodnath erreicht, kann man der Boudhanath Sadak bis zur Ringstraße folgen. Dies ist dann die Meisterprüfung. Die Ringstraße führt auf knapp 30 Kilometern einmal rund um Kathmandu und hat ein wenig die Atmosphäre einer Autoscooterbahn. Vor allem die Stadtbusse legen eine Fahrweise an den Tag, die nur durch einen festen Glauben an die sichere Wiedergeburt zu erklären ist. Behält man die

*Da muss man durch: Gasse in Thamel*

*Mitschwimmen ist angesagt zwischen unzähligen Motorrädern und Fahrradfahrern!*

Busse im Auge, ist aber auch die Ringstraße für Radfahrer navigierbar und führt in einige Viertel, die man als Besucher normalerweise nicht zu Gesicht bekommt. Idealerweise wartet man jedoch auf einen der vielen Generalstreiks und genießt die Kathmanduer Magistrale dann zusammen mit einigen Hundert anderen Radlern, gänzlich ungestört vom lärmenden Verkehr. Garküchen und Verkaufsstände teilen sich die Ringstraße mit politischen Informationsveranstaltungen, es herrscht Volksfestatmosphäre! Hätte Kathmandu einen autofreien Sonntag im Monat wie das Nachbarland Bhutan, die Ringstraße wäre ein Mekka für Radtouristen.

Wer die Ringstraße an streikfreien Tagen gut gemeistert hat, kann sich dann auch nach Thamel wagen. Wenn man sich erst einmal daran gewöhnt hat, dass der Verkehr von allen Seiten kommt und selbst die westlichen Besucher anscheinend jedes Wissen über Verkehrsregeln abgelegt haben, dann wird man auch in Thamel seinen Spaß haben. Am Ende des Tages greift dann auch wieder die anfangs erwähnte Analogie zum Bungee. Entweder man entscheidet sich, dass einmal reicht. Oder man ist süchtig geworden!

### Radfahren in Nepal

Auf den folgenden Seiten werden einige der schönsten Radtouren durch Nepal vorgestellt. Explizit wird dabei auf Mountainbikerouten verzichtet. Das liegt einerseits an der Vorliebe des Autors für asphaltierte Straßen. Andererseits ist tatsächlich zu hinterfragen, inwiefern es zu verantworten ist, auf vor allem von Einheimischen genutzten Single Trails oder auf Trekkingrouten mit dem Mountainbike in einer Geschwindigkeit zu fahren, die nicht selten zu Unfällen führt. Nepal hat auch jenseits der Mountainbikerouten landschaftlich äußerst reizvolle Radstrecken zu bieten, die zuweilen erstaunlich wenig Verkehr aufweisen!

# 93 Im Kathmandu-Tal (Radtour)

Wer Spaß an der Runde durch Kathmandu hatte (s. S. 208), dem wird es das Natürlichste der Welt sein, sich auch für die Besichtigungen im Kathmandu-Tal auf den Drahtesel zu schwingen. Aber auch, wer beim Radfahren im Verkehrschaos von Kathmandu an seinem Verstand gezweifelt hat, dem sei gesagt, dass sich das Kathmandu-Tal tatsächlich ausgezeichnet für eine ausgedehnte Radtour eignet. Einziges Problem: Bei der Aus- und Einfahrt nach Kathmandu hat der Radler es weiterhin mit Hupdauerkonzert, rußenden Motoren und einer Absenz von Verkehrsregeln zu tun.

Zum Einradeln empfiehlt sich die Strecke von Kathmandu nach Bhaktapur. Diese ist angenehm kurz und auch für wenig erfahrene Stadtradler zu schaffen. Die Ringstraße rund um Kathmandu gilt es hierbei zu meiden. Am besten orientiert man sich an der Pashupati Road, die direkt bis Pashupatinath führt, und fährt dann weiter in Richtung Osten am Flughafen vorbei. Gleich hinter dem Flughafen biegt man links ab und erreicht nach zwei Kilometern die alte Straße nach Bhaktapur. Die wurde vor Kurzem asphaltiert und ist relativ wenig befahren – ideal zum Radeln! Wer will, kann auf halbem Weg noch die alte Töpferstadt Thimi besuchen.

Bhaktapur (s. S. 12) hat man nach knapp 20 Kilometern erreicht. Die Stadt ist der ideale Ausgangspunkt für Tagestouren in die Umgebung. Der Changu Narayan ist nur sechs Kilometer auf einer kaum befahrenen Nebenstraße zu erreichen, Dhulikhel, Panauti, Balthali und Namo Buddha liegen jeweils um die 20 Kilometer von Bhaktapur entfernt. Wobei man für die letzten zwei Ziele ein wenig Offroad-Erfahrung mitbringen sollte, da die jeweiligen Schlussstücke unasphaltiert sind und teilweise über Single Trails führen. Wo es geht, sollte man den Arnico Highway meiden. Eine ruhige Nebenstrecke verbindet Bhaktapur und Banepa, die für alle aufgeführten Ausflüge relevant und sehr gut zu fahren ist. Für geübte Radler lassen sich die vier Ziele auch zu einer etwa 60 Kilometer langen Tagestour verbinden. Ebenso lohnend ist ein Radausflug nach Nagarkot, ein Dorf am Nordrand des Tals, von dem man einen fantastischen Blick über das Tal und auf den Himalaya hat.

*Viele Routen im Kathmandu-Tal sind ungeteert oder Single Trails*

*Typische Terrassenfelder im Kathmandu-Tal*

Aber nicht nur Kathmandus Osten ist interessant für Radfahrer. Auch ein Ausflug in Richtung Süden nach Pashupatinath (s. S. 44) führt, nach anfänglichem starkem Verkehr, über recht angenehme Nebenstraßen und ist zudem landschaftlich durchaus reizvoll. Den Ausflug nach Pashupatinath verbindet man idealerweise mit einer Besichtigung Patans (s. S. 14). Wer auf den Geschmack gekommen ist, kann von Pashupatinath weiter in Richtung Süden radeln und eine Schleife über den Markhu-Stausee zurück nach Kathmandu drehen. Dies ist aber nur geübten und bergerprobten Radfahrern zu empfehlen, da hier auf gut 60 Kilometern erstaunliche 2.000 Höhenmeter zu absolvieren sind und die Straßen den Namen auch nicht immer verdienen. Aber vielleicht ist es ja gerade die Offroad-Piste, die lockt?

Das Kathmandu-Tal bietet auch für Mountainbiker einige sehr schöne Single Trails, die vor allem an den nördlichen und südlichen Hängen des Tals entlangführen. Die Orientierung ist hier aber etwas schwierig, sodass es sich durchaus empfiehlt, eine geführte Tour zu buchen.

Eine Übersicht über die möglichen Radrouten geben zudem die „Biking Around Kathmandu Valley"-Karten, die es in verschiedenen Ausführungen in jedem gut sortierten Buchladen in Kathmandu gibt.

INFO

**Information:**
Viele Agenturen in Kathmandu bieten geführte Radtouren durch das Kathmandu-Tal an, darunter **Himalayan Single Tracks** (www.himalayansingletrack.com) und **Explore Nepal** (www.explore-nepal.com).

**Radverleih**: Räder lassen sich in vielen Hotels leihen, sind aber nicht immer im besten Zustand.
Eine Übersicht über mögliche Routen gibt die Karte „**Biking Around Kathmandu Valley**" von Nepal Maps.

# 94 Auf dem Friendship Highway (Radtour)

Einmal im Leben! Wer sich den Mount Everest dann doch nicht ganz zutraut, der wird sicherlich auf der Strecke Lhasa – Kathmandu an seine Grenzen kommen! Die knapp 1.000 Kilometer von der tibetischen Hauptstadt nach Nepal gehören zu den anspruchsvollsten Radtouren der Welt. Fünf 5.000er Pässe und ein paar 4.000er liegen auf der Strecke, das Klima ist rau und der Wind kommt meist orkanartig aus der falschen Richtung. Es sei denn, man hat vor, in umgekehrter Richtung von Kathmandu nach Lhasa zu radeln. Dann kommt der Wind zwar meist von hinten, die Tour beginnt jedoch mit einem unerbittlichen 4.000-Meter-Abstieg. Dann doch lieber Gegenwind! Wenn der nur nicht eine gefühlte Temperatur von minus 20 Grad hätte!

*Geschafft: Blick vom letzten Pass zurück auf das tibetische Hochland*

Auf der ganzen Tour gibt es nur zwei Teilstücke, die relativ leicht sind. Die erste Etappe von Lhasa nach Qushui verläuft eben durch das Lhasa-Flusstal, ehe der kräftezehrende Anstieg auf den Kampa La (4.785 m) beginnt. Und die Strecke von Gyantse nach Shigatse ist im Vergleich zu den anderen Etappen fast schon eine Erholung, bei ebener Strecke, in der Regel kaum Gegenwind und frühlingshaften Temperaturen. Ganz im Gegensatz zu den epischen Anstiegen zum Karo La (5.050 m) und dem Dach der Tour, dem Gyatso La (5.250 m). Und der Ausflug zum Mount Everest Basecamp ist nur etwas für Hartgesottene. Noch einmal geht es auf über 5.000 Meter Höhe, auf einer nichtasphaltierten Dreckspiste. Wer einmal mit dem Rad auf die Mount-Everest-Nordwand zugeradelt ist, wird diese Strapaze aber jederzeit wieder auf sich nehmen!

Kurz vor der nepalesischen Grenze fährt der Radler auf eine Wand von Schneeriesen zu. Ein Meer aus Gebetsfahnen markiert die letzte große Passhöhe. Das war's jetzt, denkt man und lässt rollen. Und stellt nach einigen Kilometern fest, dass man mit „rollen lassen" allein nicht so recht vorwärtskommt. Giftige Gegenanstiege machen es den Radlern schwer und ein böiger, immerhin inzwischen etwas wärmerer Wind sorgt dafür, dass man selbst bei fünf Prozent Gefälle noch kräftig in die Pedalen treten muss. Endlich, kurz hinter Nylam, ein ziemlich buddha- und gottverlassenes Nest, in dem sich bedauernswerte Bergsteigergruppen bis zu einer Woche an die Höhe akklimatisieren, wird die Abfahrt so steil, dass auch ein orkanartiger Gegenwind das Fortkommen nicht mehr behindert.

Auf dem langen Weg bergab nach Zhangmu wird es Kilometer für Kilometer wärmer, die Vegetation grüner, üppiger und bunter. Kurz hinter der nepalesischen Grenze hat man dann die Subtropen erreicht. Jetzt verdient die Abfahrt auch ihren Namen, gleichmäßig geht es bergab, die wenigen Gegensteigungen kann man fast mit dem Restschwung der Abfahrt nehmen. Vorbei geht die Fahrt durch ein immer weiter werdendes Flusstal, vorbei an spektakulären Wasserfällen und kunstvoll terrassierten Feldern. In Barbise auf 600 Metern Höhe ist nach fast 4.000 Metern Abfahrt die Talsohle erreicht. Hier wartet die abschließende Prüfung auf die Höhenmeter geplagten Radler. Noch einmal 800 Höhenmeter geht es nach oben, bis in Dhulikhel dann der Ostrand des Kathmandu-Tals erreicht ist. Hier hat man die Einsamkeit des tibetischen Hochplateaus endgültig hinter sich gelassen. Durch erstaunlich urbane Landschaft geht es die verbliebenen 25 Kilometer nach Kathmandu. Gegen den dichten Verkehr in Nepals Hauptstadt erscheinen die 5.000er Pässe Tibets wie eine leichte Übung!

*Auf der chinesischen Seite wachen sogenannte „Stille Polizisten" über den seltenen Verkehr*

**INFO**

**Information:**
Die beste Reisezeit ist der Mai oder der September. Aufgrund der augenblicklichen politischen Lage kann die Tour offiziell nur im Rahmen einer Gruppenreise gefahren werden.
Das Höhenprofil der Tour gibt es hier: http://www.china-by-bike.de/touren/xizang_map.php?etappe=xizang_komplett

# 95 Ein Hauch von Alpe d'Huez – der Weg nach Bandipur (Radtour)

Bereit für den Gipfelsturm: Abzweig nach Bandipur

Wenn eine Straße zwischen zwei Orten fast genauso lang ist wie der Wanderweg und beide dabei auch noch bergauf gehen, sollte das einem zu denken geben. Liest man dann noch, dass Bandipur auf den Bergrücken gebaut wurde, da die Täler in früheren Zeiten nicht sicher waren, und weiß man, dass die Berge in dieser Region zwischen 1.000 und 2.000 Meter hoch sind, spätestens dann ist man gewarnt. Vor allem, wenn die Passstraße, an deren Fuß man steht, gerade einmal sieben Kilometer lang ist, aber fast 700 Höhenmeter bewältigt werden müssen. Willkommen auf dem Weg nach Bandipur, dem Alpe d'Huez von Nepal!

Jetzt könnte man vielleicht fragen, warum man sich das als Freizeitradler antun sollte. Frei nach Malleroy „Weil er da ist?" Vielleicht auch, weil die Serpentinen hoch nach Bandipur auch im Bus alles andere als ohne Seekrankheit zu überstehen sind?

Für die Strapazen wird man mit einem fantastischen Ausblick ins Tal entschädigt

*In steilen Serpentinen führt die Straße nach Bandipur*

Die Antwort ist ganz einfach: In ganz Nepal gibt es kaum eine asphaltierte Straße, die so wenig Verkehr aufweist und gleichzeitig landschaftlich so reizvoll ist. Mit dem Rad schraubt man sich in gebotener Langsamkeit den Berg hoch, mit jedem Höhenmeter taucht ein weiteres Stück des Himalaya-Massivs im Osten auf. Nach einem Drittel des Anstiegs kann man bereits Bandipur auf dem Bergrücken erkennen, das spornt zusätzlich an. Den Motivationsschub braucht man auch, da nun das steilste Stück mit Anstiegen von bis zu 16 Prozent beginnt. Immerhin, große Teile der Straße liegen nun im Schatten, sodass die Hitze nicht zusätzlich an den Kräften nagt. Die schmale Straße schlängelt sich die nächsten Kilometer in engen Serpentinen durch einen Mischwald, dann wird die Steigung flacher und Bandipur scheint zum Greifen nahe. Die letzten zwei Kilometer sind dann, jedenfalls in Relation zu dem bereits Geleisteten, eher eine Art Ausrollen bei durchschnittlich fünf Prozent Steigung. Nach sieben schweißtreibenden, aber äußerst reizvollen Kilometern hat man Bandipur (s. S. 18) erreicht. Wie wäre es mit einem kühlen Bier oder einem Espresso in einem der vielen stilvollen Cafés der Stadt?

INFO

**Information:**
Beste Monate für die Tour sind März und Oktober.
**Anfahrt** von Pokhara oder Kathmandu mit Bus oder Rad.
**Startpunkt** der Tour sind idealerweise Kurintar oder Mugling, da es dort Übernachtungsmöglichkeiten gibt.
Bandipur verwöhnt den Reisenden mit einigen ausgezeichneten Unterkünften in historischen Gebäuden, wie dem **Old Bandipur Inn** oder dem **Gaun Ghar** (s. S. 120). Idealerweise kombiniert man den Anstieg nach Bandipur mit einer Radtour von Kathmandu nach Pokhara mit den Stationen Kakani, Nuwakot und Kurintar.
**Höhenprofil** unter: http://www.china-by-bike.de/touren/nepal_map.php?etappe=nepal_12 (ab km 38)

# 96 Von Lumbini nach Chitwan (Radtour)

Radfahren in Nepal ist meist eine ziemlich bergige Angelegenheit. Ob man nun mit dem Mountainbike auf den Single Trails des Annapurna-Massivs balanciert, den Tribhuvan Highway hinaufkurvt oder die berühmten Kehren von Bandipur in Angriff nimmt: Immer sind viele, viele Höhenmeter involviert und immer ist eine gewisse Bergfestigkeit vonnöten.

Auch wenn man sich Nepal als flaches Land kaum vorstellen kann: Immerhin ein Drittel des Landes liegt in der nordindischen Tiefebene. Hier, im Terai, finden auch Flachlandradler einige lohnende Touren. Einige Reiseradler haben das Land auf dem East-West-Highway durchquert und geschwärmt. Einige mehr Radfahrer sind auf der Strecke zwischen Lumbini und Chitwan unterwegs, auch wenn es eher ungewöhnlich ist, diese Route auf zwei Rädern zu befahren. Teile der Tour gehen entlang des East-West-Highway, auf dem allerdings, bedenkt man, dass dies die Haupt-Ost-West-Verbindung des Landes ist, erstaunlich wenig Verkehr herrscht.

Lediglich der Siddhartha Highway zwischen Bhairahawa und Butwal ist zu meiden. Dies geht relativ einfach: Ab Lumbini fährt man über asphaltierte, aber kaum befahrene Nebenstraßen direkt in Richtung Norden und biegt dann auf den East-West-Highway in Richtung Butwal ab. Oder man radelt von Lumbini in Richtung Osten, durchquert Bhairahawa und hält sich dann ostwärts in Richtung Ramgram, um dann ein paar Kilometer weiter auf den Ost-West-Highway zu treffen. Welche Route man auch immer wählt, sie führt durch intensiv landschaftlich genutztes Gebiet, durch kleine Dörfer und Reisfelder und erlaubt einen Einblick in das tropische Nepal des Terai, das normalerweise wenig besucht wird. Verpflegung und Wasser

*Begegnungen im Terai*

sollte man aber auf jeden Fall mitnehmen, da es jenseits der großen Städte kaum Geschäfte oder Restaurants gibt. Selbst Garküchen oder Märkte sind hier rar gesät.

*Meist flach geht es durch den Terai …*

*… über unzählige Brücken, die über meist breite Flüsse führen*

Auf halber Strecke zwischen Butwal und Chitwan geht es dann tatsächlich auch im Terai einige hundert Höhenmeter nach oben. Im Tal wäre es leichter zu fahren, nur hier liegt bereits Indien und der East-West-Highway hält einen respektvollen Abstand zum Nachbarland. Entschädigt wird man durch eine üppige tropische Vegetation, die bis in die Straße reicht, und eine rasante Abfahrt zurück in die Tiefebene. Kurz vor Bharatpur wird der Verkehr noch einmal dichter, die Stadtdurchfahrt erinnert an Kathmandu in der Rushhour. Dann zweigt die Straße in Richtung Norden ab und man kann als Radler wieder den Blick auf die Landschaft richten, ohne dass man fürchten muss, dass ein Tata-Lastwagen laut hupend auf der eigenen Seite entgegenkommt. Dann biegt die Nebenstraße nach Sauraha ab und der Rest der Etappe ist ein entspanntes Rollen durch kleine Dörfer und Reisfelder, bis schließlich das kleine Städtchen am Eingang des Chitwan-Nationalparks (s. S. 70) erreicht ist.

Wer auf den Geschmack gekommen ist: Auch die Weiterfahrt von Sauraha nach Hetauda ist reizvoll. Und wem die Berge fehlen: Von Hetauda nach Kathmandu wartet mit dem Tribhuvan Highway die wohl anspruchsvollste asphaltierte Radstrecke in Nepal!

INFO

**Information:**
**Von Lumbini nach Sauraha**: 141 km, Zwischenübernachtung in Butwal, Bhairahawa oder Bharatpur möglich.

**Route** und **Höhenprofil** unter: http://www.china-by-bike.de/touren/nepal_map.php?etappe=nepal_19

# 97 Schussfahrt nach Indien – von Pokhara nach Bhairahawa (Radtour)

Für die meisten Nepalbesucher ist die Reise in Pokhara zu Ende. Geht es dann doch mal in die fruchtbare Tiefebene des Terai, nach Lumbini oder in den Chitwan-Nationalpark, dann in der Regel über den Narayanghat Mugling Highway, heute die schnellste Verbindung zwischen Kathmandu und der indischen Tiefebene. Weitgehend unbekannt und damit wenig befahren ist der Siddhartha Highway, der auf 188 Kilometern Pokhara mit der Grenzstadt Bhairahawa verbindet. Für Radfahrer ist dieser Highway nach dem Tribhuvan Rajpath die größte Herausforderung jenseits der Off-Road-Routen. Übernachtungsmöglichkeiten gibt es in Putali Bazaar, Waling (beides sehr einfach!), Tansen und Butwal.

Die Tour fängt gleich mit einer Herausforderung an. Kurz hinter Pokhara beginnt die erste Passstrecke, die an der Friedenspagode (s. S. 58) vorbeiführt. Gleichmäßig steil windet sich die Straße die ersten 14 Kilometer den Hang hinauf – zu jeder Jahreszeit eine schweißtreibende Angelegenheit, die durch die Ausblicke auf das Annapurna-Massiv entschädigt wird. Die Tour beinhaltet aber auch eine lange, 70 Kilometer lange Abfahrt durch ein malerisches Tal mit kleinen traditionellen Siedlungen und einigen sehenswerten Dorftempeln. 1.000 Höhenmeter, nur durchbrochen durch einige kurze Gegensteigungen, geht es bergab. Das ist die gute Nachricht. Die schlechte ist: Tansen, die logische Übernachtungsstation auf der Tour, liegt auf 1.400 Metern ü. NN. Das bedeutet einen zwar wunderschönen, aber schier endlosen Anstieg vom Flusstal des Kali Kandaki bis nach Tansen, das gemein-

*Von Tansen geht es 40 Kilometer bergab bis nach Butwal*

erweise auch noch mit einem über 20 Prozent steilem Schlussanstieg aufwartet. Nach 120 gefahrenen Kilometern durchaus eine Herausforderung! Wer sich dies nicht zutraut, kann alternativ zusätzlich in Putali Bazar oder Waling übernachten und die Strecke als Drei- anstelle einer Zwei-Tages-Tour gestalten. Tansen sollte aber auf jeden Fall eine Zwischenstation sein (s. S. 26).

*Heilige Kühe mitten im trubeligen Verkehr. In Butwal ist der Einfluss des nahen Indien überdeutlich*

Von der Bergstadt Tansen bis in die indische Tiefebene ist es dann nur noch eine lange, wunderbar zu fahrende Abfahrt. Beim Bergabfahren über die Serpentinen von Tansen zweifelt man zwar kurzfristig an seinem Geisteszustand, dass man solche Steigungen tatsächlich am Vortag überwunden hat. Und ein wenig auch, dass man diese weitgehend durch die Stadt führenden Serpentinen mit einem Wahnsinnstempo bergabrauscht, obwohl ständig ein Traktor, ein Maultier oder gar ein Überlandbus auf der falschen Fahrbahnseite entgegenkommen. Von den in die Straße ragenden Verkaufsständen ganz zu schweigen.

Dann aber wird das Gefälle sachter, der Siddhartha Highway führt durch einige spektakuläre Schluchten in Richtung indische Tiefebene. Kurz vor Butwal grüßt ein kleiner Shiva-Tempel auf der linken Straßenseite, dann weitet sich das Tal. Der indische Einfluss ist nun nicht mehr zu übersehen. Tata-Lastwagen hupen sich den Weg frei. Fahrradrikschas manövrieren sich durch die Menschenmassen. Marktstände und Imbissbuden ragen bis weit in die Straße hinein. Nach den luftigen Höhen Nepals erschlägt einen die schwüle Hitze Nordindiens.

Wer Lust hat, kann von Butwal über Bhairahawa an die indische Grenze radeln und von hier weiter nach Varanasi (Benares). Oder einen Abstecher über Nebenstraßen nach Lumbini, den Geburtsort Buddhas (s. S. 62) machen.

Wer auf den Geschmack gekommen ist, noch eine Weile durch Nepal zu radeln, dem sei die Route durch den Terai empfohlen (s. S. 216).

**Information:**
Die beste **Reisezeit** sind die Monate März/April sowie Oktober bis Dezember.

**Höhenprofile** der Tour:
http://www.china-by-bike.de/touren/nepal_map.php?etappe=nepal_15
http://www.china-by-bike.de/touren/nepal_map.php?etappe=nepal_16

INFO

# 98 Über die Berge nach Janakpur (Radtour)

Für alle Radler, die Neues entdecken wollen, ist diese Strecke ein Traum! Hier ist noch kaum ein Radfahrer entlanggefahren, was einfach daran liegt, dass es die Straße, zumindest im befestigten Zustand, noch nicht so lange gibt. Geplant war schon lange, neben dem Tribhuvan Highway und dem Narayanghat Mugling Highway eine weitere Nord-Süd-Verbindung zwischen Kathmandu und dem Terai zu bauen. 2015 soll die Verbindung zwischen Dhulikhel und Sindhuli nach mehr als einem Jahrzehnt Bauzeit endlich fertiggestellt sein. Bei Drucklegung fehlten noch rund 40 Kilometer entlang des Sun-Kosi-Tals. Genauer gesagt fehlten diese nicht, sondern führten als von Schlaglöchern durchsetzte Piste insgesamt dreimal gut 200 Höhenmeter steil nach oben und dann in halsbrecherischen Abfahrten wieder nach unten. Die neue Straße, so sie denn fertig ist, wird direkt durch das Tal führen und sich nur einmal in einigen engen Serpentinen von der Talsohle entfernen. Für Reiseradler ergibt sich dadurch eine ganz neue Möglichkeit, von Kathmandu in Richtung Indien zu radeln, ohne den äußerst anspruchsvollen Tribhuvan Highway oder die stark befahrene Straße von Mugling in Richtung Süden nehmen zu müssen. Im augenblicklichen Zustand ist der Dhulikhel-Sindhuli-Highway zwar befahrbar, aber er ist eher etwas für Mountainbike-Enthusiasten.

Um auf den Highway zu kommen, muss man von Kathmandu zuerst in Richtung Bhaktapur und von dort weiter nach Dhulikhel radeln, was inzwischen problemlos fast komplett auf Nebenstraßen möglich ist (s. S. 210). In Dhulikhel kann man sich

*In engen Serpentinen windet sich die Straße aus dem Sun-Kosi-Tal*

*Radfahrer haben die Straße fast für sich allein*

vom Araniko Highway und damit auch vom Verkehr verabschieden. Zwischen Dhulikhel und Sindhuli kommt einem höchstens einmal ein laut hupender Überlandbus entgegen oder man hat einen knatternden Traktor vor sich. Ansonsten hat man die von Dhulikhel bis ins Sun-Kosi-Tal frisch asphaltierte Straße weitgehend für sich allein. Bis zur Fertigstellung der Straße ist Kurkhot, eine kleine Ortschaft 80 Kilometer hinter Dhulikhel, die ideale Übernachtungsstation. Hier gibt es ein einfaches Gasthaus und einige gute Restaurants.

Sollte das Teilstück nach Kurkhot fertiggestellt sein, ist es eine Option, noch am gleichen Tag nach Sindhuli weiterzuradeln. Allerdings liegen zwischen Kurkhot und Sindhuli 700 Höhenmeter bergauf auf 20 Kilometern, bevor es dann in Schussfahrt das Gleiche wieder bergabgeht. Was den Komfort der Übernachtung angeht, ist Sindhuli, das einige einfache Hotels hat, jedoch die deutlich bessere Option. Die Fahrt nach Janakpur am Folgetag ist dann eine leichte Übung. Unterbrochen von zwei kleinen Gegensteigungen führt die Straße durch üppige subtropische Vegetation gute 500 Höhenmeter und 60 Kilometer bergab, bevor dann kurz vor Janakpur das Tiefland des Terai erreicht ist.

Wer Lust hat, kann von Janakpur weiter in Richtung Osten zur Ilam-Region radeln oder über Hetauda und den Tribhuvan Highway zurück nach Kathmandu fahren.

**Information:**
**Strecke Kathmandu – Janakpur**:
230 km, 800 Höhenmeter bergauf, 2.300 Höhenmeter bergab. Voraussichtlich ab Ende 2015 komplett asphaltiert.

Beste **Reisezeit** sind der Frühling und der Herbst.
**Übernachtungsmöglichkeiten** in Bhaktapur, Dhulikhel, Kurkhot, Sindhuli und Janakpur.

INFO

# 99 Der lange Weg nach Nuwakot (Radtour)

Diese Straße ist eine Offenbarung. Zumindest für Radfahrer. Als Insasse eines Überlandbusses wird dem Passier wohl regelmäßig der Angstschweiß ins Gesicht schießen. Denn die Straße von Kakani nach Nuwakot ist exponiert. Für einen Zweiradfahrer kein Problem, der befindet sich immer noch einige Meter vom Abgrund entfernt. Im Bus hat man dagegen zuweilen das Gefühl, mindestens eines der Räder würde bereits in der Luft schweben. Nur bei der Begegnung mit den Überlandbussen und den äußerst seltenen anderen Fahrzeugen muss man als Radfahrer aufpassen. Da auch in diesem Teil von Nepal die Hupe liebstes Spielzeug der Busfahrer ist, hört man die potentielle Gefahr jedoch schon Minuten, bevor sie dann auf Augenhöhe auf einen zukommt.

Bereits der Aufstieg von Kathmandu nach Kakani ist äußerst reizvoll. Kurz hinter dem Überlandbusbahnhof zweigt eine Nebenstraße von der Ringstraße in Richtung Berge ab. Erstaunt fragt man sich, wo denn der dichte Verkehr abgeblieben ist. Nach dem Chaos auf der Ringstraße ist die nun in weit geschwungenen Serpentinen den Berg hinaufführende asphaltierte Straße eine Erholung. Nach gut 20 Kilometern Aufstieg ist das auf 2.030 Metern Höhe gelegen Kakani (s. S. 36) erreicht. Das reicht auch für den ersten Tag. Die darauffolgende Strecke ist einfach zu schön, sie mit fast 1.000 Höhenmeter in den Knochen in Angriff zu nehmen. Mehrere einfache Pensionen bieten leidlich gute Übernachtungsstation. Das, was man für das vermeidlich beste Haus am Platz hält, ist aber leider die Armeekaserne!

Bei schönem Wetter ist bereits das Aufstehen spektakulär. In Richtung Südosten blickt man auf das Kathmandu-Tal, nach einem kleinen Spaziergang auf den Kamm scheint der bis zu 7.000 Meter hohe Bergzug des Ganesh-Himalayas zum Greifen nah. Das ändert sich auch nicht auf der lang gezogenen Abfahrt von Kakani nach Trisuli Bazaar. Gut 40 Kilometer lang folgt die Straße dem Hang, immer leicht bergab und immer mit Blick auf den Himalaya.

Weiter in Richtung Westen tauchen dann auch noch Manaslu und Annapurna am Horizont auf. Es rollt selbst bei Gegenwind gut, durch kleine Ansiedlungen und

*Höhenweg mit Aussicht: die Straße von Kakani nach Trisuli Bazaar*

*Schlucht des Trisuli kurz vor Nuwakot*

Terrassenfelder, die sich von der Straße bis weit ins Tal ziehen. Das Ganze bei fast meditativer Stille. Bis dann wieder ein Überlandbus laut hupend sein Kommen ankündigt. Nach 30 Kilometern ist das Ziel, Nuwakot, bereits am gegenüberliegenden Hang zu erkennen. Bevor es an den Schlussanstieg in die ehemalige Königstadt (s. S. 24) geht, macht die Straße noch einen weiten Bogen um eine spektakuläre Schlucht und erreicht schließlich das Trisuli-Tal. Wem der Sinn nach einer Herausforderung steht, der kann am gleichen Tag noch die sechs Kilometer lange Passstraße nach Nuwakot in Angriff nehmen. 500 Höhenmeter werden auf kurzer Strecke überwunden. Immerhin, der Weg geht weitestgehend durch dichten Wald, sodass der steile Anstieg auch bei sonnigem Wetter gut zu schaffen ist. Belohnt werden die Mühen mit einer spektakulären Aussicht auf das Trisuli-Tal. Im Ort Nuwakot gibt es mehrere einfache Pensionen; wer noch Kraft in den Beinen hat, dem sei jedoch der Zusatzkilometer bis zur etwas außerhalb gelegenen „Nuwakot Famous Farm" empfohlen! (s. S. 116)

INFO

**Information:**
Beste **Reisezeit** März/April sowie September/Oktober.
**Start** in Kathmandu, Rückreise von Trisuli mit dem Rad oder Bus über den Prithvi Highway zurück nach Kathmandu oder weiter nach Pokhara.
**Höhenprofile** gibt es unter:
http://www.china-by-bike.de/touren/nepal_map.php?etappe=nepal_08
http://www.china-by-bike.de/touren/nepal_map.php?etappe=nepal_09

# 100 Auf eine Tasse Tee (Radtour)

Durchschnaufen! Anlauf nehmen. Diese Radtour hat es in sich. Dabei sieht sie auf der Landkarte so harmlos aus! 78 Kilometer sind es von Birtamort nach Ilam, Birtamort liegt auf 120 Metern, Ilam auf knapp 1.300 Metern über dem Meer. Das klingt für Reiseradler machbar. Und Bergenthusiasten würde das normalerweise ein müdes Lächeln auf die Lippen zaubern. Wäre da nicht dieses Flusstal kurz vor Ilam. Gerade hat man den steilen Bergpass bis auf 1.700 Meter hinter sich gebracht und vielleicht in Phikkal eine ausgedehnte Mittagspause gemacht, dann geht es Schuss nach unten bis auf 1.300 Meter. Am Hang gegenüber blickt man auf Ilam, das zum Greifen nah etwa fünf Kilometer Luftlinie entfernt liegt. Und fährt dann unerbittlich bergab, Serpentine für Serpentine, Höhenmeter für Höhenmeter. Und weiß: Das muss ich wieder hoch!

Schließlich steht man dann auf einer zerbrechlich erscheinenden Brücke, blickt um die Ecke und sieht die Straße nach Ilam. 850 Höhenmeter auf zehn Kilometer. Bis zu 15 Prozent Steigung. Und dann die Bergankunft in Ilam. Der Stoff, aus dem Radfahrlegenden sind! Hier erweist es sich als angenehm, dass die Etappe nicht allzu lang ist und strategisch günstig Rastmöglichkeiten bietet.

Auf der Passhöhe steht, inmitten von Teefeldern, ein kleiner Kiosk mit der notwendigen Verpflegung, kurz danach wartet mit Phikkal eine spannende kleine Bergstadt mit erstaunlich guten Restaurants. Phikkal liegt an der wichtigen Kreuzung der Straße nach Ilam mit der Stichstraße, die über die Grenze nach Darjeeling führt. Der Grenzhandel blüht, dementsprechend geschäftig sind die Märkte und Läden der Stadt. Der Grenzübergang nach Darjeeling ist leider für Ausländer nicht

*Blick auf Phikkal*

*Eine anstrengende, aber lohnende Tour mit atemberaubenden Ausblicken*

geöffnet, sonst wäre die Straße eine lohnende Alternative für Radler, vor allem, wenn sowieso eine Weiterfahrt nach Indien geplant ist.

Bevor es dann in den Schlussanstieg geht, gibt es kurz vor der Brücke auch noch eine Reihe von kleinen Garküchen, die Nudeln, Tee und Dal Bhat anbieten, eine willkommene Stärkung für den Schlussanstieg. Dieser hat es wie gesagt in sich! Entschädigt wird man mit einer Fahrt durch weite Teeplantagen, den Blick immer auf Ilam gerichtet, das da scheinbar unerreichbar auf dem Bergrücken thront. Der Verkehr hält sich in Grenzen, bis man schließlich die Außenbezirke des Ortes erreicht und einen das ortübliche Verkehrschaos umgibt. Wer das Chiyabari Cottage als Unterkunft (s. S. 130) gewählt hat, wird noch einmal mit 150 Extra-Höhenmetern belohnt. Allein für die Aussicht auf Ilam lohnt sich das aber!

Dann heißt es erst einmal Beine hochlegen und Kräfte sammeln. Denn die schlechte Nachricht ist: Dieselbe Straße muss man wieder zurück. Die gute: Die gleiche Straße darf man wieder zurückradeln. Sie gehört zu den schönsten Radstrecken Asiens.

**Information:**
**Strecke Birtamod – Ilam**: 78 km bei kumulierten 2.850 Höhenmetern.
**Anreise** am besten mit dem Fahrrad über den Terai oder Nordindien. Alternativ mit dem Bus ab Kathmandu (ca. 15 Stunden) möglich. Der nächste Flughafen ist in Biratnagar.

INFO

# 101 Das Beste zum Schluss – der Tribhuvan Highway (Radtour)

Einige asiatische Bergstrecken haben unter Reiseradlern einen mystischen Klang: Der Karakorum Highway. Der Weg nach Leh (Ladakh). Entlang der Toy Train von Suliguri nach Darjeeling. Die 5.000er-Pässe zwischen Lhasa und Kathmandu. Durch das laotische Karstgebirge von Luang Prabang nach Vang Vieng. Allesamt faszinierende Strecken von großer landschaftlicher Schönheit. Und eine Herausforderung für jeden ambitionierten Radfahrer. Kaum einer hat jedoch den Tribhuvan Highway auf dem Zettel, und das ist äußerst bedauerlich. Denn die Passstrecke zwischen Hetauda und Kathmandu ist eine der eindrucksvollsten Radstrecken der Welt!

Mitte der 1950er-Jahre mit maßgeblicher indischer Hilfe gebaut, war der Tribhuvan Highway die erste Straßenverbindung zwischen Kathmandu und Indien. Die indischen Ingenieure standen dabei nicht nur vor dem Problem, über 2.500 Höhenmeter hoch und wieder runter auf 32 Kilometern Luftlinie zu überwinden, sondern bekamen der Legende nach von der Politik zudem die Vorgabe, eine Route zu suchen, die es potentiellen Invasoren (sprich der chinesischen Armee) unmöglich machte, über diese Verbindung mit schwerem Militärgerät zu fahren. Und zweifellos, beides ist den indischen Spezialisten gelungen. Von Hetauda auf knapp 200 Metern ü. NN bis zum auf 2.320 Metern Höhe gelegenen Daman sind auf gut 50 Kilometern Strecke über 2.000 Höhenmeter zu überwinden. In schier endlose scheinenden engen Serpentinen, die sich einer Schlange gleich die steilen Hänge hochwinden, geht es meist mit fünf bis acht Prozent den Berg hoch, unterbrochen von Steilstücken mit bis zu 15 Prozent Steigung. Für Militärfahrzeuge ist die Strecke sicherlich unpassierbar, aber auch für den normalen Auto- und LKW-Verkehr ist der Tribhuvan Highway zunehmend uninteressant, da es inzwischen drei deutlich einfachere Alternativrouten gibt. Als Radfahrer hat man den auch simpel auf Nepali

*Blick von Daman auf den Himalaya*

Fast 50 Kilometer am Stück bergauf: auf dem Tribhuvan Highway

*Rajpath* (Königsweg) genannten Highway mittlerweile fast für sich allein – zumindest zwischen Hetauda und Daman.

Eine weitere gute Nachricht ist: Von Hetauda am südlichen Ende des Rajpath geht es erst einmal gemächlich los. Die ersten zehn Kilometer sind mit durchschnittlich drei Prozent Steigung ideal zum Einradeln. Dann geht es allerdings zur Sache: Serpentine folgt auf Serpentine. Beim Blick nach oben sind nur Straßenkehren zu sehen, beim Blick nach unten ebenfalls. So scheint es zumindest. Kommt man einmal in den Rhythmus, und das ist bei relativ gleichmäßiger Steigung recht einfach, hat man auch einmal Zeit und Muße, den Kopf zu heben und auf die Landschaft zu schauen. Blau und dunstig liegt im Süden die Tiefebene des Terai. Bis zur Passhöhe begleitet den Radfahrer eine üppige tropische Vegetation, durchbrochen von kleinen Ansiedlungen mit traditionellen Häusern. Vor allem im Frühling, wenn Sträucher und Bäume in voller Blüte stehen, wird dem Auge deutlich mehr geboten als das Blaugrau des Straßenasphalts. In Daman, wo es mehrere Übernachtungsmöglichkeiten gibt, hat man schließlich die Passhöhe erreicht. Für die Weiterfahrt nach Kathmandu kann man weiter auf dem Tribhuvan bis nach Naubise radeln und dann den verkehrsreichen Anstieg nach Kathmandu auf dem Prithvi Highway angehen. Deutlich schöner und verkehrsarmer ist jedoch die Route den Markhu-Stausee entlang und von dort über Pharping und Dakshinkali nach Kathmandu.

Wem die insgesamt mehr als 3.500 Höhenmeter zwischen Hetauda und Kathmandu zu viel sind, der kann sich in Kathmandu auch ein Motorrad mieten und den Tribhuvan Highway als Tagesausflug Kathmandu – Hetauda – Kathmandu gestalten. Obwohl: Die wahre Epik dieser Strecke erfährt man nur, wenn man sie einmal aus eigener Kraft gemeistert hat.

**Information:**
**Route** und **Höhenprofil** gibt es unter:
http://www.china-by-bike.de/touren/nepal_map.php?etappe=nepal_22
http://www.china-by-bike.de/touren/nepal_map.php?etappe=nepal_23

INFO

# Anhang

# Das Land im Überblick

## Allgemeines

**Offizieller Name**: Demokratische Bundesrepublik Nepal

**Staatsform**: Parlamentarische Bundesrepublik

**Gliederung der Verwaltung**: 75 Distrikte in 5 Regionen

**Fläche**: 147.181 qkm, Landesgrenze gesamt 2.926 km

**Hauptstadt**: Kathmandu

**Zeit**: MEZ + 4 Stunden 45 Minuten, im Sommer + 3 Stunden 45 Minuten (keine Sommerzeit)

## Geografie

**Höchste Erhebung**: Mount Everest (Sagamatha/Qomolangma), 8.850 m

**Längster Fluss**: Karnali (Ghaghara), 507 km in Nepal, 1.080 km gesamt

**Gebirge**: Himalaya

## Bevölkerung

**Einwohner**: 28,7 Millionen (2013, 194 Einwohner/qkm), je nach Zählung 36–101 verschiedene ethnische Gruppen mit eigener kultureller Identität und teils eigenen Sprachen. Zu den größeren Gruppen zählen die Gurung, Limbu, Magar, Newar, Rai, Sherpa, Tamang und Tharu. Die Brahmanen und Chhetri stellen die bedeutendsten Kasten. Nepal hat auch eine zahlenmäßig starke Ansiedlung von Indern und Tibetern. Rund 50 % der Nepalesen sind unter 21 Jahre alt.

44,6 % der Gesamtbevölkerung sprechen Nepali (2011). Weitere wichtige Sprachen sind: Maithili (11,7 %), Bhojpuri (6,0 %), Tharu (5,8 %), Tamang (5,1 %), Newari (3,2 %) und Bajjika (3,0 %).

**Analphabetenrate**: 51,4 % (2013)

**Lebenserwartung**: 68 Jahre (2012)

**Säuglingssterblichkeit**: 40,43 auf 1.000 (2013)

### Wirtschaft

**Beschäftigungstruktur**: Landwirtschaft 75 %, Dienstleistung 18 %, Industrie 7 % (2010)

**Zusammensetzung des BIP nach Sektoren**: Landwirtschaft 36,8 %, Industrie 14,5 %, Dienstleistung 48,7 % (2013)

**Hauptexportgüter**: Textilien, Teppiche, Reis und andere landwirtschaftliche Produkte, Jute, Felle, Metallprodukte, Kunsthandwerk

**Wirtschaftswachstum**: 3,6 % (2013)

**Internetnutzer** (pro 100 Einwohner): 13,3

**Inflationsrate**: 9,9 % (2013)

**Bruttoinlandsprodukt/Kopf**: 694,10 US-$ (2013)

## Reisetipps von A–Z

### Anreise

Leider gibt es keine Direktflüge von Mitteleuropa nach Nepal. Die arabischen Fluglinien Etihad (www.etihad.com) und Qatar Airways (www.qatarairways.com) bieten günstige Flüge von Frankfurt, München, Berlin, Hamburg, Wien und Zürich über die arabische Halbinsel nach Kathmandu an. Auch Turkish Airlines fliegt seit 2013 Kathmandu an. Die Anreise über Indien mit Lufthansa, Jet Airways oder Air India ist recht ungünstig, da das Gepäck in Indien nicht durchgecheckt werden kann und das Umsteigen in Mumbai und Delhi unnötig umständlich und langwierig ist.

Auf dem Landweg ist Nepal von Indien und China aus zu erreichen. Da die Visa-on-arrival-Regelung nicht an allen Landübergängen gilt, empfiehlt es sich, bei Anreise über Land das nepalesische Visum im Voraus zu beantragen.

### Apotheken

Wichtige Arzneimittel aus Europa sind bestenfalls in Kathmandu und Pokhara erhältlich und sollten auf jeden Fall mitgebracht werden. Für kleine Blessuren und Probleme bietet die nepalesische bzw. indische Medizin effektive und gute Lösungen.

### Ärztliche Versorgung

Mit Ausnahme der viel bereisten Großstädte Kathmandu und Pokhara, wo es gute medizinische Hilfe auf westlichem Standard gibt, ist die medizinische Versorgung im Rest des Landes recht rudimentär und für ernste Erkrankungen kaum geeignet. Es empfiehlt sich auf jeden Fall, vor der Reise einen Gesundheitscheck zu machen und eine gute Reisekrankenversicherung abzuschließen, die im Fall des Falles auch den Rückflug zahlt.

*Yaks sind nützliche Lasttiere beim Trekking*

## Ausrüstung und Gepäck

Wer eine anspruchsvolle Trekkingtour oder gar eine alpine Bergtour plant, sollte auf jeden Fall die entsprechende Ausrüstung und Kleidung von zu Hause mitbringen. Vor allem in Kathmandu und in Pokhara gibt es jedoch einen vitalen Handel mit Secondhandausrüstungen für Bergsteiger und unzählige Trekkingbedarfsläden. Letztere bieten allerdings oft B-Ware oder Kopien an, zuweilen jedoch auch erstaunlich gute Trekkingkleidung zum günstigen Preis, meist lokale Marken. Radfahrer finden nur in Kathmandu Ersatzteile und Accessoires, allerdings zu Preisen, die teils über den westlichen liegen. Gebrauchte Mountainbikes und Billigräder aus indischer oder chinesischer Produktion können in Kathmandu erworben werden, taugen aber kaum zur Himalaya-Überquerung.

## Autofahren

Selbst zum Lenkrad greifen und über einige der legendärsten Passstraßen der Welt zu fahren – das klingt reizvoll! Tatsächlich ist es möglich, in Nepal ein Auto zu mieten und durch das Land zu fahren. Internationale Firmen wie Sixt, Hertz und Avis haben Filialen in Kathmandu. Der Straßenverkehr jedoch wirkt auf den Europäer nicht nur chaotisch und unübersichtlich, er ist es auch. Weitaus stressfreier ist es, einen einheimischen Fahrer zu mieten. Oft beinhaltet das Angebot der Mietwagenfirmen bereits einen Chauffeur. Wer partout selbst fahren möchte: Benötigt wird ein internationaler Führerschein.

## Behinderte

Von Barrierefreiheit und behindertenfreundlicher Infrastruktur ist Nepal noch weit entfernt. Rollstuhlfahrer oder Blinde dürften Nepal als überaus schwieriges und gefährliches Reiseziel empfinden. Es empfiehlt sich auf jeden Fall, eine organisierte Reise zu buchen und mit dem Reiseveranstalter Rücksprache zu halten.

## Bettler

Bettler gibt es in Nepal, besonders in der Nähe von Tempeln oder Touristenzentren, viele. Nepalesische Experten bitten darum, bettelnden Kindern grundsätzlich nichts zu geben, auch keine Stifte, Süßigkeiten und dergleichen. Sinnvoller ist es dagegen, Schulen und Projekte vor Ort nachhaltig zu unterstützen.

## Botschaften und diplomatische Vertretungen

### ... in Deutschland

**Botschaft der Demokratischen Bundesrepublik Nepal**
Guerickestr. 27 (2. Stock), 10587 Berlin
Tel. 030-34359920-22
berlin@neplaembassy.de, www.nepalembassy-germany.com
Mo–Fr 9.30–12.30 Uhr

**Honorargeneralkonsulat der Demokratischen Bundesrepublik Nepal in Köln**
Hohenzollernring 26, 50672 Köln, Tel. 0221-2338381
visa@konsulatnepal.de, www.konsulatnepal.de
Di und Do 10–12 Uhr

**Honorargeneralkonsulat der Demokratischen Bundesrepublik Nepal in München**
Residenzstr. 25, 80333 München, Tel. 089-44109259
l.a.greissl@web.de, www.nepalkonsulat-muenchen.de
Di 10–12, Do 14–16 Uhr

### ... in Österreich

**Honorargeneralkonsulat der Demokratischen Bundesrepublik Nepal in Wien**
Akaziengasse 30, 1230 Wien
Tel. 01-6981617, consulat@nepal.at, www.nepal.at

Obwohl es in Wien ein Honorarkonsulat gibt, ist für die Visabesorgung die Botschaft in Deutschland (s. o.) zuständig.

### ... in Nepal

**Deutsche Botschaft**
Gyaneshwor Marga, P.O. Box 226, Kathmandu, Nepal
Tel. +977-1-4217200, Fax +977-1-4416899
info@kathmandu.diplo.de, www.kathmandu.diplo.de
Mo–Fr 9–11.30 Uhr

**Österreichisches Honorarkonsulat**
22, Manakamana Marg, Nagpokhari, Naxal, Kathmandu, Nepal
Tel. +977-1-4434648, Fax Tel. +977-1-4434515

autconktm@wlink.com.np
Mo, Mi und Fr 12–15 Uhr

**Schweizer Botschaft**
Jawalakhel, Ekanta Kuna
SDC-Compound, Lalitpur, Kathmandu, Nepal
Tel. +977-1-5549225, Fax +977-1-5549224
kat.vertretung@eda.admin.ch, kathmandu@eda.admin.ch
Mo–Fr 10–12 Uhr

## Einreise/Visum

Für eine Reise nach Nepal ist ein Visum erforderlich, welches von den Vertretungen Nepals (Botschaften und Konsulate) bei Vorlage eines noch mindestens sechs Monate über das Reiseende hinaus gültigen Reisepasses ausgestellt wird.

Die weitaus einfachere Möglichkeit ist die Ausstellung des Visums bei der Einreise auf dem Flughafen in Kathmandu.

Eine vorherige Beantragung des Visums empfiehlt sich nur für Reisende, die auf dem Landweg nach Nepal einreisen wollen. Es gibt unterschiedliche Visa für eine Aufenthaltsdauer von bis zu maximal sechs Monaten. Die Gebühr für ein 30 Tage gültiges Touristenvisum beträgt derzeit 30 Euro und berechtigt zur mehrmaligen Ein- und Ausreise.

**Für Visa-on-arrival gelten folgende Preise:**

| Einreise | Gültigkeit | Gebühr (US-Dollar) |
|---|---|---|
| einmalig | 15 Tage | 25 |
| mehrmalig | 30 Tage | 40 |
| mehrmalig | 90 Tage | 100 |

Für Trekkingpermits fallen weitere Gebühren an!

## Elektrizität

Die Spannung beträgt wie in Deutschland 220 Volt. In der Regel findet man in den Unterkünften Steckdosen für Dreipunktstecker vor. Die bei uns gängigen zweipoligen Stecker passen zwar auch in die Steckdosen, sitzen aber meist recht locker, egal ob mit oder ohne Adapter. Etwas Klebeband zum Fixieren löst dieses Problem in der Regel.

In Nepal fällt häufig der Strom aus, teilweise sogar für acht bis zehn Stunden pro Tag. Es ist daher ratsam, abends auch in den Städten immer eine Stirnlampe oder eine Taschenlampe bei sich zu tragen!

## Essen und Trinken

Das Wasser aus den Leitungen ist nicht zum Trinken geeignet! Mineralwasser und gereinigtes Wasser gibt es allerdings fast überall zu kaufen. Bitte unbedingt darauf achten, dass der Verschluss unversehrt ist! Nepalesischer Tee ist gut und passt gut zum lokalen Essen. Vor allem in touristischen Gebieten gibt es eine große Auswahl an Lassis und Säften, oft frisch gepresst. Nepalesisches Bier ist gut, aber mit einem Durchschnittspreis von drei Euro relativ teurer.

Nepal ist bekannt für seine gute Küche, doch unsere europäischen Mägen benötigen oft etwas Zeit, um sich auf die neue, meist scharfe Kost einzustellen. Das nepalesische Nationalgericht ist Dhal Baht: Reis mit einer gewürzten Linsensauce und Currygemüse. Aber auch jenseits des Nationalgerichts hat die lokale Küche eine Menge zu bieten und verarbeitet westliche und indische Einflüsse.

## Feiertage

Zahlreiche nationale und regionale Feiertage werden nach dem Bikram-Sambat-Kalender (B.S.) gefeiert, der sich nach dem Mond richtet. Deshalb verschieben sich die Termine von Jahr zu Jahr. Er ist dem Gregorianischen Kalender um 56,7 Jahre voraus. Benannt wurde der Kalender nach König Bikramaditya Samvat.

**Die wichtigsten Feiertage sind:**

Magh Sankranti (Winterende, 1. Tag des nepalesischen Monats Magh)

Frühlingsfest Shree Panchami (5. Tag nach dem indischen Monat Magh)

Lhosar (tibetisches Neujahr, Januar/Februar)

Shiva Ratri (März), Holi (März)

Ram Navami (Geburtstag des Gottes Ram, April)

Nepali New Year/Bisket-Jatra-Fest (April)

Buddha Jayanti (Vollmond im Mai)

Nationalfeiertag am 29. Mai (Ausrufung der Republik)

Saga Dawa-Fest (tibetisch, vierter Vollmond im Jahr)

Indra-Jatra-Fest (Ende des Sommermonsuns)

Dashain (eine Woche im Oktober)

Tihar (Lichterfest, November)

Auch wenn der Besuch Nepals während eines Festivals eine unvergessliche Erfahrung ist, sollten Menschen mit Platzangst, eingeschränkter Geduld oder hohem Sauberkeitsanspruch das Land während dieser Zeit besser meiden.

## Fotografieren

Fotografen sollten ihre Ausrüstung mitbringen, da in Nepal nur in Kathmandu und Pokhara Nachschub an Speicherkarten, Akkus und Batterien erhältlich ist. Kameras und Accessoires sind außerhalb Kathmandus nur schwer zu finden, und selbst dort nur eingeschränkt. UV- und Polfilter sollten auf jeden Fall in die Ausrüstung, da die Lichtverhältnisse gerade in den Bergen extrem sind. Ebenso ist ein guter Staubschutz unentbehrlich und, vor allem bei Trekkingtouren, eine ausreichende Zahl an Ersatzakkus!

Auch wenn viele Nepalesen und selbst Tempelordner erstaunlich großzügig sind, was das Fotografieren von Menschen und Tempeln angeht: Blickkontakt und das (stille) Einverständnis sollte zur Etikette eines jeden Fotografen gehören. Gerne lassen sich viele Sadhus auf die Speicherkarte bannen: gegen eine kleine Spende (in der Regel 50 Rupien).

## Geld und Devisen

Die nepalesische Rupie ist alles andere als eine stabile Währung. Gegenüber Dollar und Euro hat sie in den letzten Jahren beständig an Wert verloren. Bei Drucklegung (Januar 2015) bekam man für 100 Euro 12.500 Rupien.

Die Ein- und Ausfuhr der Landeswährung ist nicht erlaubt. Der Kurs am Flughafen in Kathmandu ist recht schlecht, daher empfiehlt es sich, Geld im Hotel oder bei einer Bank oder Wechselstube zu wechseln. Hierbei ist es egal, ob man US-Dollar oder Euro wechselt, beide Währungen werden gerne genommen. Mit vielen EC-Karten (mit dem Maestro-Logo, nicht aber mit V-Pay!) kann in Kathmandu, Pokhara und in den meisten anderen größeren Städten am Automaten (ATM) Geld gezogen werden. Bei der Verwendung von Kreditkarten ist mit höheren Gebühren zu rechnen. Achtung: Inzwischen müssen viele EC-Karten vor einer Reise ins nicht EU-Ausland freigeschaltet werden!

## Gesundheit

Obligatorische Impfungen werden für Reisende aus Europa zwar nicht vorgeschrieben, die klassischen Tetanus-, Polio- und Diphterie-Impfungen sollte jedoch jeder Reisende mitbringen. Auch eine Hepatitis-A+B-Immunisierung kann ratsam sein, besonders wenn abgelegene Gebiete auf der Reiseroute liegen. Malaria ist zwar selten in Nepal, für Reisen in den Terai lohnt es sich aber, beim Tropeninstitut nachzufragen.

Vorsicht ist bei Eiswürfeln, einfachen Garküchen und ungeschältem Obst geboten. Das Leitungswasser ist für das Zähneputzen und Kaffee- oder Teezubereitung geeignet, empfindliche Mägen sollten hierfür jedoch Wasser aus der Flasche nehmen. Magen-Darm-Erkrankungen sind vor allem in den ersten Tagen häufig, aber meist harmlos. Dauert ein Durchfall länger als drei Tage, sollte aber auf jeden Fall ein Arzt aufgesucht werden!

Des Weiteren gilt: Sonnenschutzmittel mitbringen! Zwar gibt es auch in Nepal Sonnenschutzmittel, teils auf ayurvedischer Basis. Bei den extremen Lichtbedingungen sollte man jedoch auf Bewährtes zurückgreifen. Nehmen Sie mindestens Faktor 12 mit, für hochalpine Bergtouren deutlich mehr!

## Grenzübertritte

In Richtung China/Tibet gibt es zwei Übergänge, die für westliche Touristen geöffnet sind: Kodari/Zhangmu am Friendship Highway und Lo Manthang in Mustang.

Der Übergang von Ilam nach Darjeeling ist leider nur für den kleinen lokalen Grenzverkehr geöffnet. Ebenso gibt es aus politischen und geografischen Gründen

*Luftballons sind bei den Kindern der Hit*

keinen direkten Übergang von Nepal nach Sikkim. Die Grenzübergänge von Nepal nach Indien sind in der Regel auch für Ausländer geöffnet, werden aber eher selten genutzt. Achtung: Die Abfertigungshütten sind teilweise so unscheinbar, dass man sie durchaus übersehen kann!

## Internet

Von unterwegs schnell mal die E-Mails aufrufen, den Blog füttern oder einen Gruß nach Hause zu senden, das ist mittlerweile kein Problem mehr. Viele Hotels und Guesthouses haben WLAN zumindest in der Lobby. An vielen Orten gibt es zusätzlich einige Internetcafés. Auch viele Restaurants und Bars in Kathmandu und Pokhara haben kabellosen Internetzugang.

## Kinder

Nepalurlaub mit Kindern, das ist sicher eine anstrengende Angelegenheit. Andererseits sind die meisten Nepalesen ausnehmend kinderlieb und abgehärtet, was Geschrei oder Kleckereien angeht. Mit einem quengeligen Kind abends noch ein Restaurant besuchen, das ist in Nepal sicher einfacher als in Deutschland. Babys unter einem Jahr sind in Nepal nicht ganz so gut aufgehoben, da ihr Immunsystem noch nicht unbedingt auf die vielen neuen Krankheiten eingestellt ist.

## Kleidung

Vor allem in Kathmandu und Pokhara gibt es mehr als genug Möglichkeiten, eventuelle Lücken in der Garderobe aufzufüllen. Hochwertige Berg- oder Trekkingkleidung sollte aber auf jeden Fall von zu Hause mitgebracht werden.

## Klima

Die beste Reisezeit für Nepal ist zu Beginn der Trockenzeit im Oktober und November. Es ist warm, die Sicht ist klar und die Landschaft nach den vorangegangenen Regengüssen in ein sattes Grün getaucht. Die Zeit zwischen Februar und April am Ende der Trockenzeit ist die zweitbeste Variante: Es ist zwar oft dunstig, doch die Temperaturen sind angenehm und viele Wildblumen stehen in voller Blüte. Nachts kann es aber auch in den tieferen Lagen empfindlich kalt werden!

Aufgrund der extremen Höhenunterschiede innerhalb Nepals gibt es eine Vielzahl von klimatischen Zonen. Nicht selten erlebt man nach frostigen Passüberquerungen mit Minustemperaturen einen heißen Sommertag im Pokhara oder gar schwüle Hitze im Terai.

## Kriminalität

Nepal ist generell ein sicheres Reiseland. Die üblichen Vorsichtsmaßnahmen sind jedoch auch in Nepal zu beachten: Geld, Schmuck und Wertsachen nicht offen tragen. Des Weiteren sollte man Menschenansammlungen wie Demonstrationen unbedingt meiden. Während der Dunkelheit sollten Sie generell weder mit dem Auto, in Bussen noch zu Fuß unterwegs sein, da es nachts zu bewaffneten Raubüberfällen auf Busse und Autos kommen kann.

## Lärm

Nepal ist ein lebhaftes, oft lautes Land. Vor allem das laute Hupen und das Knattern der Motorradrikschas im städtischen Verkehr fordert einiges an Lärmtole-

*Begegnungen beim Wandern*

ranz. Auch nepalesische Feiern und Feste sind eine so farbenfrohe wie laute Angelegenheit. Ohrenstöpsel sollten folglich auf jeden Fall ins Gepäck. Die gute Nachricht: Aufgrund der häufigen Stromausfälle lärmt kaum eine Bar länger als 23 Uhr!

## Landkarten

Stadtpläne und Landkarten in guter Qualität und kleinem Maßstab gibt es in Kathmandu und Pokhara selbst für die abgelegenste Trekkingregion zu kaufen. Auch Spezialkarten für Mountainbiking und Rafting findet man in jedem gut sortierten Buchladen in Kathmandu für umgerechnet rund drei Euro.

## Post

Die Postämter sind meist Sonntag bis Donnerstag von 10–17 Uhr geöffnet. Hier erhalten Sie Briefmarken etc. Wer unterwegs Ballast abwerfen und einige Souvenirs nach Hause schicken möchte, kann dies in jedem größeren Postamt tun. Auch Hotels und Guesthouses sind gerne behilflich.

## Reiseveranstalter

Die großen Studien- und Erlebnisreiseveranstalter wie **Gebeco** und **Studiosus** bieten wie auch viele Pauschalveranstalter Reisen nach Nepal an.

Experten für Trekking-, Rund- und Radtouren in Nepal sind die folgenden Veranstalter:

**China By Bike**
Karlsgartenstr. 19, 12049 Berlin
Tel. 030-6225645, info@china-by-bike.de, www.china-by-bike.de

**DIAMIR Erlebnisreisen GmbH**
Berthold-Haupt-Str. 2, 01257 Dresden
Tel. 0351-312077, info@diamir.de, www.diamir.de

**Hauser Exkursionen International**
Spiegelstr. 9, 81241 München
Tel. 089-235006-0, info@hauser-exkursionen.de, www.hauser-exkursionen.de

**Himalaya Fair Trekking**
Gistlstr. 84, 82049 Pullach im Isartal,
Tel. 089-60060000, info@himalaya.de, www.himalaya.de

**Weltweitwandern GmbH**
Gaswerkstr. 99, A-8020 Graz, Tel. +43-316-583504-0,
für Deutschland: Tel. 089-30704268, www.weltweitwandern.at

## Shopping

Nepal ist ein Shoppingparadies! Von der Batikhose bis zum tibetischen Teppich gibt es im ganzen Land tausende interessante Sachen, mit denen man sich den Koffer oder Rucksack füllen kann. Vor allem Kunsthandwerk, Kleidung und Schmuck, aber auch Tee und Gewürze lohnen den Einkauf. Auch wenn Feilschen durchaus üblich ist, wird es nicht wie in arabischen Ländern oder China bis zum Exzess getrieben. Es ist eher ein höfliches Miteinander und hört in der Regel bei Zweidrittel des Originalpreises auf. Gerade bei Kunsthandwerk empfiehlt es sich, Läden von Hilfsorganisationen und lokalen Hilfsprojekten aufzusuchen, die hohe Qualität für einen guten Zweck bieten. Abendshopper aufgepasst: Selbst in Kathmandu schließen viele Läden schon um 20 Uhr!

## Öffnungszeiten

**Läden**: Sonntag bis Freitag 10–20 Uhr
**Banken**: Sonntag bis Donnerstag 10–15 und Freitag 10–13 Uhr
**Regierungsstellen**: Sonntag bis Freitag 10–17 Uhr (im Winter 10–16 Uhr).
Samstag ist der wöchentliche Ruhetag.

## Sicherheit

Auch Jahre nach dem Sturz der Monarchie und dem Ende des Bürgerkriegs herrscht in Nepal immer noch eine instabile politische Situation. Es kann weiterhin zu Streiks („bandhs"), Demonstrationen oder auch Anschlägen kommen. Eine unverbindliche Übersicht der geplanten Streiks finden Sie unter: www.nepalbandh.com.

Demonstrationen sollten unter allen Umständen gemieden werden. Auch wenn sich diese nicht gegen Touristen richten, kann sich der Besucher den Auswirkungen, und seien es nur Straßen- und Ausgangssperren, nicht entziehen. Vor allem die regelmäßigen „bandhs" können das öffentliche Leben empfindlich stören bzw. lähmen und zu gewalttätigen Auseinandersetzungen führen. Straßen – auch Hauptverkehrsstraßen – werden häufig tagelang blockiert, touristische Ziele bzw. Flughäfen können dann unter Umständen nur mit Zeitverzögerungen erreicht werden.

Es wird dringend empfohlen, Trekkingtouren, vor allem in entfernte Regionen, nur im Rahmen einer Gruppe zu unternehmen.

## Sonnenschutz

Sonnenbrillen mit UV-Schutz und Sonnencreme mit hohem Lichtschutzfaktor sind in Nepal nur in Kathmandu und Pokhara erhältlich und sollten vorsichtshalber mitgebracht werden.

## Telefonieren

Telefongespräche nach Europa sind in aller Regel einfach von den Hotels aus zu führen und nicht übermäßig teuer. Mit den meisten heimischen Handys kann in Nepal, mit Ausnahme der größeren Städte, eher nur sporadisch telefoniert werden, das Versenden einer SMS funktioniert hingegen meistens gut. Eine nepalesische Prepaid-SIM-Karte kann man für umgerechnet ca. fünf Euro kaufen und dann immer wieder aufladen. Hier kostet das Telefonieren ca. zehn Cent pro Minute. Der Vorteil ist, dass man auch unterwegs telefonieren kann – Empfang gibt es auch im Everest- oder Annapurna-Gebiet.

*Reizvolle Unterkunft: The Famous Farm in Nuwakot*

## Trinkgeld

In Nepal ist es üblich, Leistungen im Service-Bereich zusätzlich mit Trinkgeld zu entlohnen. Vor allem Zimmermädchen, Kellner und Träger sind darauf angewiesen. In teuren Hotels und Restaurants in touristischen Gebieten ist oft ein Bedienungszuschlag (Service Charge, rund zehn Prozent) in der Rechnung enthalten, in einfachen Hotels und Lodges ist dies nicht der Fall. Taxifahrern gibt man nur bei besonderem Service Trinkgeld. Ein Zimmermädchen bekommt ca. 50 Rupien pro Tag, Kellner ca. zehn Prozent des Rechnungsbetrags, Kofferträger im Hotel sind mit 30 Rupien pro Gepäckstück dabei. Lokale Reiseleiter, Träger und Fahrer hingegen werden üblicherweise mit einem bis drei US-Dollar pro Tag bedacht.

## Unterkunft

Nepal hat einige der schönsten und spektakulärsten Hotels der Welt. Das schlägt sich auch im Preisniveau nieder. Preise von 100 US-Dollar aufwärts sind selbst bei Boutique-Hotels in den Bergen keine Seltenheit. Dafür ist gerade bei Mountain Lodges immerhin Vollpension im Preis inbegriffen. An touristischen Orten gibt es zudem auch eine breite Auswahl von Mittelklasse- und Budget-Optionen. Jenseits der Touristenströme sind Unterkünfte nach westlichem Standard jedoch schwer zu finden, oft gibt es nur einfache Gasthäuser, die zwar spottbillig, aber alles andere als sauber sind. Die Qualität der Berghütten hat in den letzten Jahren deutlich zugenommen. Gerade bei stark frequentierten Trekkingrouten hat man heute oft die Auswahl zwischen einem günstigen Schlafsaal in einer einfachen Hütte und der Panorama-Suite in einem Luxusresort.

## Versicherungen

Eine Reisekrankenversicherung sollte immer vor der Reise abgeschlossen werden! Wichtig: Achten Sie auf die Rückholklausel! Alle anderen Versicherungen sind eine Frage der persönlichen Vorlieben. In Nepal verschwindet das Gepäck nicht öfter oder seltener als in anderen Ländern. Sollte Ihnen das Gepäck unterwegs geklaut werden, erwartet die Versicherung eine Strafanzeige bei der örtlichen Polizei, was garantiert mehr als einen halben Tag und gute Nerven kostet.

## Visum

siehe Einreise

## Zeit

Nepal hat eine einheitliche Zeitzone, MEZ + vier Stunden 45 Minuten, im Sommer + drei Stunden 45 Minuten (keine Sommerzeit).

## Zoll

200 Zigaretten, 1,15 Liter Spirituosen beziehungsweise zwölf Dosen Bier sind ebenso zollfrei wie elektronisches Equipment wie Computer und Kameras für den persönlichen Gebrauch (offiziell ein Gerät jeder Kategorie pro Person).

Die Ein- und Ausfuhr der Landeswährung ist verboten. Die Einfuhr von Fremdwährungen ist ab einem Betrag im Gegenwert von 2.000 US-Dollar deklarationspflichtig. Wichtig: Die Einfuhr von Banknoten im Wert von 500 und 1.000 Indischen Rupien ist verboten (Fälschungsverdacht!).

Gegenstände von archäologischer oder historischer Bedeutung (älter als 100 Jahre) dürfen nicht exportiert werden. Für Gold, Silber, Edelsteine, Wildtiere oder deren Häute, Hörner, Felle etc. besteht ein Ausfuhrverbot.

# Literaturhinweise

## Romane/Erzählungen

Literarische Höhenflüge darf man bei der vorliegenden Literatur aus und über Nepal nicht erwarten. Einen ersten guten Einblick in das Land geben folgende Titel:

Geheime Wahlen – Ein Roman aus Nepal, von Manjushree Thapa. Unionsverlag 2009, ISBN 978-3-293-20468-3

Rot: Menschen in Kathmandu – Wahre Geschichten, von Milda Drüke. Hoffmann und Campe Verlag 2010, ISBN 978-3-455501582

Reise in den Himalaya – Geschichten fürs Handgepäck, von Alice Grünfelder. Unionsverlag 2008, ISBN 978-3-293204218

Nepals blutige Taube, von Pál Nagyiván, SWB Verlag 2010, ISBN 978-3-938719312

## Reiseberichte

In eisige Höhen – Das Drama am Mount Everest, von Jon Krakauer. Piper Verlag 2000, ISBN 978-3-492229708

Everest Solo –„Der gläserne Horizont", von Reinhold Messner. Fischer Taschenbuch Verlag 2007, ISBN 978-3-596150922

Überlebt – Meine 14 Achttausender, von Reinhold Messner. NG Taschenbuch 2013, ISBN 978-3-492403764

Mein Weg durch Himmel und Hölle, von Alexandra David-Néel. Fischer Verlag 2004, ISBN 978-3-596164585

Die Besteigung des Rum Doodle (engl. „The Ascent of Rum Doodle"), von William E. Bowman. Rogner & Bernhard (gebundene Ausgabe, ISBN 978-3-95403-010-1) und Goldmann TB (ISBN 978-3-442158096), s. S. 141

## Kultur/Politik

Himalaya – Menschen und Mythen, von Alice Grünfelder. Unionsverlag 2004, ISBN 978-3-293202801

Nepal – Götter, Tempel und Paläste im Geburtsland Buddhas und einzigen Hindu-Königreich der Welt, von Ulrich Wiesner. DuMont Reiseverlag 1997, ISBN 978-3-770139453

Göttin auf Zeit: Amitas Kindheit als Kumari in Kathmandu, von Gerhard Haase-Hindenberg. Heyne, ISBN 978-3-453645134, s. auch S. 94

## Trekkingtouren

Trekking in the Nepal Himalaya – Walking Guides (Englisch), von Bradley Mayhew und Joe Bindloss. Lonely Planet 2009, ISBN 978-1741041880

Nepal Trekking & the Great Himalaya Trail – A Route and Planning Guide (Englisch), von Robin Boustead. Trailblazer Publications 2014, ISBN 978-1905864607

Alternativ gibt es auch etliche gute, auf Regionen spezialisierte Trekkingbücher in den Buchläden in Kathmandu zu kaufen.

# Stichwortverzeichnis

# Der Autor

**Volker Häring**

kennt Asien wie seine Westentasche. Oder besser gesagt wie seine Fahrradtasche? Nach dem Studium der Sinologie, Politologie und Volkswirtschaft an der FU Berlin und am Pekinger Zentralen Theaterinstitut gründete er 2001 den Spezialreiseveranstalter China By Bike (www.china-by-bike.de) und organisiert seither Rad- und Aktivreisen in China und Südostasien. Wenn er nicht gerade neue Touren in Asien erkundet, schreibt Volker Häring für verschiedene Magazine und Zeitungen wie die „taz", „Jungle World", „in Asien", „Going Asia", „Asia Bridge", „Das Neue China" u.a. Mit seiner Band bringt er als Sänger und Gitarrist chinesische Rockklassiker auf deutsche Bühnen (www.china-rock.de). 2007 begleitete ihn ein ARTE-Fernsehteam auf einer Rad-Erkundung entlang der chinesischen Seidenstraße („Chinas Wilder Westen"). Seit 2008 ist er regelmäßig im Nepal unterwegs, meist mit dem Fahrrad. Augenblicklich schreibt er einen Peking-Krimi, der Anfang 2016 veröffentlich wird.

## Bildnachweis

Alle Bilder Volker Häring, außer:

Bhojan Griha, Kathmandu: 136, 137 o.
DIAMIR Erlebnisreisen: S. 5, 196, 197, 202, 203, 204 o.
Kantipur Temple House, Kathmandu: S. 108, 109 u.
Kheti Bazaar, Kathmandu: S. 180 u.
Zornica Kirkova: S. 97 u.
Koshi Tappu Wildlife Camp: S. 73, 129
Sabine Lomen: S. 122
Rum Doodle, Kathmandu: S. 140
Shangri-La Village Resort, Pokhara: S. 77 u.
Tiger Mountain Pokhara Lodge: S. 106/107, 114, 115
Weltweitwandern: S. 76, 80, 178/179, 182, 183, 188/189, 190, 191 o., 191 u., 192 o., 192 u., 193, 194, 195 o., 195 u., 230, 232, 237, 238
Wikipedia: S. 104

# Reisen individuell

Reisen mit der Eisenbahn werden immer beliebter, die Nachfrage steigt stetig, zahlreiche Veranstalter sind auf Eisenbahnreisen spezialisiert. Die Zielgruppe 50 + entdeckt das bequeme Reisen mit der Bahn als reizvolle Alternative zur Kreuzfahrt. Der Reiseführer „101 Reisen mit der Eisenbahn" gibt zahlreiche Inspirationen für Genießer, für Entdecker und technisch Interessierte, für Bahnfans und solche, die es werden wollen.

Der Autor Armin E. Moeller kennt sich aus, er ist die Strecken fast alle selbst mitgefahren, hat sich mit den Hintergründen der Entstehung einer Strecke, den baulichen Gegeben- und Besonderheiten, den Zügen selbst und den Gegenden, durch die sie fahren wird, ausgiebig befasst.

101 ausgewählte Strecken weltweit werden anschaulich vorgestellt: ganz kurze oder auch lange Strecken; Strecken, die durch malerische Landschaft führen, legendäre Strecken oder solche, die aus meist technischen Gründen skurril und daher einzigartig sind…

**Das komplette Verlagsprogramm unter:**

**www.iwanowski.de**